Ihre Arbeitshilfen zum Download:

Die folgenden Arbeitshilfen stehen für Sie zum Download bereit:

- Musterzeugnisse auf Deutsch und Englisch

- Textbausteine zur Individualisierung des Arbeitszeugnisses

- Checkliste für das perfekte Arbeitszeugnis

Den Link sowie Ihren Zugangscode finden Sie am Buchende.

Arbeitszeugnisse für Führungskräfte

Dr. Thorsten Knobbe, Dr. Mario Leis, Dr. Karsten Umnuß

Arbeitszeugnisse für Führungskräfte

Mit Mustervorlagen und Textbausteinen

7. Auflage

Haufe Gruppe
Freiburg · München · Stuttgart

Bibliografische Information der Deutschen Nationalbibliothek

Die Deutsche Nationalbibliothek verzeichnet diese Publikation in der Deutschen Nationalbibliografie; detaillierte bibliografische Daten sind im Internet über http://dnb.dnb.de abrufbar.

Print: ISBN 978-3-648-09503-4 Bestell-Nr. 04043-0007
ePub: ISBN 978-3-648-09504-1 Bestell-Nr. 04043-0101
ePDF: ISBN 978-3-648-09505-8 Bestell-Nr. 04043-0151

Dr. Thorsten Knobbe, Dr. Mario Leis, Dr. Karsten Umnuß
Arbeitszeugnisse für Führungskräfte
7. Auflage 2017

© 2017 Haufe-Lexware GmbH & Co. KG, Freiburg
www.haufe.de
info@haufe.de
Produktmanagement: Anne Rathgeber

Satz: Reemers Publishing Services GmbH, Krefeld
Umschlag: RED GmbH, Krailling
Druck: BELTZ Bad Langensalza GmbH, Bad Langensalza

Inhaltsverzeichnis

Vorwort

Zeugnisse sind Weichensteller – dies gilt in Zeiten guter wie auch schlechter Konjunktur. Ein Stück Papier kann maßgeblich über beruflichen Auf- oder Abstieg, über Chancen und Entwicklungsmöglichkeiten entscheiden. Zeugnisse können Karrieresprungbrett und Türöffner sein – aber auch Stolpersteine, die uns schlimmstenfalls ein ganzes Arbeitsleben lang nicht vorankommen lassen.

Wenn Zeugnisse so mächtig sind, dann müssen alle, die mit ihnen zu tun haben, sorgfältig mit ihnen umgehen! Das gilt für Arbeitgeber und Personaler, die ein Zeugnis formulieren ebenso wie für die Mitarbeiter, die ihr Zeugnis interpretieren müssen.

Gerade bei Arbeitszeugnissen von Führungskräften sind eine Menge formaler und inhaltlicher Aspekte zu beachten. Diese Zeugnisse behandeln Fachkenntnisse, Verhalten und Führungsqualitäten eines Managers – es gibt also eine Menge »Gelegenheiten« Fehler zu machen.

Wir erklären Zeugnisausstellern, worauf sie achten müssen, damit sie auf der sicheren Seite sind. Und wir erläutern Zeugnisempfängern, wie sie ihr Zeugnis richtig lesen bzw. welche Ansprüche sie geltend machen können. Für alle, die ihre Rechte und Pflichten ganz genau kennen wollen, haben wir wichtige Regelungen des Gesetzgebers aufgeführt.

Natürlich fehlen auch zahlreiche Textbausteine und Musterzeugnisse nicht, die Sie auf der Internetseite zum Buch unter www.haufe.de/mybook finden. Abgerundet wird das Zeugnis, wenn Sie die Standardformulierungen auf die individuellen Leistungen des jeweiligen Mitarbeiters abstimmen (z. B. konkrete Erfolge nennen) sowie entsprechend der jeweiligen Position ausreichend beschreiben. Dabei sollten Sie auf eine zusammenhängende, im Kontext stimmige Darstellung achten und auch ein paar persönliche Worte finden. So können Sie Zeugnisse schnell, sicher und einfach erstellen bzw. interpretieren.

Wir weisen darauf hin, dass sämtliche in den Musterzeugnissen enthaltenen Namen, Daten und Fakten frei erfunden und jegliche Ähnlichkeiten mit lebenden Personen oder tatsächlichen Gegebenheiten zufällig sind.

Viel Spaß beim Lesen wünschen Ihnen

Dr. Thorsten Knobbe, Dr. Mario Leis und Dr. Karsten Umnuß

Häufige Irrtümer in Sachen Arbeitszeugnis

Irrtum Nr. 1: Fachabteilungsleiter tun sich mit dem Zeugnisschreiben schwer
In einigen Unternehmen erstellt nicht der Personaler, sondern der direkte Vorgesetzte, meist der Fachabteilungsleiter, das Arbeitszeugnis. Viele Zeugnisempfänger reagieren darauf skeptisch, weil sie denken, der Vorgesetzte kenne sich mit der Zeugnissprache weniger gut aus als der Personalreferent. Das muss jedoch nicht so sein, schon weil mancher Vorgesetzte, der seinen Mitarbeiter wirklich schätzt, sich aktuell in die Thematik einarbeiten und das Zeugnis entsprechend hochwertig ausgestalten wird.

Zum Vorteil kann noch ein weiterer Grund gereichen: Oft verwenden Fachabteilungsleiter modernere, individuellere und sogar treffendere Formulierungen. Einerseits nämlich kennen sie den Beurteilten besser als der zuständige Referent aus der Personalabteilung, andererseits gehen sie oft unvoreingenommener an die Zeugniserstellung heran. Daher klingen ihre Zeugnisse nicht selten frischer und moderner, wenn auch in Teilen markant unkonventionell: Man sieht es dem Zeugnis an, dass es nicht aus der Konserve kommt.

Irrtum Nr. 2: Zeugnisse sind eindeutig
Wer meint, dass allein durch die Anwendung der Zeugnissprache und den daraus resultierenden Formulierungen ein Zeugnis eindeutig ist, irrt. Zeugnisse sind nicht eindeutig interpretierbar.

Zeugnisse werden immer im Zusammenhang interpretiert, wodurch sich, je nach Situation, unterschiedliche Bewertungen ergeben können. Einen Konsens wird man wahrscheinlich recht schnell bei den jeweiligen Kernsätzen der Beurteilung, also bei der zusammenfassenden Leistungs- und Führungsbeurteilung sowie der Schlussformel erzielen. Dieser Konsens dürfte schon deshalb leicht zu erzielen sein, weil die Kernsätze justiziabel, also einer Notenstufe zuzuordnen sind.

Irrtum Nr. 3: Die Tätigkeitsbeschreibung ist das Wichtigste
Ein oft beobachtetes Phänomen in Zeugnissen ist die starke quantitative Überbetonung der Tätigkeitsbeschreibung des Beurteilten. Während die Tätigkeitsbeurteilung bis zu ¾ des Zeugnisses einnimmt, fallen Leistungs- und Verhaltensbeurteilung dagegen deutlich ab. Dies suggeriert eine Wichtigkeit der Tätigkeitsbeschreibung, die in Wirklichkeit nicht gegeben ist.

Die Ursache liegt wahrscheinlich darin, dass die Tätigkeitsbeschreibung vergleichsweise objektiv dokumentiert werden kann, die Leistungs- und Verhaltensbeurteilung jedoch subjektiv ist und in vielen Zeugnissen »zu gut« ausfällt. Daher legen viele Zeugnisleser großen Wert auf die Tätigkeitsbeschreibung, weil sie dem Rest nicht so ganz glauben – die Tätigkeit an sich ist eben immer Fakt. Diese Haltung ist natürlich nachvollziehbar, denn auch in vielen Führungspositionen wird noch ein gewisses Maß an Fachkenntnis und vor allem Erfahrung verlangt, das sich in der Tat am neutralsten an der Tätigkeitsbeschreibung ablesen lässt. Das Problem ist: Anhand der Tätigkeitsbeschreibung kann man sich längst kein Bild von der Persönlichkeit eines Bewerbers machen. Dieses Gesamtbild entsteht erst im Zusammenspiel mit anderen Faktoren, z.B. den sozialen Kompetenzen.

Irrtum Nr. 4: Ein gutes Zeugnis garantiert die Karriere

Leider ist ein gutes bis hervorragendes Zeugnis noch keine Garantie für den beruflichen Aufstieg, sondern nur eine Voraussetzung. Zwar schenken in Deutschland viele Personalentscheider dem Arbeitszeugnis eine hohe Aufmerksamkeit, allerdings zählt nach wie vor der persönliche Eindruck des Bewerbers.

Man kann die Gegebenheiten eher so verstehen, dass in Deutschland ohne ein gutes bis sehr gutes Zeugnis eine erfolgreiche Karriere nur schwer möglich ist. Personaler wie Headhunter setzen einfach voraus, dass das Zeugnis eines karriereorientierten Bewerbers ein gewisses Niveau und mindestens eine Note im Bereich von ›gut‹ dokumentiert. Dann werden die weiteren Schritte im Bewerbungsverfahren eingeleitet.

Irrtum Nr. 5: Es gibt das gute Zeugnis

Diese Ansicht wird von vielen hoffnungsvollen Zeugnisempfängern getragen, die ein wasserdichtes Zeugnis erwarten. Hier gilt: Ein Zeugnis ist in seinen Beurteilungskernsätzen justiziabel und daher eindeutig als gut oder schlecht interpretierbar. Die angelagerten Formulierungen sind hingegen nicht unbedingt eindeutig als gut oder schlecht bewertbar. Wenn ein Zeugnis beispielsweise in jedem Beurteilungssatz nur superlativische Aussagen beinhaltet, so klingt es für viele Zeugnisleser übertrieben und keinesfalls mehr positiv, es wird also sogar das Gegenteil erreicht.

Auch im Gesamtumfang und anteiligen Länge der einzelnen Bestandteile (z.B. der Tätigkeitsbeurteilung und der Leistungsbeurteilung) kann ein Zeugnis variieren, ohne dass eine Variante zwingend die beste sein muss.

Viele, insbesondere große Unternehmen, haben zudem ihre eigenen Gepflogenheiten, was sie unter gut oder schlecht verstehen. Die Bandbreite reicht hier von bestimmten zu erwähnenden Kernkompetenzen des Zeugnisempfängers bis hin zu formalen Aspekten wie der Länge des Zeugnisses.

Irrtum Nr. 6: Personaler schreiben die besseren Zeugnisse
Unbestritten ist, dass Personaler die meiste Erfahrung im Umgang mit Arbeitszeugnissen haben, und zwar sowohl was die Erstellung, als auch was das Lesen und die Interpretation betrifft. Leider lässt sich daraus nicht ableiten, dass Personaler automatisch Arbeitszeugnisse auch wirklich gut erstellen können.

Für viele Personaler dürfte das Thema Arbeitszeugnis ebenso unbeliebt sein wie für die meisten anderen Zeugnisaussteller auch, schon allein wegen der komplizierten und nur noch für einen ausgewiesenen Spezialisten durchschaubaren Zeugnissprache.

Daher behelfen sich viele Personaler, indem sie alte Zeugnisse als Vorlage nehmen und individuell abwandeln. So sparen sie Zeit, scheinbar unnötigen Aufwand und vor allem wähnen sie sich in der Sicherheit, ein Zeugnis zu erstellen, bei dem erfahrungsgemäß keine Unannehmlichkeiten zu erwarten sind. Leider sind die so entstandenen Zeugnisse keinesfalls unbedingt besser als ein ›frisch‹ erstelltes Exemplar, schließlich reproduziert sich so das Konventionelle. Den eintretenden Effekt könnte man auch als Aufwertung der Mittelmäßigkeit hin zum Standard bezeichnen. Noch heute findet man deshalb in vielen Zeugnissen vergleichsweise altbackene Formulierungen, die eigentlich überholt sind. Da sich jedoch kaum ein Personaler ›traut‹ oder genügend Energie darauf verwendet, die alten Strukturen aufzubrechen, dupliziert sich die Mittelmäßigkeit mit jedem abgeschriebenem Zeugnis.

Irrtum Nr. 7: Zeugnisse lesen nur Personaler
In bisher praktisch jedem Ratgeber über Arbeitszeugnisse wird hauptsächlich auf Personalleiter oder Personalreferenten, salopp auch »Personaler«, als Zeugnisleser eingegangen. Man beschreibt deren berüchtigtes Gefühl für die Zeugnissprache und suggeriert dem Zeugnisempfänger, dass er mit dem Zeugnis vor allem den Personalern gefallen muss. Dies stimmt in der Regel jedoch nur sehr bedingt, da es noch mindestens zwei weitere wichtige Gruppen von Zeugnislesern gibt.

Zunächst einmal sind die Fachabteilungsleiter zu nennen, die bei manchen Unternehmen ein gewichtiges Wörtchen bei der Einstellung von Bewerbern mitzureden haben. Wenn ein Fachabteilungsleiter das Zeugnis liest, kann dies für eine Bewerbung durchaus von Vorteil sein, denn nach unserer Erfahrung kennt sich der Fachabteilungsleiter nicht so gut mit der Zeugnissprache aus wie ein Personaler.

Der Fachabteilungsleiter wird eher Gewicht auf die formale Qualifikation und die im Zeugnis dokumentierte Berufserfahrung legen als auf den notorischen Passus von der »vollsten Zufriedenheit« oder sonstige eventuell kodierte Aussagen. Daher sollte das gute Arbeitszeugnis eines Managers eine ausführliche Beschreibung seines Tätigkeitsbereiches und seiner Kompetenzen enthalten. Freilich sollte diese Beschreibung auch nicht ausufern, denn dazu gibt es ja die Bewerbungsmappe, der man z.B. eine detaillierte Projektliste beilegen kann. Insgesamt sollte aus dem Zeugnis klar hervorgehen, ob sich eine Führungskraft fachlich und von ihrer Führungserfahrung her für die fragliche Position eignet.

Doch es gibt noch eine zweite Gruppe von Zeugnislesern, die man gerne vergisst, vielleicht weil viele von ihnen eher im Verborgenen arbeiten. Die Rede ist von Personalberatern, auch »Headhunter« genannt. Diese Spezies von Personaldienstleistern sorgt oft für die schnelle und diskrete Besetzung vakant gewordener Führungspositionen in einem Unternehmen. Ein Personalberater, gleich wie er zu einem Kandidaten gefunden hat, wird vor einer persönlichen Einladung zum Interview die schriftlichen Unterlagen des Kandidaten prüfen. Dabei spielt in Deutschland – abgesehen von Toppositionen – natürlich auch das Arbeitszeugnis eine Rolle, insbesondere dann, wenn mehrere Kandidaten für eine Position zur Auswahl stehen, das Angebot also groß ist.

Personalberater lesen Zeugnisse nach unserer Erfahrung vor allem ex negativo, d.h. sie prüfen das Gesamtbild. Ist dieses nicht stimmig, so geht man im persönlichen Gespräch darauf ein und prüft die Unstimmigkeiten. Stimmt das Gesamtbild, so bedürfen Zeugnis und Kandidat diesbezüglich normalerweise keiner weiteren Analyse. Pluspunkte sammelt man mit einem extrem positiven Zeugnis bei Personalberatern übrigens kaum, denn meistens gehen sie ohnehin davon aus, dass ein Zeugnis geschönt wurde. Ebenso geht man über gewisse Unebenheiten, die erkennbar von einem ungeschickten Zeugnisaussteller herrühren, großzügig hinweg – der persönliche Auftritt im Interview muss überzeugen.

Irrtum Nr. 8: »Stets zur vollsten Zufriedenheit« darf nicht fehlen
Dieser Passus ist der wohl bekannteste des ganzen Zeugniswesens. Er bildet in vielen Zeugnissen den Kernsatz der Leistungsbeurteilung und dokumentiert die Note ›sehr gut‹. Allerdings stoßen sich viele Zeugnisempfänger wie Zeugnisaussteller an dem Wort »vollste(n)«, da es sich hier streng genommen um grammatikalisch falsches Deutsch handelt.

Wie gut, dass es jede Menge alternativer Formulierungen gibt, um die Note »sehr gut« auszudrücken. Hier einige Vorschläge:

- »Wir waren mit den Leistungen jederzeit außerordentlich zufrieden.«
- »Seine/Ihre Leistungen haben jederzeit und in jeder Hinsicht unsere volle Anerkennung gefunden.«
- »Wir waren mit den Leistungen stets in jeder Hinsicht außerordentlich zufrieden.«

Diese Alternativen sind den Personalern übrigens nicht unbekannt, sie sind lediglich einer breiteren Öffentlichkeit nicht so recht geläufig. Man kann sich zwar denken, dass mit diesen Formulierungen eine sehr gute Leistung beschrieben wird, aber man kommt von selber nicht darauf, sie im eigenen Zeugnisentwurf einzusetzen.

Irrtum Nr. 9: Kein Zeugnis sei länger als zwei Seiten

In vielen Ratgebern ist zu lesen, dass ein Zeugnis nicht länger als maximal zwei Seiten sein soll. Der Richtwert an sich ist zwar durchaus sinnvoll, allerdings missachtet er spezielle Fälle, die insbesondere bei Fach- und Führungskräften zum Tragen kommen. Es kann durchaus passieren, dass etwa ein Geschäftsführer mehrere Jahre ein sehr umfangreiches Verantwortungs- und Aufgabengebiet innehatte. Hinzu kommen womöglich noch andere zu dokumentierende Positionen und Aufgaben im gleichen Unternehmen oder Konzern vor der Aufnahme der Geschäftsführertätigkeit.

Nun stellt sich die Frage, ob man alle Aufgaben und Verantwortlichkeiten wirklich auf zwei Seiten zusammenkürzen sollte. Wir meinen: nein. Eine umfangreiche Leistung sollte auch angemessen gewürdigt werden. Allerdings darf ein Zeugnis nicht ausufern. Der maximale Umfang beträgt nach unserer Ansicht vier Seiten, wobei die Schriftgröße etwa bei Arial 11 bis 12 liegen und auf allen Bögen das offizielle Firmenpapier verwendet werden sollte.

Irrtum Nr. 10: Der Kunde wird zuerst genannt

Nicht selten liest man bei Verhaltensbeurteilungen von Beschäftigten aus dem Bankwesen die folgende Formulierung: »Sein Verhalten gegenüber Kunden, Vorgesetzten und Kollegen war stets einwandfrei«. Während »stets einwandfrei« auf eine Note im Bereich zwischen ›sehr gut‹ und ›gut‹ hinweist und daher unproblematisch ist, erregt die Nennung der Kunden vor den Vorgesetzten und Mitarbeitern die Aufmerksamkeit der geübten Zeugnisleser. Soll hier etwa auf Schwierigkeiten des Beurteilten im Verhältnis zu seinen internen Ansprechpartnern hingewiesen werden?

Aus Sicht des Unternehmens macht diese Reihenfolge zunächst Sinn. Dienstleistungsunternehmen wie Banken, Versicherungen oder Beratungsgesellschaften haben sich die Kundenorientierung als einen obersten Geschäftsgrundsatz auf die Fahnen geschrieben. Da liegt es nahe, das Verhalten gegenüber Kunden auch in der Mitarbeiterbeurteilung, also eben auch im Arbeitszeugnis, zu betonen. Gerade im Arbeitszeugnis jedoch gibt es Probleme. Hier müssen in der Reihenfolge die Vorgesetzten und Mitarbeiter vor den Kunden genannt werden.

Der Grund für diese Regelung ist einfach: Jegliches Verhalten gegenüber Kunden erfolgt im Einklang und in Abstimmung mit dem Vorgesetzten, daher muss auch in Zeugnissen sehr kundenorientierter Unternehmen der Vorgesetzte in der Verhaltensbeurteilung an erster Stelle aller aufgezählten Ansprechpartner stehen.

Teil 1: Aussteller und Empfänger — was beide Seiten wissen müssen

In den ersten drei Kapiteln dieses Buches gehen wir auf Ihre Fragen ein. Und weil Sie als Zeugnisempfänger andere Fragen und andere Interessen haben als in der Rolle als Zeugnisaussteller, haben wir die Rubriken getrennt behandelt. Im dritten Kapitel geht es dann um wichtige Fragen, die für Sie beide von Interesse sind. Da jedoch fast jeder Zeugnisaussteller auch irgendwann einmal ein Zeugnisempfänger ist und jeder Zeugnisempfänger sicherlich auch in die Lage kommt, einmal ein Zeugnis auszustellen, können wir nur empfehlen, auch die Antworten auf die Fragen der anderen Seite zu lesen. Sich in die Situation der anderen Seite hineinzuversetzen, ist im Arbeitsalltag in vielen Situationen hilfreich. Und da macht diese keine Ausnahme.

1 Was Sie als Zeugnisaussteller wissen müssen

1.1 Zeugnisentwurf vom Mitarbeiter?

Es kommt immer häufiger vor, dass ausscheidende Mitarbeiter ihre Wünsche für die Zeugniserstellung an den Arbeitgeber herantragen und sogar einen vollständigen Zeugnisentwurf vorlegen. Viele Arbeitgeber begrüßen diesen Trend, weil ihnen hierdurch einige Arbeit erspart bleibt. Dem Arbeitgeber ist es jedoch nicht erlaubt, von einem ausscheidenden Mitarbeiter einen Zeugnisentwurf einzufordern. Umgekehrt ist der Arbeitgeber nicht verpflichtet, dem Zeugnisentwurf des Mitarbeiters zu folgen oder sich mit ihm detailliert dazu auseinander zu setzen.

> **Das sagt der Gesetzgeber**   !
>
> Der Arbeitgeber hat nach §630 BGB, §109 GewO dem Mitarbeiter (für Auszubildende: §16 BBiG) bei Beendigung des Anstellungsverhältnisses ein Zeugnis über Art und Dauer des Arbeitsverhältnisses (sog. »einfaches Zeugnis«) zu erteilen. Auf Verlangen des Mitarbeiters muss sich das Zeugnis auch auf Führung und Leistung (sog. »qualifiziertes Zeugnis«) erstrecken. Da die gesetzlichen Regelungen hier einen Anspruch des Mitarbeiters gegen den Arbeitgeber auf Erteilung eines Zeugnisses vorsehen, kann der Arbeitgeber nicht von seinem ausscheidenden Mitarbeiter den Entwurf eines Zeugnisses einfordern.

Eines sollten sich Chefs und Personaler auch klar machen: Wenn sie die Zeugniserstellung dem Mitarbeiter überlassen, spiegelt sich darin natürlich seine Sichtweise wider und die Themen werden oft zu umfangreich dargestellt oder falsch gewichtet. Möglicherweise treten zu einem späteren Zeitpunkt dann noch Probleme auf, beispielsweise weil nachfolgende Arbeitgeber bestimmte Punkte vermissen. Dann müssen Sie sich doch noch einmal mit dem Zeugnis befassen.

Besprechen Sie Ihren Entwurf gemeinsam!
Zeugnisstreitigkeiten bzw. der nochmaligen Ausstellung eines Zeugnisses wegen kleinerer Korrekturen können Sie so vorbeugen. Eventuelle Missverständnisse oder Unstimmigkeiten lassen sich auf diesem Wege schnell und einfach ausräumen.

Der Arbeitgeber sollte also darauf achten, dass das Zeugnis alle wesentlichen Tatsachen und Bewertungen enthält, die für die Beurteilung des Mitarbeiters von Bedeutung und für einen zukünftigen Arbeitgeber von Interesse sind. Hier steht dem Arbeitgeber ein gewisser Beurteilungsspielraum zu, welche positiven und negativen Leistungen und Eigenschaften des Mitarbeiters er eher betont oder vernachlässigt. Als Maßstab wird dabei von der Rechtsprechung der eines wohlwollenden verständigen Arbeitgebers zugrunde gelegt, der seiner Bewertung Tatsachen, nicht aber Vermutungen oder Verdächtigungen zugrunde legt. Dieser (sehr abstrakt) formulierte Maßstab der Rechtsprechung eröffnet für die Zeugniserteilung im konkreten Fall ein weites Feld.

1.2 Mitarbeiter freigestellt? Was für ein Zeugnis erhält er?

Häufig werden Führungskräfte – sobald sie gekündigt haben oder gekündigt werden – freigestellt, um zu verhindern, dass sie weiter sensible Informationen erhalten, welche die Konkurrenz interessieren könnten. Aber was für ein Zeugnis erhält dann eine freigestellte Führungskraft, die sich um eine neue Arbeitsstelle bewerben will? Schließlich besteht ja noch das alte Anstellungsverhältnis. Dazu müssen Sie wissen, dass es zwei Zeugnisarten gibt:

- Das Zwischenzeugnis ist eine Beurteilung des Mitarbeiters bei fortbestehendem Anstellungsverhältnis.
- Das Schlusszeugnis bzw. Endzeugnis wird für den Fall des Ausscheidens aus dem Anstellungsverhältnis erstellt. Für beide Zeugnisse gelten im Wesentlichen die gleichen Grundsätze hinsichtlich Form und Inhalt.

Nach Ausspruch einer Kündigung ist der Arbeitgeber während der Kündigungsfrist verpflichtet, dem Mitarbeiter auf Wunsch ein Zwischenzeugnis zu erteilen. Wahlweise kann vom Mitarbeiter statt eines Zwischenzeugnisses bereits das Endzeugnis verlangt werden, da der Zeitpunkt der Beendigung des Anstellungsverhältnisses bereits feststeht.

Als Arbeitgeber aber haben Sie das Recht, ein vor Beendigung des Anstellungsverhältnisses ausgestelltes Endzeugnis als »vorläufiges Zeugnis« zu kennzeichnen. Dann muss allerdings zum Beendigungszeitpunkt das vorläufige Zeugnis gegen das Endzeugnis ausgetauscht werden. Wichtig ist nur, dass Bewertungen, die im Zwischen- und im Endzeugnis gemacht wurden, übereinstimmen.

Das sagt die Rechtsprechung !

Es tritt grundsätzlich eine Selbstbindung des Arbeitgebers an das von ihm erteilte Zwischenzeugnis bei gleicher Beurteilungslage ein (vgl. LAG Hamm, Urteil v. 28.8.1997, 4 Sa 1926/96, NZA-RR 1998, 490; BAG, Urteil v. 16.10.2007, 9 AZR 248/07, NZA 2008, 298). Bescheinigt der Arbeitgeber beispielsweise im Zwischenzeugnis, dass er den Mitarbeiter als »fleißigen, ehrlichen und gewissenhaften Mitarbeiter kennen gelernt« hat, so muss sich der Arbeitgeber für das Endzeugnis an dieser Formulierung festhalten lassen. Nur nach einem längeren Zeitablauf, der nach der Rechtsprechung mindestens 10 bis 12 Monate beträgt, kann der Arbeitgeber bei einer anderen Entwicklung von der im früheren Zwischenzeugnis getroffenen Führungs- und Leistungsbeurteilung abweichen. Das Zwischenzeugnis sollte deshalb mit Blick auf das Endzeugnis bereits mit der erforderlichen Sorgfalt erstellt werden.

Von dem Zwischenzeugnis kann der Arbeitgeber also nur abweichen, wenn die späteren Leistungen und das spätere Verhalten des Mitarbeiters dies rechtfertigen.

Von einem vorläufigen Endzeugnis, das dem Mitarbeiter für die Zeit der Kündigungsfrist zur Bewerbung erteilt wird, kann der Arbeitgeber nur abweichen, wenn ihm ein Widerrufsrecht zusteht.

1.3 Kann im Endzeugnis auf Zwischenzeugnisse verwiesen werden?

Bei langen Beschäftigungszeiten mit wechselnden Tätigkeitsfeldern kann das Zeugnis sehr umfangreich ausfallen. Aber sind zu viele Details nicht unvorteilhaft, wenn man sich bewirbt?

Das sagt der Gesetzgeber !

Nach dem gesetzlichen Wortlaut (§630 BGB, §109 GewO) hat der Mitarbeiter bei Beendigung des Anstellungsverhältnisses Anspruch auf ein schriftliches Zeugnis, das mindestens Angaben zur Art und Dauer der Tätigkeit enthalten muss. Auf Verlangen des Mitarbeiters muss es sich darüber hinaus auch auf die Leistung und das Verhalten im Anstellungsverhältnis erstrecken. Im Endzeugnis des Mitarbeiters ist deshalb grundsätzlich der gesamte Zeitraum der Tätigkeit des Mitarbeiters in einer zusammenfassenden Darstellung zu erfassen.

Allein auf Grund ihrer Länge sind sehr ausführliche Zeugnisse für Bewerbungen aber nicht geeignet. Im Hinblick auf dieses Dilemma ist man in der Praxis teilweise dazu übergegangen, im Endzeugnis auf erteilte Zwischenzeugnisse zu verweisen, soweit diese Zwischenzeugnisse den jeweiligen Tätigkeitsabschnitt mit Leistungs- und Führungsbeurteilung umfassend abdecken. Im eigentlichen Endzeugnis finden sich dann nur relativ kurze, zusammenfassende Bemerkungen über Inhalt und Umfang des jeweiligen Tätigkeitsabschnittes und dem Endzeugnis werden in Anlage die Kopien der Zwischenzeugnisse beigefügt, auf die lediglich verwiesen wird.

Einigen Sie sich gemeinsam über den Verweis auf Zwischenzeugnisse!
In der Rechtsprechung ist bisher noch nicht entschieden, ob und unter welchen Voraussetzungen im Endzeugnis auf Zwischenzeugnisse verwiesen werden kann. Möchte man Endzeugnisse auf diese Art und Weise erstellen, sollte man dies im Vorfeld mit dem betroffenen Mitarbeiter abstimmen, um im Nachhinein mögliche Auseinandersetzungen zu vermeiden.

1.4   Wohlwollend oder wahr? Wie beurteilen Sie?

Der Arbeitgeber steckt häufig in der Zwickmühle: Einerseits soll das Zeugnis dem zukünftigen potenziellen Arbeitgeber ermöglichen, sich ein Bild von den Kenntnissen, Fähigkeiten und dem Verhalten des Mitarbeiters gegenüber Kollegen und Vorgesetzten sowie gegenüber Kunden zu machen. Aus diesem Grund muss das Zeugnis inhaltlich der Wahrheit entsprechen. Andererseits dient das Zeugnis dem Mitarbeiter auch bei der Gestaltung seiner beruflichen Zukunft. Das Zeugnis darf also kein Hindernis bei der beruflichen Karriere sein. Insbesondere das dem Arbeitnehmer gem. § 109 Abs. 1 Satz 3 GewO zu erteilende qualifizierte Zeugnis ist für mögliche künftige Arbeitgeber Grundlage der Personalauswahl. Der Inhalt des Zeugnisses muss deshalb wahr sein (Grundsatz der Zeugniswahrheit). Daneben darf das Zeugnis gem. § 109 Abs. 2 GewO keine unklaren Formulierungen enthalten, durch die der Arbeitnehmer anders beurteilt werden soll, als dies aus dem Zeugniswortlaut ersichtlich ist (Grundsatz der Zeugnisklarheit). Das Zeugnis muss deshalb klar und verständlich formuliert sein, § 109 Abs. 2 GewO. Weder Wortwahl noch Auslassungen dürfen dazu führen, dass beim Leser des Zeugnisses der Wahrheit nicht entsprechende Vorstellungen entstehen können. Es kommt deshalb nicht darauf an, welche Vorstellungen der Zeugnisverfasser mit seiner Wortwahl verbindet, sondern auf die Sicht des Zeugnislesers (vgl. LAG Düsseldorf, Urteil v. 07.01.2009, 7 Sa 1258/08, BeckRS 2009 54461, BAG, Urteil v. 21.06.2005, 9 AZR 352/04, NZA 2006, 104). Ob sich tatsächlich in der Zeugnissprache ein Geheimcode ausgebildet hat, ist nach dem maßgeblichen objektiven Empfängerhorizont zu beurteilen. Dabei ist das Verständnis eines durchschnittlich Beteiligten oder Angehörigen des vom Zeugnis angesprochenen Personenkreises zugrunde zu legen (vgl. BAG, Urteil v. 15.11.2011, 9 AZR 386/10, NZA 2012, 448).

Das sagt die Rechtsprechung   **!**

Grundsätzlich hat der Arbeitgeber das Zeugnis im Interesse des Mitarbeiters mit
Wohlwollen zu erstellen (vgl. BAG, Urteil v. 20.2.2001, 9 AZR 44/00, NZA 2001, 843).
Das heißt aber nicht, dass nur positive, dem Mitarbeiter günstige Bewertungen in
das Zeugnis aufgenommen werden dürfen. Ein solches Zeugnis würde dem obersten Grundsatz der Wahrheitspflicht widersprechen. Allerdings soll das Arbeitszeugnis auch bei einer »nicht guten« Beurteilung der Leistung und des Verhaltens des
Arbeitnehmers insgesamt wohlwollend formuliert sein (vgl. LAG Berlin-Brandenburg, Urteil v. 7.11.2013, 10 Sa 1440/13, Beck RS 2013, 74543).

Verlangt ein Mitarbeiter ein qualifiziertes Zeugnis, muss er auch damit rechnen,
dass darin negative Aussagen enthalten sind. Ein »wohlwollender Maßstab«
bedeutet deshalb, dass das Zeugnis aus der Sicht eines verständigen Arbeitgebers abzufassen ist und nicht durch Vorurteile oder Voreingenommenheit
bestimmt sein darf, die ein Fortkommen des Mitarbeiters unnötig erschweren.

Das sagt die Rechtsprechung   **!**

Die Verwendung des Begriffes »sich bemühen« sowie die Bescheinigung von
Pünktlichkeit und korrekter Ausnutzung der Arbeitszeit stellen in einem Zeugnis
letztlich eine negative Beurteilung dar und entsprechen nicht dem Erfordernis
eines wohlwollenden Zeugnisses (vgl. ArbG Neubrandenburg, Urteil v. 12.2.2003,
1 Ca 1579/02, NZA-RR 2003, 465).
Die in einem Arbeitszeugnis enthaltene Formulierung »als sehr interessierten und
hochmotivierten Mitarbeiter kennengelernt« erweckt nach Auffassung des BAG aus
Sicht des objektiven Empfängerhorizonts nicht den Eindruck, dem Arbeitnehmer
werde in Wahrheit Desinteresse und fehlende Motivation attestiert (vgl. BAG, Urteil
v. 15.11.2011, 9 AZR 386/10, NZA 2012, 448). Mit der Wendung »kennengelernt« bringt
der Arbeitgeber nicht zum Ausdruck, dass die im Zusammenhang angeführten
Eigenschaften tatsächlich nicht vorliegen.

Im Rahmen der Zeugniserteilung dürfen daher auch negative Eigenschaften
und Vorfälle nur in einer adäquaten Weise zum Ausdruck kommen (vgl. LAG
Bremen, Urteil v. 9.11.2000, 4 Sa 101/00, NZA-RR 2001, 287).

Das Bundesarbeitsgericht hat dieses Spannungsverhältnis so formuliert:

»Bei der Wertung der Tragweite des Zeugnisses gilt zunächst, dass dieses
wahr sein muss, auch wenn es vom verständigen Wohlwollen gegenüber dem
Mitarbeiter getragen sein muss und ihm das weitere Fortkommen nicht ungerechtfertigt erschweren soll.«

Dieser Grundsatz hat zur Folge, dass der Mitarbeiter, wenn das Zeugnis sich auf sein Verlangen hin auf Leistung und Führung erstrecken soll, mit negativen Aussagen rechnen muss, die für sein weiteres Fortkommen nachteilig sein können (vgl. BGH, Urteil v. 22.9.1970, VI ZR 193/69, BB 1970, 1395). Die Wahrheitspflicht hat Vorrang.

> **! Beispiel: Keine faulen Kompromisse**
>
> Um des Friedens Willen werden oft gerichtliche Vergleiche geschlossen, in denen sich z.B. Aussagen über die Gründe für die Beendigung des Anstellungsverhältnisses finden, die nicht unbedingt den Tatsachen entsprechen. Die Aufnahme derselben Aussage in ein qualifiziertes Zeugnis kann dem Grundsatz der Zeugniswahrheit widersprechen und daher unzulässig sein.
>
> Die Zeugniswahrheit lässt es nicht zu, in ein qualifiziertes Zeugnis einen Beendigungsgrund für das Anstellungsverhältnis aufzunehmen, der ohne gerichtliche Feststellung lediglich als Kompromissformel in einen Prozessvergleich aufgenommen worden ist (vgl. LAG Frankfurt, Urteil v. 18.2.1983, 13 Sa 1102/82, AuR 1984, 53). Wird ein Anstellungsverhältnis durch Prozessvergleich beendet, darf jedoch im Zeugnis neben der einvernehmlichen Beendigung nicht darauf verwiesen werden, dass dies auf Veranlassung des Arbeitgebers erfolgte (vgl. LAG Berlin, Urteil v. 25.01.2007, 5 Sa 1442/06, NZA-RR 2007, 373). Die Zeugniswahrheit steht auch dem Verlangen des Mitarbeiters entgegen, ein Arbeitszeugnis nur auf einen bestimmten Zeitraum eines langjährigen Anstellungsverhältnisses zu beschränken.

1.5 Muss »außerdienstliches Verhalten« berücksichtigt werden?

Auch so genanntes »außerdienstliches Verhalten« kann die Führungsbeurteilung eines Mitarbeiters beeinflussen. Wenn ein Mitarbeiter in fahruntüchtigem Zustand unbefugt ein Dienstfahrzeug seines Arbeitgebers zu einer Privatfahrt benutzt und deswegen strafrechtlich verurteilt wird, kann der Mitarbeiter vom Arbeitgeber im qualifizierten Zeugnis nicht die Aussage verlangen, seine Führung sei »einwandfrei« gewesen. Ein derartiges Zeugnis wäre inhaltlich unwahr (vgl. BAG, Urteil v. 29.1.1986, 4 AZR 479/84, NZA 1987, 384).

Hingegen dürfen Umstände des Privatlebens ohne Bezug zur beruflichen Tätigkeit nicht in ein Zeugnis einfließen.

1.6 Können bestimmte Umstände weggelassen werden?

Der Arbeitgeber muss zwar Rücksicht auf die weitere berufliche Karriere des Mitarbeiters nehmen, doch diese Rücksichtnahme hat Grenzen. Schließlich kann der künftige Arbeitgeber erwarten, dass das Zeugnis eine zuverlässige Grundlage für seine Einstellungsentscheidung ist. Bestimmte Vorkommnisse, die für die Führung- und Leistungsbewertung wesentlich sind, dürfen nicht verschwiegen werden.

Im Interesse der Zeugniswahrheit und Zeugnisklarheit darf ein Arbeitszeugnis auch dort keine Auslassungen enthalten, wo der Leser eine positive Hervorhebung erwartet (z.B. bei der Ehrlichkeit eines Kassierers). Soweit für eine Berufsgruppe oder in einer Branche der allgemeine Brauch besteht, dass bestimmte Eigenschaften oder Leistungen der Mitarbeiter im Zeugnis erwähnt werden, ist deren Auslassung regelmäßig ein (versteckter) Hinweis für den Zeugnisleser, dass der Mitarbeiter in diesem Merkmal unterdurchschnittlich oder allenfalls durchschnittlich zu bewerten ist (»beredtes Schweigen«). Der Mitarbeiter hat dann einen Anspruch darauf, dass ihm ein entsprechend ergänztes Zeugnis erteilt wird (vgl. BAG, Urteil v. 12.8.2008, 9 AZR 632/07, BeckRS 2008 57445). Bei der Zeugniserstellung ist deshalb darauf zu achten, welche Eigenschaften den Beruf prägen und ob das Fehlen von Aussagen zu bedeutsamen berufstypischen Merkmalen beim Zeugnisleser unrichtige Vorstellungen hervorrufen kann. Bei bestimmten Berufsgruppen (z.B. Kassierern, Verkäufern, Hotelpersonal, Außendienstmitarbeitern) kann die explizite Erwähnung der Ehrlichkeit gefordert werden, wenn davon auszugehen ist, dass sonst in der entsprechenden Branche Zweifel an der Ehrlichkeit des Mitarbeiters aufkommen.

In entscheidenden Fragen, wie z.B. Ehrlichkeit eines Mitarbeiters in finanzieller Vertrauensposition, Unfallfreiheit eines Berufskraftfahrers, bei denen die Antwort nur »Ja« oder »Nein« lauten kann, ist bei negativen Vorkommnissen weder eine unzutreffende Aussage noch ein Weglassen der Aussage zu diesem Punkt zulässig. Die (negative) Tatsache muss in jedem Fall angesprochen werden, das Wohlwollen für den Mitarbeiter muss dann auf andere Weise zum Ausdruck gebracht werden.

Wenn z.B. Mitarbeiter in einem Bereich beschäftigt werden, in dem zumindest Kontakt zu Kindern und Jugendlichen besteht, ist es für einen zukünftigen Arbeitgeber von erheblichem Interesse, nicht nur über die rein fachlichen Fähigkeiten, sondern auch über die sittliche Qualifikation und gegebenenfalls vorhandene pädophile Neigungen des Mitarbeiters unterrichtet zu werden.

In einem Zeugnis muss deshalb die Tatsache, dass bei dem Mitarbeiter kinderpornographische Dateien/Schriften gefunden wurden, erwähnt werden (vgl. LAG Düsseldorf, Urteil v. 7.1.2009, 7 Sa 1258/08, BeckRS 2009 54461).

Manche Arbeitgeber versuchen die heiklen Punkte eines Zeugnisses zu umgehen, indem sie sich missverständlich oder mehrdeutig ausdrücken. Dies ist jedoch nicht gestattet.

> **!** **Das sagt die Rechtsprechung**
>
> Enthält ein Arbeitszeugnis widersprüchliche, verschlüsselte bzw. doppelbödige Formulierungen, so sind diese ersatzlos zu streichen (vgl. LAG Hamm, Urteil v. 17.12.1998, 4 Sa 630/98, BB 2000, 1090). Auch übersteigerte Bewertungen, die letztlich durch ihren ironisierenden Charakter nicht ernst gemeint sind, sind unzulässig (vgl. LAG Hamm, Beschluss v. 14.11.2016, 12 Ta 475/16, BeckRS 2016, 74518).

Die ersatzlose Streichung dieser (isolierten) Formulierungen führt im Ergebnis jedoch dazu, dass die Zeugniswahrheit gänzlich auf der Strecke bleibt, denn der Arbeitgeber hätte das Zeugnis insgesamt ja dann völlig anders formuliert.

Ein Zeugnis besteht meist nicht nur aus den Kernsätzen, sondern auch aus zahlreichen ergänzenden Formulierungen. Hier bleibt sehr viel Raum zur Interpretation, weil diese Formulierungen in der Regel individuell und nicht eindeutig einer Notenstufe zuordenbar sind. Bei der Interpretation spielen nun auf Seiten des Zeugnislesers verschiedene Faktoren eine Rolle:

- Welche Formulierungen kennt er?
- Welche Formulierungen empfindet er als übertrieben?
- Wägt er jedes Wort genau ab?
- Ist er stark auf bestimmte Branchengepflogenheiten, sofern existent, fixiert?
- Welchen Zeugnisumfang erwartet er?

Die individuelle Herangehensweise an diese Fragen bestimmt die Interpretation.

Es gibt viele Ansatzpunkte zu Missverständnissen. Ein geübter Zeugnisleser wird sich immer ein Gesamtbild machen und einen wirklich interessanten Bewerber auch aufgrund seines Profils zu einem Vorstellungsgespräch einladen. Gleichwohl wird das Zeugnis die Erwartungshaltung des Personalentscheiders beeinflussen. Zeugnisse sollten daher insgesamt vor allem schlüssig und in sich harmonisch formuliert sein, um Missverständnisse zu minimieren.

Vor diesem Hintergrund sollten Sie vor allem in den folgenden Fällen auf eine angemessene Darstellung achten.

Wenn der Mitarbeiter oft krank war

Eine Krankheit darf im Zeugnis grundsätzlich nicht erwähnt werden, auch dann nicht, wenn sie den Kündigungsgrund darstellt. Krankheitsbedingte Fehlzeiten dürfen nur dann im Zeugnis genannt werden, wenn sie außer Verhältnis zur tatsächlichen Arbeitsleistung stehen.

Achtung: Wo ist die Grenze?

Die Verhältnismäßigkeit ist überschritten, wenn die krankheitsbedingten Fehlzeiten etwa die Hälfte der gesamten Beschäftigungszeit ausmachen (vgl. LAG Chemnitz, Urteil v. 30.1.1996, 5 Sa 996/95, NZA-RR 1997, 47). Dies gilt auch für die Elternzeit (vgl. BAG, Urteil v. 10.5.2005, 9 AZR 261/04, NZA 2005, 1237). Liegen die krankheitsbedingten Fehlzeiten unter dieser Grenze, könnte der Arbeitgeber im Zeugnis Folgendes schreiben: »Herr XY trat am … bei uns als … ein. Er hat sein Arbeitsverhältnis zum … gekündigt.« Durch die Formulierung »trat« statt »beschäftigt« werden nicht unerhebliche Fehlzeiten zum Ausdruck gebracht. Wenn also in einem Zeugnis nur die rechtliche Existenz eines Anstellungsverhältnisses angegeben wird, kann dies Fehlzeiten andeuten, deren explizite Aufzählung dem Arbeitgeber verwehrt ist.

Tipp: Bitten Sie um lückenlose Angaben!

Lassen Sie sich im Zweifelsfall von Bewerbern generell oder bezogen auf einzelne Abschnitte des Berufslebens ausdrücklich bestätigen, dass die genannten Tätigkeiten in der angegebenen Zeit auch tatsächlich ausgeübt worden sind. Der Bewerber muss die Frage nach dem Lebenslauf und dem beruflichen Werdegang wahrheitsgemäß beantworten (vgl. LAG Köln, Urteil v. 13.11.1995, 3 Sa 832/95, NZA-RR 1996, 403).

Wenn außerordentlich gekündigt wurde

Wenn dem Mitarbeiter zu Recht außerordentlich gekündigt wurde, so genügt es, diese Tatsache durch alleinige Angabe des Beendigungszeitpunktes zum Ausdruck zu bringen. Bei einem »krummen Beendigungszeitpunkt« (nicht Monatsmitte, Monats- oder Quartalsende) verdeutlicht das den Umstand der fristlosen Kündigung ausreichend (vgl. LAG Hamm, Urteil v. 24.9.1995, 13 Sa 833/85, NZA 1986, 99).

Wenn ein Vertragsbruch vorliegt

Schwierig ist die Situation, wenn ein Mitarbeiter wegen Vertragsbruch aus der Firma ausscheiden muss. Wie kann eine für den Mitarbeiter ungünstige Formulierung im Zeugnis vermieden werden? Hier kann man nicht allgemein sagen, welche Formulierungen zulässig und welche Formulierungen unzulässig sind. In der Abwägung zwischen Wahrheitspflicht und wohlwollender Fassung, die den betroffenen Mitarbeiter in seinem beruflichen Fortkommen nicht behindern soll, ist es praktisch fast unmöglich, einen Vertragsbruch des Mitarbeiters noch erkennbar werden zu lassen. So ist es eigentlich nicht mehr möglich, der Wahrheitspflicht gerecht zu werden.

! **Das sagt die Rechtsprechung**

In punkto Vertragsbruch hat die Rechtsprechung die Anforderung aufgestellt, dass eine entsprechende Formulierung mit Hinblick auf einen »sorgfältigen Leser« erfolgen müsse (vgl. LAG Hamm, Urteil v. 24.9.1985, 13 Sa 833/85, NZA 1986, 99). Das heißt im Klartext: Es darf einem »normalen Leser« nicht ins Auge springen. Die Formulierung »zur Vermeidung arbeitsrechtlicher Konsequenzen in beiderseitigem Einvernehmen aufgelöst« ist jedoch unzulässig (vgl. LAG Düsseldorf, Urteil v. 7.1.2009, 7 Sa 1258/08, BeckRS 2009 54461).

1.7 Wie ausführlich muss die Tätigkeitsbeschreibung sein?

Der zukünftige Arbeitgeber muss sich ein klares Bild vom Aufgabenbereich des Mitarbeiters machen können. Das Zeugnis hat daher die Tätigkeiten, die ein Mitarbeiter während seines Anstellungsverhältnisses ausgeübt hat, mit ihren typischen Merkmalen vollständig und genau zu beschreiben, wobei dies nicht jeden »Handgriff«, der jemals vorgekommen ist, umfassen muss. Die Tätigkeitsbeschreibung muss für alle denkbaren Bewerbungssituationen aussagekräftig sein. In einem qualifizierten Arbeitszeugnis muss deshalb die Art der Tätigkeit möglichst genau und in der branchenüblichen Weise dargestellt werden. Die dem einschlägigen Berufsbild entsprechenden, charakteristischen Tätigkeiten sind – so sie denn anfielen – zu erwähnen und die nicht zum Aufgabengebiet gehörenden, aber branchentypischen wiederum auszunehmen und als solche zu kennzeichnen. Es muss sich auf diese Weise eine gewisse Spiegelbildlichkeit des Aufgabengebiets zur berufsgemäß auszuführenden Arbeit erkennen lassen.

Dabei ist die Grenze zwischen der Art der Beschäftigung und der Beschreibung des Aufgabenbereiches meist fließend. Veränderte sich der Aufgabenbereich im Laufe des Anstellungsverhältnisses, sind die einzelnen Stationen der beruflichen Entwicklung des Mitarbeiters zu beschreiben. Unwesentliche Tätigkeiten, denen bei einer Bewerbung keine Bedeutung zukommt, brauchen nicht erwähnt zu werden.

Weist ein Arbeitgeber einem Mitarbeiter rechtswidrig Tätigkeiten zu, die dieser unter Vorbehalt ausführt, hat der Arbeitgeber auf Verlangen des Mitarbeiters die Erwähnung und Bewertung dieser Tätigkeiten in einem Zeugnis wegzulassen. Die Beschreibung von Tätigkeiten nach einer rechtswidrigen Degradierung aufzunehmen, widerspricht dem Grundsatz, dass ein Zeugnis wohlwollend zu sein hat und das berufliche Fortkommen des Mitarbeiters nicht unnötig beeinträchtigen darf. Zeiten erzwungener bzw. zur Abwendung der Zwangsvollstreckung erfolgter Beschäftigung bei letztlich erfolglosem Kündigungsschutzprozess sind im Zeugnis nicht zu bescheinigen. Da grundsätzlich der rechtliche Bestand des Arbeitsverhältnisses maßgebend ist, ist in diesen Fällen einer erzwungenen Weiterbeschäftigung die Tätigkeit während eines im Ergebnis erfolglosen Kündigungsschutzrechtsstreits nicht in das Zeugnis über das beendete Arbeitsverhältnis aufzunehmen, denn diese Weiterbeschäftigung erfolgte ohne rechtlichen Grund.

Wie viel Tätigkeitsbeschreibung, wie viel Leistungsbeschreibung muss sein?
Ein Zeugnis muss immer ausgewogen sein; die Tätigkeitsbeschreibung und Leistungsbeurteilung sollte idealerweise im Verhältnis 50:50 aufgebaut sein. Natürlich ist dieses Verhältnis bei sehr umfangreichen oder häufig wechselnden Tätigkeiten kaum einzuhalten und auch nicht mehr sinnvoll. Zu vermeiden ist aber in jedem Falle eine krasse Schieflage dieser beiden Zeugnisteile.

In einer ausführlichen Leistungs- und Verhaltensbeurteilung liegt die große Chance, einen Bewerber schon vorab genauer kennenzulernen und sich ein präziseres Bild zu machen. Die Leistungs- und Verhaltensbeurteilung sollte gerade bei Führungskräften auf wichtige Kernkompetenzen und Schlüsselqualifikationen eingehen, und eben nicht nur aus zwei oder drei Sätzen bestehen, die gerade die Gesamtnote und vielleicht ein einwandfreies Verhalten zum Ausdruck bringen.

Die Dauer der Aufgabenerfüllung und der Qualifikationsgrad bestimmen letztlich den Umfang der Tätigkeitsbeschreibung. So ist die Berufsbezeichnung zwar regelmäßig im Zeugnis zu erwähnen, genügt aber keineswegs als Ersatz für eine detaillierte Tätigkeitsbeschreibung.

Das sollte die Tätigkeits-/Aufgabenbeschreibung enthalten:
- Unternehmen/Branche
- Hierarchische Position
- Berufsbild/Berufsbezeichnung
- Aufgabengebiet
- Art der Tätigkeit
- Berufliche Entwicklung

1.8   Müssen Vollmachten im Zeugnis erwähnt werden?

Vollmachten lassen Rückschlüsse auf die Stellung im Betrieb und die hierarchische Position zu. Für die Darstellung von Kompetenzen und Verantwortung des Mitarbeiters ist die Angabe von Vollmachten in einem Zeugnis daher sehr wichtig. Hier ist insbesondere von Interesse, ob ein Mitarbeiter Generalvollmacht, Abschlussvollmacht (§ 55 Abs. 1 HGB), Handlungsvollmacht (§ 54 Abs. 1 HGB) oder Prokura (§ 48 Abs. 1 HGB) hatte. Waren die handelsrechtlichen Vollmachten beschränkt – z. B. Gesamtprokura (§ 48 Abs. 2 HGB) oder Filialprokura (§ 50 Abs. 3 HGB) – ist dies ebenfalls anzugeben (vgl. LAG Hamm, Urteil v. 17.6.1999, 4 Sa 309/98, ZfPR 2000, 197).

1.9   Wie gehen Sie mit Persönlichkeitsmerkmalen um?

Die Person des Mitarbeiters ist im Zeugnis mit Vor- und Familiennamen, ggf. Geburtsnamen, genau zu bezeichnen. Anschrift und Geburtsdatum sollten nur mit Einverständnis des Mitarbeiters aufgenommen werden, da diese Angaben zur Identifikation nicht erforderlich sind. Aufgrund des verfassungsrechtlich geprägten allgemeinen Persönlichkeitsschutzes hat der Mitarbeiter einen Anspruch darauf, dass der Arbeitgeber den vom Mitarbeiter erworbenen akademischen Grad im Geschäftsverkehr nach außen, d. h. auch in einem Zeugnis in seiner konkreten Bezeichnung korrekt verwendet. Besitzt der Mitarbeiter einen Studienabschluss mit dem Magistertitel, so hat er Anspruch darauf, dass in seinem Zeugnis dieser akademische Grad mit »M.A.« hinter seinem Namen wiedergegeben wird. Hat ein Mitarbeiter als Absolvent einer Hochschule den Titel »Dipl. Ing.« erhalten, darf diesem Titel nicht der Zusatz »FH« hinzugefügt werden. Für die Anrede ist »Herr« und »Frau« zu verwenden, es sei denn, die Mitarbeiterin wünscht ausdrücklich die Bezeichnung »Fräulein«.

1.10   Kann ein Zeugnis widerrufen oder geändert werden?

Der Widerruf eines Zeugnisses ist nur unter sehr eingeschränkten Voraussetzungen möglich. Hat sich der Arbeitgeber bei der Erstellung des Zeugnisses im Hinblick auf schwer wiegende, wesentliche Umstände geirrt, weil ihm nachträglich Tatsachen bekannt werden, die eine andere Beurteilung rechtfertigen würden und für einen zukünftigen Arbeitgeber von ausschlaggebender Bedeutung bei der Einstellungsentscheidung sein könnten (vgl. LAG Düsseldorf, Urteil v. 7.1.2009, 7 Sa 1258/08, BeckRS 2009 54461) und es deshalb wesentliche

Unrichtigkeiten enthält, kann der Arbeitgeber Zug um Zug gegen Erteilung eines neuen Zeugnisses die Herausgabe des alten Zeugnisses verlangen.

Nicht widerrufen kann der Arbeitgeber in folgenden Fällen:

- bei einer bewusst falschen Ausstellung des Zeugnisses. Hat der Arbeitgeber z. B. eine vorbehaltlose positive Beurteilung des Mitarbeiters trotz Geltendmachung von Schadensersatzansprüchen vorgenommen, kann er im Nachhinein davon nicht mehr abrücken (vgl. BAG, Urteil v. 3.3.1993, 5 AZR 182/92, DB 1993, 1624).
- wenn er durch Vergleich oder Urteil zu einer bestimmten Formulierung verpflichtet war. Will der Arbeitgeber trotzdem eine Änderung des Zeugnisses erreichen, muss er zunächst den Rechtstitel im Wege einer Vollstreckungsgegenklage vom Arbeitsgericht aufheben lassen. Die Beweislast für die Unrichtigkeit des Zeugnisses trägt hier der Arbeitgeber.

Der Widerruf des Zeugnisses wird wirksam, wenn er dem Mitarbeiter zugeht. Der Widerruf sollte deshalb aus Beweisgründen schriftlich erklärt werden. Der Arbeitgeber kann ein Zwischenzeugnis bereits dann zurückverlangen, wenn durch das Verhalten des Mitarbeiters nach Ausstellung des Zeugnisses die Verhaltensbeurteilung nicht mehr den Tatsachen entspricht oder sich die Leistungsbeurteilung wegen nachhaltiger Mängel geändert hat.

Hat sich der Arbeitgeber dagegen in einem gerichtlichen Vergleich zur Erteilung eines Zeugnisses mit der zusammenfassenden Leistungsbeurteilung »zu meiner vollen Zufriedenheit« verpflichtet und stellt er erst danach erhebliche Leistungsmängel des Mitarbeiters fest, kann dies den Arbeitgeber zur Anfechtung des gerichtlichen Vergleiches wegen Irrtums über eine verkehrswesentliche Eigenschaft des Mitarbeiters gemäß § 119 Abs. 2 BGB berechtigen. In einem solchen Fall ist dann der ursprüngliche Rechtsstreit fortzusetzen (vgl. LAG Köln, Urteil v. 7.5.2008, 9 Ta 126/08, BeckRS 2009 51879).

Hat sich dagegen der Arbeitgeber in einem gerichtlichen Vergleich verpflichtet, ein Arbeitszeugnis nach einem Formulierungsvorschlag des Mitarbeiters zu erteilen, von dem er nur aus wichtigem Grund abweichen darf, dann sind Abweichungen nur möglich, soweit der Vorschlag Schreibfehler oder grammatikalische Fehler oder inhaltlich unrichtige Angaben enthält, für die der Arbeitgeber darlegungs- und beweispflichtig ist (vgl. BAG, Beschluss v. 9.9.2011, 3 AZB 35/11, NZA 2012, 1244; LAG Köln, Urteil v. 2.1.2009, 9 Ta 530/08, FD-ArbR 2009, 275948). Dies gilt jedenfalls bis zur Grenze des groben und offenkundigen Rechtsmissbrauches (vgl. ArbG Berlin, Urteil v. 2.4.2008, 29 Ca 13850/07, BeckRS 2008 55724).

Haben sich Arbeitgeber und Mitarbeiter auf einen Wortlaut für das Zeugnis geeinigt und würde das Zeugnis dadurch eine objektiv unrichtige Leistungsbeurteilung beinhalten, dann liegt grundsätzlich trotz inhaltlicher Unrichtigkeit noch kein sittenwidriges Zeugnis vor. Der Arbeitgeber muss auf Verlangen des Mitarbeiters dann das Zeugnis wie vereinbart ausfertigen und kann keine Korrektur mehr vornehmen (vgl. LAG Nürnberg, Urteil v. 16.6.2009, 7 Sa 641/08, BeckRS 2009 68723).

! **Das sagt die Rechtsprechung**

Die Beweislast für die Voraussetzungen des Widerrufs sowie für die Richtigkeit des neuen Zeugnisses trägt der Arbeitgeber (vgl. LAG Hamm, Urteil v. 1.12.1994, 4 Sa 1540/94, LAGE Nr. 25 zu § 630 BGB).

1.11 Haftet der Arbeitgeber für falsche Arbeitszeugnisse?

Hier ist zunächst zwischen den Ansprüchen des Mitarbeiters gegen den (alten) Arbeitgeber und möglichen Ansprüchen des neuen Arbeitgebers gegen den alten Arbeitgeber zu unterscheiden. Der Mitarbeiter kann einen Schadensersatzanspruch gegen den (alten) Arbeitgeber stützen auf:

- Verzug wegen Nichterfüllung, Nichterteilung oder verspäteter Erteilung des Zeugnisses,
- Pflichtverletzung wegen unvollständiger oder unrichtiger Zeugniserteilung.

Kommt der Arbeitgeber schuldhaft seiner Pflicht nicht nach, dem Mitarbeiter rechtzeitig ein ordnungsgemäßes Zeugnis zu erteilen, so haftet er dem Mitarbeiter für den Minderverdienst, der diesem dadurch entsteht, dass er bei Bewerbungen kein ordnungsgemäßes Zeugnis vorweisen kann. Dabei hat der Mitarbeiter die Voraussetzungen des Schadensersatzanspruches zu beweisen, d.h. er muss nachweisen, dass ihm wegen der verspäteten oder nicht ordnungsgemäßen Erteilung des Zeugnisses ein Schaden entstanden ist. Hier wird es dem Mitarbeiter aber nicht allzu schwer gemacht, denn er braucht nur die Umstände darzulegen und zu beweisen, aus denen sich nach dem gewöhnlichen Verlauf der Dinge oder den besonderen Umständen des Einzelfalls die Wahrscheinlichkeit des entgangenen Verdienstes ergibt (vgl. § 287 Abs. 1 ZPO).

Von den Arbeitsgerichten werden keine zu strengen Anforderungen an den Vortrag des Mitarbeiters gestellt. Der Mitarbeiter muss die tatsächlichen Grundlagen für die vom Arbeitsgericht vorzunehmende Schätzung darlegen. Hierbei kann es bereits ausreichend sein, dass ein bestimmter Arbeitgeber ernsthaft an der Einstellung des Mitarbeiters interessiert war und die Zeugnisfrage zur Sprache gebracht wurde (vgl. BAG, Urteil v. 16.11.1995, 8 AZR 983/94, AuR 1996, 195).

Wegen unrichtiger Zeugniserteilung kann sich der alte Arbeitgeber aber auch gegenüber dem neuen Arbeitgeber gemäß §826 BGB schadensersatzpflichtig machen.

Das sagt die Rechtsprechung !

Der Bundesgerichtshof hat den Grundsatz aufgestellt, dass ein Dienstzeugnis für denjenigen, den es später angeht, eine nach Treu und Glauben unerlässliche Mindestgewähr für die Richtigkeit der Angaben beinhalten soll. Die Wahrheitpflicht beschränke sich dabei allerdings auf bedeutsame Punkte, welche die Verlässlichkeit des Zeugnisses bzw. die Gesamtbewertung in ihrem Kern berührten (z.B. Diebstahl). Eine Haftung ist z.B. dann gegeben, wenn dem Mitarbeiter »äußerste Zuverlässigkeit in einer treu erfüllten Vertrauensstellung« bescheinigt wird, obwohl er einen größeren Geldbetrag entwendet hat (vgl. OLG München, Urteil v. 30.3.2000, 1 U 6245, OLGR München 2000, 337). Darüber hinaus besteht keine Haftung, wenn dem Aussteller die Unrichtigkeit des ausgestellten Zeugnisses durch bloße Nachlässigkeit nicht bewusst geworden sei und von ihm auch nachträglich nicht erkannt wurde.

Hat der Aussteller eines Zeugnisses jedoch nachträglich erkannt, dass dieses grob unrichtig ist und dass ein bestimmter Dritter durch Vertrauen auf dieses Zeugnis Schaden nehmen kann, dann haftet er für den durch die Unterlassung einer Warnung entstehenden Schaden nach vertraglichen bzw. vertragsähnlichen Grundsätzen (vgl. BGH, Urteil v. 15.5.1979, VI ZR 230/76, DB 1979, 2378).

1.12 Einstellung wegen gefälschtem Zeugnis – Schadensersatz?

Es kommt nicht oft vor, dass sich ein Mitarbeiter mit Hilfe eines gefälschten Zeugnisses eine Stelle verschafft. In solchen Fällen kann der Arbeitgeber einen Schadensersatzanspruch haben.

Das sagt die Rechtsprechung !

Täuscht ein Mitarbeiter den Arbeitgeber im Rahmen seiner Bewerbung mit Hilfe eines gefälschten Zeugnisses über seine Qualifikation und erreicht dadurch seine Einstellung, so hat der Arbeitgeber gegenüber dem Mitarbeiter Ansprüche auf Erstattung der aufgewendeten Vergütung einschließlich der Arbeitgeberanteile zur Sozialversicherung als Schadensersatzanspruch, wenn die Arbeitsleistung des Mitarbeiters nicht verwertbar war (vgl. LAG Köln, Urteil v. 16.6.2000, 11 Sa 1511/99, NZA-RR 2000, 630).

Ein Schadensersatzanspruch besteht nur insoweit nicht, wie die Tätigkeit des Mitarbeiters auch zu tatsächlichen Einnahmen für den Arbeitgeber geführt haben. Die Darlegungs- und Beweislast für die Voraussetzungen dieser so genannten »Vorteilsausgleichung« trägt jedoch der Mitarbeiter.

Grundsatz in der Rechtsprechung

Die Rechtsprechung hat den Grundsatz aufgestellt, dass sich der Mitarbeiter nicht auf die Vermutung berufen kann, dass sich im Arbeitsverhältnis Leistung und Gegenleistung auch tatsächlich entsprechen. Diese Vermutung gilt gerade dann nicht, wenn die Vereinbarung auf einer Täuschung des Bewerbers über seine Qualifikation beruht.

1.13 Wann muss der Arbeitgeber ein Zeugnis neu erstellen?

Es kommt gelegentlich vor, dass ein ehemaliger Mitarbeiter die Neuausstellung eines inhaltlich richtigen und nicht beanstandeten Zeugnisses verlangt, weil es beschädigt worden oder verloren gegangen ist. In diesen Fällen ist der Arbeitgeber aufgrund seiner nachvertraglichen Fürsorgepflicht grundsätzlich verpflichtet, auf Kosten des ehemaligen Mitarbeiters ein neues Zeugnis zu erteilen (vgl. LAG Hamm, Urteil v. 17.12.1998, 4 Sa 1337/98, DB 1999, 1610). Für den Arbeitgeber entscheidend ist die Frage, ob ihm die Ersatzausstellung des Zeugnisses zugemutet werden kann, weil er z. B. anhand noch vorhandener Personalunterlagen ohne großen Arbeitsaufwand das Zeugnis neu schreiben lassen kann.

> **!**
>
> **Beispiel: Was gilt bei transsexuellen Personen?**
>
> Selbst dann, wenn die Personalakte einer transsexuellen Person infolge Zeitablaufs vernichtet ist, kann der Arbeitgeber die Neuerteilung eines Zeugnisses mit geändertem Vornamen bzw. mit geändertem Geschlecht nicht unter Berufung auf Verwirkung verweigern. Die transsexuelle Person kann das ursprünglich erteilte Zeugnis schließlich zurückgeben und der Arbeitgeber ist in der Lage, ohne jegliche inhaltliche Überprüfung Geschlecht, Name und der daraus resultierende grammatikalische Änderungen umzuformulieren. Da über einen Mitarbeiter lediglich eine einzige Beurteilung existieren darf, ist der Arbeitgeber nur verpflichtet, gegen die Rückgabe des beanstandeten Zeugnisses ein neues Zeugnis zu erteilen.

1.14   Insolvenz: Wer erteilt das Zeugnis?

War der Mitarbeiter bereits vor Insolvenzeröffnung aus dem Anstellungsverhältnis ausgeschieden, bleibt der Arbeitgeber zur Ausstellung des Zeugnisses verpflichtet. Ein titulierter Anspruch auf Erteilung eines Arbeitszeugnisses aus einem beendeten Anstellungsverhältnis ist auch im Falle der nachfolgenden Insolvenzeröffnung weiterhin gegen den bisherigen Arbeitgeber vollstreckbar (vgl. LAG Düsseldorf, Beschluss v. 7.11.2003, 16 Ta 571/03, ZIP 2004, 631). Der Zeugnisanspruch für die gesamte Arbeitszeit richtet sich dann gegen den Insolvenzverwalter, wenn dieser das Anstellungsverhältnis fortgesetzt hat (vgl. LAG Köln, Urteil v. 30.7.2001, 2 Sa 1457/00, DB 2002, 433) und der Mitarbeiter nach Insolvenzeröffnung weiterbeschäftigt wurde (vgl. LAG Nürnberg, Beschluss v. 5.12.2002, 2 Ta 137/02, NZA-RR 2003, 463; BAG Urteil v. 23.6.2004, 10 AZR 495/03, DB 2004, 2428). Auf die Dauer der tatsächlichen Beschäftigung während der Insolvenz kommt es nicht an. Es ist Sache des Insolvenzverwalters, sich zur Beurteilung beim Arbeitgeber zu informieren, der gemäß §97 InsO zur Auskunft verpflichtet ist.

War allerdings der Insolvenzverwalter zum Zeitpunkt der Beendigung des Anstellungsverhältnisses vor der Eröffnung des Insolvenzverfahrens bereits zum vorläufigen Insolvenzverwalter bestellt worden und hatte dieser die Stellung eines so genannten »starken« Insolvenzverwalters (i.S.d. §21 Abs. 2 Nr. 2 i.V.m. §22 Abs. 1 InsO – allgemeines Verfügungsverbot für den Schuldner), dann kann er vom Mitarbeiter auf Erteilung eines Zeugnisses in Anspruch genommen werden (vgl. LAG Hessen, Urteil v. 1.8.2003, 12 Sa 568/03, n.v.).

1.15   Verschlüsselte Zeugnissprache als Fachsprache?

Ja, es gibt heute eine Zeugnissprache mit speziellen Techniken, die z.B. als Positiv-Skala-Technik, Leerstellentechnik, Reihenfolgetechnik, Ausweichtechnik, Einschränkungstechnik, Andeutungstechnik, Knappheitstechnik oder Widerspruchstechnik bezeichnet werden (vgl. Weuster, Zeugnisgestaltung und Zeugnissprache zwischen Informationsfunktion und Werbefunktion, BB 1992, 58). Diese überbetriebliche Sprachregelung hat sich durch eine allmähliche Normierung der Zeugnisformulierungen in den Unternehmen herausgebildet. Praxis-Ratgeber, Trainingsseminare für Zeugnisaussteller, wissenschaftliche Fachliteratur sowie die Rechtsprechung der Arbeitsgerichte haben ihren Teil dazu beigetragen. Der Normierungsgrad ist dabei unterschiedlich hoch: die allgemeine Leistungsbeurteilung mit der so genannten »Zufriedenheitsskala« ist heute Standard, bei der Beurteilung des Sozial- und Führungsverhaltens gibt es eine größere Vielfalt von Formulierungen.

> **! Das sagt die Rechtsprechung**
>
> Formulierungen sind wegen Verstoßes gegen §109 Abs. 2 GewO unzulässig, wenn:
> - nur noch Eingeweihte das Zeugnis lesen bzw. bewerten können und der »Hintersinn« der Worte verbal nicht mehr deutlich wird,
> - Informationen verschleiert werden,
> - der Leser harmlosen oder positiv klingenden Formulierungen aufsitzt,
> - widersprüchliche, verschlüsselte bzw. doppelbödige Formulierungen gewählt werden.
>
> Ob sich tatsächlich in der Zeugnissprache ein Geheimcode ausgebildet hat, ist nach Auffassung des BAG nach dem maßgeblichen objektiven Empfängerhorizont zu beurteilen. Dabei ist das Verständnis eines durchschnittlich Beteiligten oder Angehörigen des vom Zeugnis angesprochenen Personenkreises zugrunde zu legen (vgl. BAG, Urteil v. 15.11.2011, 9 AZR 386/10, NZA 2012, 448).

Die Zeugnissprache stellt für viele Mitarbeiter ein Problem dar, weil sie in der Regel diese Sprache nicht beherrschen und glauben ein gutes Zeugnis erhalten zu haben. Oftmals können die Mitarbeiter dann ihr eigenes Zeugnis nicht »deuten« und werden zum Überbringer einer Nachricht degradiert, die sie selbst nicht verstehen. Solange auf diese gesetzlich zwar nicht vorgegebene, aber in der Praxis entwickelte Zeugnissprache nicht verzichtet und »Klartext« gesprochen wird (was einen Umgewöhnungsprozess voraussetzt), empfiehlt es sich, den allgemein anerkannten Formulierungen zu folgen, um Missdeutungen oder gerichtliche Auseinandersetzungen zu vermeiden.

2 Was Sie als Zeugnisempfänger wissen müssen

Zusammenfassung

Häufig werden ausscheidende Mitarbeiter gebeten, einen Zeugnisentwurf selbst zu verfassen. Die folgende Checkliste zeigt Ihnen, worauf Sie dabei achten müssen. Wenn Sie die Checkliste ausdrucken oder bearbeiten wollen, gehen Sie einfach auf www.haufe.de/mybook. Im Anschluss an diese Checkliste finden Sie weitere nützliche Tipps für die Zeugniserstellung.

2.1 Große Checkliste für das perfekte Arbeitszeugnis

Worauf Sie bei der Zeugniserstellung achten müssen	
Äußere Form	
Stellen Sie das Zeugnis auf offiziellem Firmenpapier aus. **Begründung:** Es könnte sonst der Eindruck entstehen, dass Sie es selbst verfasst haben.	
Vermeiden Sie Flecken oder Knicke (insbesondere Eselsohren). **Begründung:** Sonst entsteht der Eindruck, Sie haben es nicht pfleglich behandelt oder es wurde vom Arbeitgeber (bewusst) nachlässig ausgestellt.	
Lassen Sie das Zeugnis nicht von einem Mitarbeiter auf der gleichen Rangstufe oder einem entfernten Vorgesetzten, der nicht direkt zuständig ist, unterschreiben. **Begründung:** Es sähe sonst so aus, als hätten Sie ein Gefälligkeitszeugnis von einem Kollegen erhalten oder der Arbeitgeber habe die Zeugniserstellung unberechtigt an jemand anders delegiert.	
Das Ausstellungsdatum sollte nicht vom rechtlichen Beendigungstermin bzw. vom letztmöglichen Arbeitstag des Mitarbeiters vor dem rechtlichen Beendigungstermin abweichen. **Begründung:** Sonst könnte der Eindruck entstehen, es habe Streit um das Zeugnis gegeben.	
Achten Sie darauf, dass die Zeugnislänge dem Profil der Position und dem Leistungsprofil des Mitarbeiters entspricht. Es sollte also nicht zu kurz oder zu lang sein. **Begründung:** So vermeiden Sie den Eindruck, der Arbeitgeber habe Ihnen ein unangebrachtes Zeugnis ausgestellt, weil er Sie wenig achtet.	

Worauf Sie bei der Zeugniserstellung achten müssen	
Vermeiden Sie unbedingt Schreibfehler im Zeugnis. **Begründung:** Schreibfehler wirken nachlässig. Sie könnten auch Ausdruck der Missbilligung des Arbeitgebers sein.	
Einleitung	
Nennen Sie den Vor- und Nachname, das Geburtsdatum und ggf. Titel und Position. **Begründung:** Es muss eindeutig identifizierbar sein, für wen das Zeugnis ausgestellt wurde. Eine unvollständige Nennung (z. B. des Titels) könnte auch Missachtung des Arbeitgebers ausdrücken.	
Geben Sie die Dauer des Arbeitsverhältnisses bzw. die verschiedenen Karriereschritte, also z. B. Positionswechsel, vollständig an. **Begründung:** Es sollte keine Position ausgelassen werden. Denn dadurch könnte der Arbeitgeber seine Missbilligung ausdrücken.	
Vermeiden Sie Lücken im Zeugnis. **Begründung:** Es könnte sonst der Eindruck entstehen, dass eine Position »unterschlagen« wird, auf welcher der Zeugnisinhaber versagt hat.	
Tätigkeitsbeschreibung	
Vermeiden Sie den Passiv in der Tätigkeitsbeschreibung (»wurde beschäftigt«, »hatte inne« etc.). Formulieren Sie die Tätigkeitsbeschreibung im Aktiv (»erledigte«, »erfüllte«, »war tätig« etc.). **Begründung:** Durch die Verwendung von passiven Formen könnte auf die Faulheit des Mitarbeiters geschlossen werden.	
Beschreiben Sie die Aufgaben so, dass Tätigkeiten, Kompetenzen und Verantwortlichkeiten vollständig verstanden werden. **Begründung:** Wenn die Aufgaben und der Arbeitsbereich nur knapp beschrieben werden, scheinen sie auch nicht sehr umfangreich gewesen zu sein.	
Vermeiden Sie eine allzu allgemeine Darstellung der Aufgaben. **Begründung:** Der Zeugnisempfänger soll einen Eindruck von dem spezifischen Aufgabenbereich bekommen.	
Stellen Sie auch bedeutsame Tätigkeiten heraus. **Begründung:** Sonst sieht es so aus, als hätte es keine bedeutsamen Tätigkeiten gegeben.	
Verlieren Sie sich bei der Tätigkeitsbeschreibung nicht in Details. **Begründung:** Sonst entsteht der Eindruck, die Position beinhalte keine wichtigen Tätigkeiten oder Sie hätten bei den wichtigen Tätigkeiten versagt.	
Bei Positionswechseln sollte auch eine positive Entwicklung erkennbar sein. **Begründung:** So vermeiden Sie den Eindruck, dass keine positive Entwicklung stattgefunden hat.	

Worauf Sie bei der Zeugniserstellung achten müssen	
Leistungsbeurteilung	
Nennen Sie einzelne Kernkompetenzen, die für die Erfüllung der Aufgaben notwendig sind (z. B. Organisationsfähigkeit, Selbstständigkeit, Belastbarkeit, Problemlösungskompetenz, Kommunikationsfähigkeit). **Begründung:** So könnte der Eindruck entstehen, dass Sie nur wenige Kernkompetenzen haben.	
Achten Sie darauf, dass die genannten Kernkompetenzen im Einklang mit der Position stehen. **Begründung:** Wenn die Kernkompetenzen nicht zur Position passen, entsteht der Verdacht, der Arbeitgeber wollte etwas »Nettes« schreiben, obwohl der Zeugnisempfänger für seine Position keine oder wenigstens nicht die notwendigen, die richtigen Kernkompetenzen hatte.	
Vermeiden Sie die Betonung von selbstverständlichen Eigenschaften (z. B. Pünktlichkeit). **Begründung:** Sonst könnte es so aussehen, als haben Sie darüber hinaus keine Tugenden und Qualitäten vorzuweisen.	
Vermeiden Sie die Hervorhebung von selbstverständlichen Erfolgen und Leistungen. **Begründung:** Die Erwähnung von selbstverständlichen Leistungen könnte als Hinweis verstanden werden, dass es keine Erfolge zu vermelden gab bzw. dass die Erfolge in Wirklichkeit nichts Besonderes waren.	
Vermeiden Sie doppeldeutige oder sogar »geheimsprachliche« Formulierungen (z. B. »verfolgte seine Arbeit mit Interesse«). **Begründung:** Solche Formulierungen könnten als Warnung an den zukünftigen Arbeitgeber oder einfach als Missbilligung verstanden werden.	
Bei Führungskräften: Benoten Sie auch das Führungsverhalten und die Führungsleistung. **Begründung:** Sonst entsteht der Eindruck, die Führungsleistung sei nicht gut gewesen.	
Formulieren Sie einen Kernsatz, in dem Sie die Leistung zusammenfassend beurteilen. **Begründung:** Ohne einen solchen Kernsatz könnte der Zeugnisleser denken, die Leistungen waren unbefriedigend.	
Achten Sie darauf, dass der Kernsatz eine gute Note ausdrückt. **Begründung:** Andernfalls erscheinen die Leistungen unbefriedigend.	
Achten Sie darauf, dass der Kernsatz im Einklang mit den Kernkompetenzen steht. **Begründung:** Sonst scheint es, der Mitarbeiter sei in Wirklichkeit schlechter gewesen als es das restliche Zeugnis vermuten lässt.	
Verhaltensbeurteilung	

Worauf Sie bei der Zeugniserstellung achten müssen	
Beschreiben Sie positive Verhaltensweisen und Charaktereigenschaften. **Begründung:** Sonst könnte der Eindruck entstehen, es gab keine zu würdigen.	
Erwähnen Sie alle Personengruppen, zu denen der Zeugnisinhaber aufgrund seiner Position Kontakt gehabt haben muss. **Begründung:** Wenn einzelne Personengruppen (z.B. Vorgesetzte oder Kunden) nicht erwähnt werden, deutet dies darauf hin, das Verhalten gegenüber diesen Personen sei nicht zufrieden stellend gewesen.	
Vermeiden Sie doppeldeutige oder »geheimsprachliche« Formulierungen (z.B. »zeigte ein bemerkenswertes Einfühlungsvermögen«). **Begründung:** Diese Formulierungen können als Warnung an den zukünftigen Arbeitgeber oder einfach als Missbilligung verstanden werden.	
Fassen Sie das persönliche Verhalten des Mitarbeiters in einem Kernsatz zusammen. **Begründung:** Wenn dieser Kernsatz fehlt, war das persönliche Verhalten nicht zufrieden stellend.	
Nennen Sie die Vorgesetzten, Kollegen, Mitarbeiter und externen Personen in der richtigen Reihenfolge. **Begründung:** Sonst entsteht der Eindruck, dass das Verhalten des Mitarbeiters der Gruppe gegenüber, die nicht oder an falscher Position erwähnt wird, problematisch war.	
Schlussformulierungen	
Nennen Sie den Grund für das Ausscheiden. **Begründung:** Wenn der Grund fehlt, deutet dies darauf hin, man habe sich im Streit getrennt.	
Bei einer Vertragsaufhebung: Erwähnen Sie das »beste beiderseitige Einvernehmen«. **Begründung:** So schließen Sie den Verdacht aus, man habe sich im Streit getrennt.	
Verwenden Sie eine Formel, mit der Sie das Ausscheiden des Mitarbeiters ausdrücklich bedauern. **Begründung:** Durch das Fehlen der Bedauernsformel drückt der Arbeitgeber seine Missbilligung aus.	
Danken Sie dem Mitarbeiter für die geleistete Arbeit ausdrücklich. **Begründung:** Ohne diese Formulierung entsteht der Eindruck, die Leistung sei des Dankes nicht würdig gewesen.	
Wünschen Sie dem Mitarbeiter alles Gute und weiterhin viel Erfolg für die Zukunft. **Begründung:** Das Fehlen einer solchen Formulierung drückt Missbilligung aus. Es entsteht der Eindruck, der Mitarbeiter habe keine Erfolge vorzuweisen.	

2.2   Tipps für die Erstellung von Arbeitszeugnissen

Wenn Sie die Möglichkeit haben, für sich selbst einen Zeugnisentwurf zu erstellen, haben Sie als Arbeitnehmer die Chance, den Zeugnisinhalt in wesentlichen Punkten mitzubestimmen. Allerdings fällt es vielen auch schwer, den richtigen Ton in der Selbstbeurteilung zu treffen. Die folgenden Tipps unterstützen Sie bei der Erstellung von Zeugnisentwürfen.

Sich selbst über den grünen Klee loben?

Achten Sie darauf, dass Sie im Zeugnis Ihre Selbstdarstellung nicht übertreiben! Wenn Sie ständig mit Wörtern wie »hervorragend«, »ausgezeichnet« und »brillant« argumentieren oder Ihre Erfolge im Unternehmen überdimensioniert darstellen, nimmt Sie kein Arbeitgeber ernst. Vermeiden Sie die Darstellung von Banalitäten, die als selbstverständlich erwartet werden, und eine Überfrachtung der Tätigkeitsbeschreibung mit »Verdoppelungen« oder gar »Verdreifachungen«, denn dies entwertet das Zeugnis. Solche Zeugnisse erweisen sich immer als Karrierestolperstein. Fragen Sie im Zweifelsfall Bekannte, die im Personalbereich arbeiten, um Rat.

Karrierestrategische Überlegungen

Ihr Zeugnis sollte immer auch ein wenig den Blick in die Zukunft gewähren. Schließlich soll das Zeugnis Ihre weitere Karriere unterstützen. Wenn Sie beispielsweise Führungsverantwortung im nächsten Job erstmals dauerhaft übernehmen wollen, sollte eine vorhandene Stellvertreterfunktion Ihrerseits im Zeugnis durchaus betont werden. Wenn Sie Projektmanager werden wollen, so darf natürlich jede Projektmitarbeit entsprechend hervorgehoben werden. Aber: Ein Zeugnis muss der Wahrheit entsprechen, also darf man hier nicht zu weit gehen. Es gilt, die Grenzen auszuloten. Sprechen Sie gegebenenfalls mit Ihrem Vorgesetzten und finden Sie eine einvernehmliche Lösung, die beiden Seiten gerecht wird.

Experten fragen

Sollten Sie unsicher sein, ob Ihr selbst erstelltes Zeugnis wirklich optimal gelungen ist, lassen Sie es von Kollegen und Freunden, die Erfahrung mit Zeugnissen haben, kritisch überprüfen. Falls Sie trotzdem noch unsicher sind, sollten Sie den Rat eines Experten einholen.

2.3 Was tun, wenn der Arbeitgeber kein Zeugnis ausstellt?

Der Arbeitgeber ist nicht verpflichtet, von sich aus ein Zeugnis zu erteilen. Der Mitarbeiter muss sein Zeugnis grundsätzlich verlangen. Zunächst sollte deshalb der Arbeitgeber in nachweisbarer Form aufgefordert werden das geforderte Zeugnis auszustellen. Dabei muss der Mitarbeiter angeben, ob er die Erstellung eines einfachen oder eines qualifizierten Zeugnisses wünscht. Kommt der Arbeitgeber dieser Aufforderungen nicht nach, kann der Mitarbeiter seinen Anspruch auf erstmalige Erteilung oder Berichtigung des Zeugnisses durch Klage zum Arbeitsgericht verfolgen. In Eilfällen ist gegebenenfalls auch der Antrag auf Erlass einer einstweiligen Verfügung möglich (§ 940 ZPO). Hier muss vom Mitarbeiter dargelegt werden, dass ihm bei einer Verzögerung der Zeugniserteilung wesentliche Nachteile für seine beruflichen Karrierechancen drohen. Hat der Arbeitgeber überhaupt kein Zeugnis erteilt, richtet sich der Klageantrag auf die Erteilung des einfachen bzw. qualifizierten Zeugnisses. Es ist dagegen nicht möglich, ein selbst formuliertes Zeugnis einzuklagen.

Der Zeugnisanspruch kann verfallen!
Mit der Geltendmachung der Ansprüche auf Erteilung eines Zeugnisses sollte der Mitarbeiter nicht zu lange warten, um sich nicht den Einwand der Verwirkung entgegenhalten zu lassen. Die Grenze wird von der Rechtsprechung gegenwärtig bei einem Untätigkeitszeitraum zwischen zehn bis fünfzehn Monaten gezogen (vgl. LAG Hamm, Urteil v. 3.7.2002, NZA-RR 2003, 73 f., LAG München, Urteil v. 11.2.2008, 6 Sa 539/07, BeckRS 2009 67688; LAG Hessen, Beschluss v. 16.1.2013, 18 Sa 602/12, BeckRS 2013, 67508). Generell ist der Verwirkungszeitpunkt bei einem qualifizierten Zeugnis früher erreicht als bei einem einfachen Zeugnis, weil bei Letzterem die notwendigen Angaben leichter und länger zur Verfügung stehen.

2.4 Wann können Sie ein Zwischenzeugnis einfordern?

Ein Zwischenzeugnis kann der Mitarbeiter dann einfordern, wenn auf seiner Seite ein berechtigtes Interesse vorliegt. Als berechtigte Gründe werden z.B. anerkannt:

- eine vom Arbeitgeber in Aussicht gestellte Kündigung
- ein eigener Stellenwechsel
- Änderungen im Arbeitsbereich wie Versetzung oder Wechsel des Vorgesetzen
- Insolvenz
- Bewerbungen

- Fort- und Weiterbildung
- längere Arbeitsunterbrechung infolge Erziehungsurlaub, Wehr- oder Zivildienst
- zur Vorlage bei Gerichten, Behörden oder für Kreditanträge.

Auch im Falle eines Betriebsüberganges gemäß § 613 a BGB ist auf Wunsch des Mitarbeiters wegen der oft für ihn nicht vorhersehbaren Auswirkungen des Arbeitgeberwechsels ein Zwischenzeugnis zu erteilen. Dieser Anspruch kann sowohl gegen den alten wie auch gegen den neuen Arbeitgeber geltend gemacht werden. Zu beachten ist, dass der Anspruch auf ein Zwischenzeugnis ebenso wie der Anspruch auf das Endzeugnis nach längerem Zeitablauf verwirken kann (vgl. LAG Köln, Urteil v. 8.2.2002, 13 Sa 1050/99, NZA-RR 2001, 130).

Ein Zwischenzeugnis ist nicht ersetzbar!

Eine so genannte »fachliche Beurteilung«, eine »Arbeitsbescheinigung« oder ein »Referenzzeugnis« erfüllt nicht den Anspruch auf Erteilung eines Zwischenzeugnisses. Das Zwischenzeugnis dient wie ein Endzeugnis regelmäßig dazu, Dritte über die Tätigkeit des Mitarbeiters zu unterrichten. Außerdem ist der Arbeitgeber für den vom Zwischenzeugnis erfassten Zeitraum an seine Erklärungen grundsätzlich auch für das Endzeugnis gebunden, und er kann von dem Zwischenzeugnis nur abweichen, wenn das spätere Verhalten des Mitarbeiters dafür hinreichend Anlass bietet (vgl. BAG, Urteil v. 1.10.1998, 6 AZR 176/97, BB 1999, 903). Hinsichtlich Verwendungsmöglichkeit und Bindungswirkung sind deshalb eine »fachliche Beurteilung«, »Arbeitsbescheinigung« oder ein »Referenzzeugnis« nicht mit einem Zwischenzeugnis vergleichbar.

Wenn ein Unternehmen etwa durch Bilanzbetrug oder eine ganze Branche in Verruf gerät, ist zu beobachten, dass sich Mitarbeiter Zwischenzeugnisse ausstellen lassen, um bei eventuellen Verdachtsmomenten gegen das eigene Unternehmen die persönliche Positionierung durch das im Zeugnis schriftlich Verbürgte zu verbessern. Diese Strategie ist durchaus sinnvoll und dürfte auch erfolgreich sein.

2.5   Wie können Sie Änderungen im Zeugnis gerichtlich durchsetzen?

Hat der Arbeitgeber den Anspruch auf Zeugniserteilung noch nicht oder nicht ordnungsgemäß erfüllt, kann der Mitarbeiter Klage vor dem Arbeitsgericht auf Ausstellung oder Berichtigung des Zeugnisses erheben. Der Klageantrag muss die Änderungswünsche enthalten. In prozessualer Hinsicht stellte das Bundesarbeitsgericht klar, dass ein Mitarbeiter aus § 109 GewO einen Anspruch auf die Erteilung eines insgesamt richtigen Zeugnisses hat. Solange das vom Arbeitgeber erteilte Zeugnis diesen Anforderungen nicht entspricht, ist der Anspruch des Mitarbeiters auf Zeugniserteilung insgesamt nicht erfüllt. Der Mitarbeiter macht dann mit seiner Zeugnisklage keine Berichtigung einzelner Mängel – vergleichbar etwa einer Sachmängelgewährleistung – geltend, sondern weiterhin den Erfüllungsanspruch auf ein insgesamt richtiges Zeugnis. Der Mitarbeiter ist im Gerichtsprozess deshalb auch nicht gehindert, den ursprünglich verlangten Zeugnisinhalt im laufenden Zeugnisrechtsstreit zu ändern oder zu ergänzen.

! Das sagt die Rechtsprechung

Ein Prozessvergleich, mit dem sich der Arbeitgeber verpflichtet, ein »pflichtgemäßes« qualifiziertes Zeugnis »entsprechend« einem vom Mitarbeiter noch anzufertigenden Entwurf zu erstellen, hat einen vollstreckbaren Inhalt. Der Arbeitgeber kann grundsätzlich durch Zwangsmittel nach § ZPO §888 ZPO dazu angehalten werden, dem Mitarbeiter ein Zeugnis mit den von diesem vorgegebenen Formulierungen zu erteilen, denn mit dem Vergleich haben die Parteien die Formulierungshoheit zulässigerweise auf den Mitarbeiter übertragen (vgl. LAG Hamm, Beschluss v. 14.11.2016, 12 Ta 475/16, BeckRS 2016, 74518).

Der Arbeitgeber kann jedoch nicht im Wege der Zwangsvollstreckung dazu angehalten werden, in das Zeugnis Formulierungen aufzunehmen, die mit dem in §109 GewO enthaltenen Grundsatz der Zeugniswahrheit nicht in Einklang stehen.

Trägt der Arbeitgeber Umstände dafür vor, dass der vom Arbeitnehmer verlangte Zeugnistext in einzelnen Punkten nicht wahrheitsgemäß ist und erteilt er unter Berücksichtigung dieser Umstände auf der Grundlage des Entwurfs des Arbeitnehmers ein modifiziertes Zeugnis, ist der Zwangsvollstreckungsantrag zurückzuweisen. Ein etwaiger Streit über den Inhalt des Zeugnisses ist nicht im Rahmen der Zwangsvollstreckung, sondern gegebenenfalls in einem neuen vom Arbeitnehmer anzustrengenden auf Zeugnisberichtigung gerichteten Klageverfahren auszutragen (vgl. BAG, Beschluss v. 9.9.2011, 3 AZB 35/11, NZA 2012, 1244).

Der Mitarbeiter kann dabei nicht ein selbst formuliertes Zeugnis einklagen. Hat der Arbeitgeber bisher überhaupt kein Zeugnis erteilt, richtet sich der Klageantrag auf die Erstellung eines einfachen oder qualifizierten Zeugnisses.

Nur in Ausnahmefällen kann ein Anspruch auf Zeugnisberichtigung auch mit einer einstweiligen Verfügung durchgesetzt werden. Dies ist nach der Rechtsprechung aber nur dann möglich, wenn das Zeugnis schon der äußeren Form nach nicht den zu stellenden Anforderungen entspricht und die ausgeübte Tätigkeit derart unvollständig beschrieben sowie die Leistung derart ungünstig bewertet wurde, dass eine erfolgreiche Bewerbung von vornherein ausscheidet (vgl. LAG Köln, Urteil v. 5.5.2003, 12 Ta 133/03, LAGReport 2003, S. 304).

Sind lediglich einzelne Bestandteile streitig, kann deren Korrektur nicht mit einer einstweiligen Verfügung durchgesetzt werden.

Geht es lediglich um die Korrektur eines bereits erteilten Zeugnisses, ist im Klageantrag im Einzelnen anzugeben, was in welcher Form geändert werden soll (vgl. LAG Düsseldorf, Urteil v. 26.2.1985, 8 Sa 1873/84, DB 1985, 2692). Das Zeugnis ist insgesamt neu zu formulieren, wenn anderenfalls die Gefahr von Sinnentstellungen und Widersprüchlichkeiten droht.

Für das Verfahren vor dem Arbeitsgericht muss kein Anwalt als Prozessbevollmächtigter beauftragt werden. Der Mitarbeiter kann den Prozess selbst führen. Kommt es im Gerichtsverfahren nicht zu einer gütlichen Einigung, entscheidet das Arbeitsgericht durch Urteil über die teilweise oder vollständige Stattgabe der Klage oder die Klageabweisung. Wird der Arbeitgeber zur vollständigen oder teilweisen Korrektur des Zeugnisses entsprechend des Klageantrages verurteilt, kommt er dem Urteil jedoch nicht nach, kann dies im Wege der Zwangsvollstreckung gegen den Arbeitgeber durchgesetzt werden.

2.6 Können Sie Formulierungen gerichtlich durchsetzen?

Ein Zeugnis muss alle wesentlichen Tatsachen und Bewertungen enthalten, die für die Beurteilung des Mitarbeiters von Bedeutung und für einen künftigen Arbeitgeber von Interesse sind. Weder Wortwahl noch Satzstellung oder Auslassungen dürfen dazu führen, dass bei Dritten der Wahrheit nicht entsprechende Vorstellungen geweckt werden. Der Arbeitgeber ist bei den Bewertungen in diesem Rahmen frei, welche Formulierungen er wählt und welche positiven bzw. negativen Leistungen und Eigenschaften des Mitarbeiters er hervorhebt oder vernachlässigt.

> **Das sagt die Rechtsprechung** !
>
> Ein Arbeitgeber kann nicht zu einer bestimmten Formulierung verurteilt werden, so dass ihm nur aufgegeben werden kann, bestimmte Passagen zu korrigieren oder bestimmte Fakten aufzunehmen, wobei allein dem Arbeitgeber die Formulierung des entsprechenden Textes zusteht (vgl. ArbG Neubrandenburg, Urteil v. 12.2.2003, 1 Ca 1579/02, NZA-RR 2003, 465). Müssen Arbeitgeber dann ein »neues« Zeugnis ausstellen, sind sie grundsätzlich an den bisherigen, nicht beanstandeten Zeugnistext gebunden (vgl. BAG, Urteil v. 21.6.2005, 9 AZR 352/04, n.v.). Änderungen sind dann nur möglich, wenn nachträglich Umstände bekannt werden, welche die Leistung oder das Verhalten in einem anderen Licht erscheinen lassen.

Das Zeugnis darf jedoch nicht mit geheimen bzw. verschlüsselten Kennzeichen (Geheimzeichen) oder Formulierungen versehen werden, welche den Zweck haben, den Mitarbeiter in einer aus dem Wortlaut des Zeugnisses nicht ersichtlichen Weise zu charakterisieren (§ 109 Abs. 2 GewO).

In der Praxis wird vor den Arbeitsgerichten in der Regel nicht darum gestritten, welche vom Mitarbeiter gewünschten (Wertungs-) Formulierungen in das Zeugnis aufzunehmen sind, sondern meistens darum, welche Formulierungen falsch, widersprüchlich oder verschlüsselt bzw. doppelbödig sind und deshalb ersatzlos gestrichen werden sollen (vgl. die Rechtsprechung zur »verschlüsselten Zeugnissprache«, LAG Hamm, Urteil v. 17.12.1998, 4 Sa 630/98, BB 2000, 1090). Nur in Ausnahmefällen (z.B. wenn der Arbeitgeber die für das Zeugnis entwickelten arbeitsrechtlichen Grundsätze nicht beachtet oder beharrlich die Zeugniserstellung verweigert) hat die Rechtsprechung die Befugnis der Arbeitsgerichte bejaht, das Zeugnis unter Umständen auf entsprechenden Klageantrag des Mitarbeiters selbst zu formulieren (vgl. ArbG Berlin, Urteil vom 7.3.2003, 88 Ca 604/03, ArbRB 2004, 4, unter Berufung auf BAG Urteil vom 23.6.1960, 5 AZR 560/58, BAGE 9, 289, 294; BAG Urteil vom 24.3.1977, 3 AZR 232/76, AP § 630 BGB Nr. 13).

Ein Zeugnis darf nicht in sich widersprüchlich sein und mit Hilfe von Widersprüchen darf auch keine Herabsetzung der Beurteilung erfolgen. Auch eine »Übersteigerung« der Bewertung, die nach dem Gesamteindruck des Zeugnisses durch ihren ironisierenden Charakter nicht ernstlich gemeint ist, ist unzulässig (vgl. LAG Hamm, Beschluss v. 14.11.2016, 12 Ta 475/16, BeckRS 2016, 74518). Im Fall einer widersprüchlichen Formulierung ist die gesamte Formulierung, die geeignet ist, den Mitarbeiter in seiner beruflichen Karriere zu behindern, zu entfernen.

Dies gilt nach der Rechtsprechung unabhängig davon, wie das Führungsverhalten des Mitarbeiters tatsächlich zu bewerten ist. Eine Ausnahme bildet hier die zusammenfassende Leistungsbeurteilung, bei der sich die Gerichte inzwischen an einem abgestuften Noten- und Formulierungskatalog orientieren. Hinsichtlich der Leistungsbeurteilung kann der Mitarbeiter gegebenenfalls eine andere Bewertung und die damit korrespondierende Formulierung gegen den Arbeitgeber gerichtlich durchsetzen.

Dem Mitarbeiter steht deshalb hinsichtlich der bewertenden Formulierungen im Zeugnis grundsätzlich nur ein »Negativanspruch« zu – hier kann er nur Streichungen durchsetzen. Anders ist es dagegen, wenn das Zeugnis hinsichtlich der Darstellung von Tatsachen (z.B. Qualifikationen), welche für die Beurteilung der Führung und Leistung des Mitarbeiters charakteristisch sind, unvollständig ist. Hinsichtlich dieser Tatsachen kann der Mitarbeiter die Aufnahme in das Zeugnis auch gerichtlich durchsetzen. Die Arbeitsgerichte stellen die Wahrheit oder Unwahrheit einer Tatsache fest und nehmen zugleich auch im Hinblick auf die aus diesen Tatsachen zu ziehenden objektiven Folgerungen eine selbstständige Bewertung der Faktoren vor. In diesem Sinne sind die Gerichte dann auch befugt, die ihnen zutreffend erscheinende Zeugnisformulierung selbst zu wählen und im Urteil auszusprechen (vgl. LAG Düsseldorf, Urteil v. 7.1.2009, 7 Sa 1258/08, BeckRS 2009 54461).

Verwirrend formuliert

Ein Zeugnis enthielt die folgenden Formulierungen: »Ihre Leistungen lagen stets über dem Durchschnitt. Die ihr übertragenen Aufgaben erfüllte sie zur vollen Zufriedenheit. Sowohl Vorgesetzte als auch Kollegen schätzen Frau XY's sachliche Art der Zusammenarbeit. Sie war sehr tüchtig und in der Lage, ihre eigene Meinung zu vertreten.«

Der letzte Satz ist ein deutlicher Bruch gegenüber den vorangehenden Formulierungen. Mit der nochmaligen Bewertung des Leistungsverhaltens (»sie war sehr tüchtig«) und der Vermischung mit dem Führungsverhalten (»und in der Lage, ihre eigene Meinung zu vertreten«) wird die durchweg positive Bewertung der Leistung wieder herabgesetzt. (vgl. LAG Hamm, Urteil v. 17.12.1998, 4 Sa 630/98, BB 2000, 1090).

Lesen Sie Ihr Zeugnis kritisch! Wenn Aussagen zu Dauer, Tätigkeiten, Leistungen und Führung nicht klar voneinander abgegrenzt sind oder im falschen Kontext stehen, sollten Sie Rücksprache halten.

2.7 Können Sie eine Schlussformel gerichtlich durchsetzen?

Es hat sich in der Praxis als üblich herausgebildet, zum Abschluss eines Endzeugnisses eine »Dankes-Bedauerns-Formel« mit Zukunftswünschen zu verwenden. Oft wird dabei der Dank für geleistete Arbeit bzw. das Bedauern über das Ausscheiden noch durch eine Würdigung bleibender Verdienste, eine Einstellungsempfehlung, einem Wiedereinstellungsversprechen oder der Bitte um Wiederbewerbung z.B. nach Abschluss einer Weiterbildung ergänzt. Derartige Formulierungen sind geeignet, ein Zeugnis abzurunden – ihr Fehlen wird daher oft auch negativ beurteilt.

! Das sagt die Rechtsprechung

Das Bundesarbeitsgericht vertritt – entgegen der Meinung einiger Instanzgerichte – die Auffassung, dass kein Rechtsanspruch auf die Aufnahme von Schlusssätzen besteht (vgl. BAG, Urteil v. 11.12.2012, 9 AZR 227/11, NZA 2013, 324). Nach seiner gefestigten Rechtsprechung gehören Schlusssätze nicht zum gesetzlich geschuldeten Inhalt eines Arbeitszeugnisses; sie sind auch nicht Bestandteil der geschuldeten Führungs- und Leistungsbeurteilung bei einem qualifizierten Zeugnis gem. § 109 Abs. 1 Satz 1 GewO. Ein Mitarbeiter hat keinen Anspruch darauf, dass in einem ihm ausgestellten qualifizierten Arbeitszeugnis die Formel: »Wir wünschen ihm für die Zukunft alles Gute und viel Erfolg« enthalten ist. Das Arbeitszeugnis muss nach Auffassung des Bundesarbeitsgerichts nicht mit einem Schlusssatz enden, in dem das Bedauern über das Ausscheiden des Mitarbeiters ausgedrückt wird bzw. er dem Mitarbeiter für die Zusammenarbeit dankt und ihm für die Zukunft alles Gute wünscht, da Aussagen über persönliche Empfindungen des Arbeitgebers nicht zum notwendigen gesetzlichen Zeugnisinhalt gehören. Ist der Mitarbeiter mit einer vom Arbeitgeber in das Zeugnis aufgenommenen Schlussformel nicht einverstanden, hat er keinen Anspruch auf Ergänzung oder Umformulierung der Schlussformel, sondern nur Anspruch auf die Erteilung eines Zeugnisses ohne Schlussformel. Nach Auffassung des Bundesarbeitsgerichts macht das Fehlen von Schlusssätzen ein Endzeugnis nicht unvollständig; dies ist kein unzulässiges »Geheimzeichen«. Die Rechtsprechung zur unzulässigen Auslassung, d. h. dem so genannten »beredten Schweigen«, betrifft nur den gesetzlich geschuldeten Zeugnisinhalt, d. h. die Art und Dauer der Tätigkeit sowie die Leistungs- und Führungsbeurteilung. Eine andere Auffassung vertrat das Arbeitsgericht Berlin (vgl. ArbG Berlin Urteil vom 7.3.2003, 88 Ca 604/03, ArbRB 2004, 4). Es bejahte einen Rechtsanspruch des Mitarbeiters auf die Aufnahme einer »Dankes- und Zukunftsformel«, nicht jedoch auf eine so genannte Bedauernsformel. Angesichts der tatsächlichen weiten Verbreitung von Zukunfts- und Dankesformeln in der betrieblichen Praxis kann das Fehlen einen im Übrigen positiven Gesamteindruck des Zeugnisses entwerten und das berufliche Fortkommen des Mitarbeiters behindern. Allerdings können triftige Gründe des Arbeitgebers nach Auffassung des Arbeitsgerichts Berlin im Einzelfall diesen Rechtsanspruch des Mitarbeiters begrenzen oder ausschließen. Aber auch wenn man den Arbeitgeber für verpflichtet hält, in das qualifizierte Zeugnis eine bewertungsneutrale Schlussformulierung aufzunehmen, besteht ein Anspruch des Mitarbeiters nach Auffassung des LAG Düsseldorf jedenfalls dann nicht, wenn dem Mitarbeiter nur eine durchschnittliche Leistungs- und Verhaltensbeurteilung zusteht (vgl. LAG Düsseldorf, Urteil v. 21.5.2008, 12 Sa 2008, NZA-RR 2009, 177).

Zwar erkennt auch das Bundesarbeitsgericht an, dass Schlusssätze nicht »beurteilungsneutral« sind, sondern geeignet, die objektiven Zeugnisaussagen zur Führung und Leistung des Mitarbeiters und die Angaben zum Grund der Beendigung des Anstellungsverhältnissen zu bestätigen oder zu relativieren. Aus der Tatsache, dass ein Zeugnis mit »passenden« Schlusssätzen aufgewertet werde, lässt sich nach Auffassung des Bundesarbeitsgerichts aber nicht im Umkehrschluss folgern, dass ein Zeugnis ohne jede Schlussformulierung in unzulässiger Weise »entwertet« wird. Formulierung und Gestaltung des Zeugnisses obliegt dem Arbeitgeber; zu seiner Gestaltungsfreiheit gehört auch die Entscheidung, ob er das Endzeugnis um Schlusssätze anreichert. Wenn ein Arbeitgeber solche Schlusssätze formuliert und diese nach Auffassung des Mitarbeiters mit dem übrigen Zeugnisinhalt nicht in Einklang stehen, ist der Arbeitgeber nur verpflichtet, ein Zeugnis ohne Schlussformel zu erteilen. Auch wenn in der Praxis, insbesondere in Zeugnissen mit überdurchschnittlicher Leistungs- und Verhaltensbeurteilung, häufig dem Mitarbeiter für seine Arbeit gedankt wird, kann daraus mangels einer gesetzlichen Grundlage kein Anspruch des Mitarbeiters auf eine Dankesformel abgeleitet werden.

Fast immer gibt es gute Wünsche

Es stellt sich die Frage, ob die Abweichung von einer gefestigten Übung im Arbeits- und Geschäftsleben den Mitarbeiter nicht der Gefahr aussetzt, dass ein künftiger Arbeitgeber Abweichungen von dieser Übung als verdeckte negative Beurteilung deutet. Aber ab wann ist eine derartige Übung als gefestigt anzusehen? Diese Frage ist nicht leicht zu beantworten. Eine relativ sichere Antwort lässt sich nur aus einer Analyse zahlreicher Zeugnisse gewinnen. Zu diesem Thema hat *Weuster* im Rahmen einer umfassenden empirischen Untersuchung ermittelt, dass bei 669 Endzeugnissen 94,9% diese Zukunftswünsche erhalten, bei Führungskräften sogar 96,5% (vgl. Weuster, Personalauswahl und Personalbeurteilung in Arbeitszeugnissen, 1994, Seite 148). Die Entscheidung des Arbeitsgerichts Berlin (Urteil vom 7.3.2003 88 Ca 604/03, ArbRB 2004, 4) deutete einen Wandel der Rechtsprechung zumindest bei den Instanzgerichten an; das Bundesarbeitsgericht hat aber seine bisher vertretene gegenteilige Auffassung in seiner jüngsten Entscheidung in 2012 bestätigt (vgl. BAG, Urteil v. 11.12.2012, 9 AZR 227/11, NZA 2013, 324).

Soweit Arbeitgeber solche Schlussformulierungen verwenden, müssen diese mit dem übrigen Zeugnisinhalt, insbesondere der Leistungs- und Führungsbewertung, schlüssig übereinstimmen. Unterlassene negative Werturteile dürfen nicht mit einer knappen und »lieblosen« Schlussformel versteckt nachgeholt werden – hier kann der Mitarbeiter nach Auffassung des LAG Köln eine entsprechende Korrektur auch gerichtlich durchsetzen. Das soll z.B. dann der Fall sein, wenn bei einem im Übrigen überdurchschnittlichen Zeugnisinhalt (nur) für die »Zukunft alles Gute« gewünscht wird, ohne dass auch der Dank für die vorangegangene Zusammenarbeit ausgesprochen wird (vgl. LAG Köln, Urteil v. 29.2.2008, 4 Sa 1315/07, BeckRS 2008 56507). Nach dem Bundesarbeitsgericht (vgl. BAG, Urteil v. 11.12.2012, 9 AZR 227/11, NZA 2013, 324) hat der Mitarbeiter allerdings nur einen Anspruch auf die Erteilung eines Zeugnisses ohne Schlussformel.

Lassen Sie sich alles Gute wünschen!
Angesichts des Ergebnisses dieser empirischen Untersuchung liegt die Annahme nahe, dass die Zukunftswünsche eine gefestigte Übung darstellen und nach allgemeinem Verständnis zum Arbeitszeugnis gehören. Obwohl das Bundesarbeitsgericht nach wie vor einen Rechtsanspruch auf die Schlussformel verneint, sollte im Hinblick auf die allgemeine Praxis und die Rechtsprechung der Instanzgerichte versucht werden, die Zukunftswünsche im Zeugnis aufzunehmen.

2.8   Wer muss vor Gericht was beweisen?

Die Darlegungs- und Beweislast für die Richtigkeit der Tatsachen, die in einem Zeugnis genannt werden, liegt grundsätzlich beim Arbeitgeber. Der Arbeitgeber muss deshalb darlegen und gegebenenfalls beweisen, dass die Tatsachen erfüllt sind, aus denen der Zeugnisanspruch abgeleitet ist. Dazu gehören die ein formell einwandfreies, inhaltlich vollständiges und in der Bewertung durchschnittliches Zeugnis ausmachenden Tatsachen (vgl. LAG Bremen, Urteil v. 9.11.2000, 4 Sa 101/00, NZA-RR 2001, 287).

Wenn Aufgabenumfang und Gesamtbeurteilung im Streit sind
Ist dagegen der Umfang der dem Mitarbeiter übertragenen Aufgaben im Streit, muss zunächst der Mitarbeiter darlegen und beweisen, dass ihm diese Aufgaben übertragen waren und er sie auch tatsächlich wahrgenommen hat.

Für die Gesamtbeurteilung, d.h. den bewertenden Teil des Zeugnisses, gilt nach der Rechtsprechung eine abgestufte Darlegungs- und Beweislast.

> **!   Das sagt die Rechtsprechung**
>
> Erteilt der Arbeitgeber auf Wunsch des Mitarbeiters ein qualifiziertes Zeugnis, so hat der Mitarbeiter Anspruch darauf, dass seine Leistung der Wahrheit gemäß beurteilt wird. Bei deren Einschätzung hat der Arbeitgeber einen Beurteilungsspielraum, der von den Arbeitsgerichten nur eingeschränkt überprüfbar ist. Voll überprüfbar sind dagegen die Tatsachen, die der Arbeitgeber seiner Leistungsbeurteilung zugrunde gelegt hat. Hat der Arbeitgeber dem Mitarbeiter insgesamt eine »durchschnittliche« Leistung (»zur vollen Zufriedenheit«) bescheinigt, hat der Mitarbeiter Tatsachen vorzutragen und zu beweisen, aus denen sich eine bessere Beurteilung ergeben soll (so erneut BAG, Urteil v. 18.11.2014, 9 AZR 584/13, NZA 2015, 435f. entgegen ArbG Berlin, Urteil v. 26.10.2012, 28 Ca 18230/11, BeckRS 2012, 23564

und LAG Berlin-Brandenburg, Urteil v. 21.3.2013, 18 Sa 2133/12, BeckRS 2013, 70587). Hat der Arbeitgeber den Mitarbeiter als »unterdurchschnittlich« beurteilt, obliegt dem Arbeitgeber, die seiner Beurteilung zugrunde liegenden Tatsachen darzulegen und zu beweisen (vgl. BAG, Urteil v. 14.10.2003, 9 AZR 12/03, DB 2004, 1270). Dem Arbeitgeber ist gesetzlich nicht vorgeschrieben, welches Beurteilungssystem und welche Formulierungen im Einzelnen er verwendet. Wendet der Arbeitgeber ein im Arbeitsleben übliches Beurteilungssystem an, so ist das Zeugnis so zu lesen, wie es der Üblichkeit entspricht. Welche Schlussnoten in den Zeugnissen einer Branche am häufigsten vergeben werden, ist dabei ohne unmittelbaren Einfluss auf die Darlegungs- und Beweislast für die zusammenfassende Gesamtbeurteilung der Leistung im Arbeitszeugnis.

Das heißt nach der BAG-Rechtsprechung: Beansprucht der Mitarbeiter die Bescheinigung überdurchschnittlicher Leistungen, trägt er die Beweislast für die Tatsachen, die eine bessere Bewertung rechtfertigen. Erst nach dem schlüssigen Tatsachenvortrag des Mitarbeiters für eine günstigere Bewertung ist es Sache des Arbeitgebers, diese zu erschüttern. Will dagegen der Arbeitgeber von der durchschnittlichen Benotung nach unten hin abweichen, trägt er die Beweislast für unterdurchschnittliche Leistungen. Der Arbeitsgeber muss dann darlegen und beweisen können, dass der Mitarbeiter Fehler gemacht hat und seine Arbeitsleistung nicht den durchschnittlichen Anforderungen genügt.

Wurde vom Arbeitgeber die Arbeitsleistung während des Anstellungsverhältnisses nicht beanstandet, muss sie deshalb noch nicht als sehr gute Leistung bewertet werden. In der Regel ist in diesem Fall eine durchschnittliche Leistung zu bescheinigen. Auch eine aufgrund einer Leistungsbeurteilung gezahlte leistungsorientierte Bezahlung führt jedenfalls dann nicht zu einer »Selbstbindung« des Arbeitgebers hinsichtlich einer überdurchschnittlichen Leistungsbewertung im Zeugnis, wenn die der Zahlung zugrundeliegende Beurteilung zu dem Ergebnis »Aufgaben erfüllt« = Normalleistung gelangt ist (vgl. ArbG Bonn, Urteil v. 16.2.2016, 7 Ca 1759/15, BeckRS 2016, 113390).

Gehen Sie mit dem Entwurf in den Vergleich!
Oft wird in gerichtlichen Vergleichen zur Beendigung des Anstellungsverhältnisses formuliert, dass der Arbeitgeber dem Mitarbeiter ein »wohlwollendes« Zeugnis erteilen wird. Dies hat aber nicht automatisch zur Folge, dass der Mitarbeiter die Bescheinigung »guter« Leistungen verlangen kann. Auch die Beurteilung als durchschnittliche Leistung kann wohlwollend erfolgen. Wir empfehlen deshalb zur Vermeidung weiterer Auseinandersetzungen, den Entwurf des Zeugnisses gleich mit zum Inhalt des Vergleiches zu machen.

2.9 Was darf nicht in einem Zeugnis erwähnt werden?

Die Punkte, die nicht in einem Arbeitszeugnis erwähnt werden dürfen, sind nicht immer eindeutig zu bestimmen. Vieles, das nicht explizit erwähnt wird, findet dennoch den Weg in das Zeugnis, etwa durch verklausulierte Formulierungen. Bei manchen Punkten sind sich auch Experten nicht einig, ob man sie nennen darf oder nicht.

Abmahnungen
Abmahnungen dürfen grundsätzlich nicht explizit erwähnt werden.

Alkoholkonsum
Alkoholkonsum gehört dann nicht ins Arbeitszeugnis, wenn er lediglich den privaten Bereich betrifft. Über die Erwähnung von Alkoholmissbrauch im Dienst herrscht keine Einigkeit. So müsste z. B. die Trunksucht eines Kraftfahrers durchaus erwähnt werden, um Schadensansprüche des neuen Arbeitgebers wegen Täuschung zu vermeiden.

Arbeitslosigkeit/Arbeitsamt
Dem Arbeitsverhältnis vorausgegangene Arbeitslosigkeit oder Vermittlung durch das Arbeitsamt gehören in kein Arbeitszeugnis.

Aufsichtsratstätigkeit als Arbeitnehmervertreter
(siehe »Betriebsratstätigkeit«)

Beendigungsgründe
Die Umstände, unter denen das Anstellungsverhältnis beendet wurde, sind nur auf Wunsch des Mitarbeiters in das Zeugnis aufzunehmen. Ist das Anstellungsverhältnis auf den Auflösungsantrag des Mitarbeiters gemäß §§ 9, 10 KSchG durch Urteil des Arbeitsgerichts aufgelöst worden, kann der Mitarbeiter beanspruchen, dass der Beendigungsgrund mit der Formulierung erwähnt wird, das Anstellungsverhältnis sei »auf seinen Wunsch« beendet worden (vgl. LAG Köln, Urteil v. 29.11.1990, 10 Sa 801/90, LAGE Nr. 11 zu § 630 BGB). Die Formulierung »zur Vermeidung arbeitsrechtlicher Konsequenzen in beiderseitigem Einvernehmen aufgelöst« ist unzulässig (vgl. LAG Düsseldorf, Urteil v. 7.1.2009, 7 Sa 1258/08, BeckRS 2009 54461). Wird ein Anstellungsverhältnis durch Prozessvergleich beendet, darf im Zeugnis neben der einvernehmlichen Beendigung nicht darauf verwiesen werden, dass dies auf Veranlassung des Arbeitgebers erfolgte (vgl. LAG Berlin, Urteil v. 25.1.2007, 5 Sa 1442/06, NZA-RR 2007, 373).

Behinderung

Um Missverständnissen vorzubeugen kann eine Erwähnung schwerer Behinderungen in Einzelfällen sinnvoll sein. Generell unterbleibt die Erwähnung (siehe auch ›Krankheit‹).

Betriebsrats- und Sprecherausschusstätigkeit

Hier lehnt die Rechtsprechung grundsätzlich eine Erwähnung im Zeugnis ab. Eine Ausnahme wird nur für den Fall zugelassen, dass der Mitarbeiter vor seinem Ausscheiden lange Zeit ausschließlich für den Betriebsrat tätig war und der Arbeitgeber infolge dessen nicht mehr in der Lage ist, dessen Leistungen und Führung verantwortlich zu beurteilen (vgl. LAG Frankfurt a. Main, Urteil v. 10.3.1977, 6 Sa 779/76, DB 1978, 167), oder wenn durch die Freistellung der Mitarbeiter von seinem Arbeitsplatz entfremdet wurde.

Einkommen

Einkommen sind nicht zu erwähnen.

Elternzeit

Grundsätzlich ist die Elternzeit nicht zu erwähnen. Ausnahme: Die Ausfallzeit ist eine wesentliche tatsächliche Unterbrechung der Beschäftigung, die nach Lage und Dauer erheblich ist und bei deren Nichterwähnung für Dritte der falsche Eindruck entstünde, die Beurteilung beruhe auf einer der Dauer des rechtlichen Bestandes des Anstellungsverhältnisses entsprechenden tatsächlichen Arbeitsleistung (vgl. BAG, Urteil v. 10.5.2005, 9 AZR 261/04, EzA-SD 2005, 6).

Ermittlungsverfahren

Ein anhängiges Ermittlungsverfahren im Zusammenhang mit Verfehlungen im Arbeitsverhältnis stellt keine Tatsache dar und ist deshalb nicht im Zeugnis zu erwähnen. Ausnahme: Bei besonderer Tragweite oder Brisanz des Tatverdachts kann das Ermittlungsverfahren erwähnt werden (vgl. LAG Düsseldorf, Urteil v. 3.5.2005, 3 Sa 359/05; DB 2005, 1799). Im Übrigen hat der Arbeitgeber nach strafrechtlicher Verurteilung das Recht zum Widerruf des Zeugnisses, um Schadensersatzansprüche Dritter zu vermeiden.

Fehlzeiten

Krankheitsbedingte Fehlzeiten dürfen nur dann Erwähnung finden, wenn sie außer Verhältnis zur tatsächlichen Arbeitsleistung stehen, d.h. wenn sie etwa die Hälfte der gesamten Beschäftigungszeit ausmachen (vgl. LAG Chemnitz, Urteil v. 30.1.1996, 5 Sa 996/95, NZA-RR 1997, 47). Dies gilt auch für die Elternzeit (vgl. BAG, Urteil v. 10.5.2005, 9 AZR 261/04, NZA 2005, 1237).

Freistellung bei Betriebsratsmitgliedern

Sie darf nur erwähnt werden, wenn auch die inner- und außerbetrieblichen Maßnahmen der Berufsbildung des Betriebsratsmitglieds angeführt werden. Sämtliche Freistellungen aus anderen Gründen dürfen nicht erwähnt werden.

Fristlose Kündigung

Auch wenn der Arbeitgeber den Mitarbeiter zu Recht außerordentlich gekündigt hat, ist diese Tatsache durch alleinige Angabe des Beendigungszeitpunktes zum Ausdruck zu bringen, nicht jedoch durch die Erwähnung des Ausspruches der außerordentlichen Kündigung (vgl. LAG Düsseldorf, Urteil v. 22.1.1988, 2 Sa 1654/87, NZA 1988, 399).

Geheimzeichen

Geheimzeichen wie ein Strich neben der Unterschrift, die auf Gewerkschaftszugehörigkeit oder sonstiges politisches Engagement hinweisen, sind verboten. Die Existenz dieser Geheimzeichen wird nicht geleugnet, aber man geht davon aus, dass sie höchst selten vorkommen. Man kennt die folgenden Zeichen:

- Ein senkrechter Strich mit dem Kugelschreiber links von der Unterschrift: Mitglied der Gewerkschaft.
- Ein Häkchen nach rechts: Mitglied einer rechtsstehenden Partei.
- Ein Häkchen nach links: Mitglied einer linksstehenden Partei.
- Ein Doppelhäkchen: Mitglied einer linksgerichteten, verfassungsfeindlichen Organisation.

Gerichtsverfahren

Rechtswidrig zugewiesene Tätigkeiten bzw. Zeiten erzwungener oder zur Abwendung der Zwangsvollstreckung erfolgter Beschäftigung bei letztlich erfolglosem Kündigungsschutzprozess sind im Zeugnis nicht zu erwähnen.

Gesundheitszustand

Angaben zum Gesundheitszustand des Mitarbeiters gehören ebenfalls nicht in das Zeugnis. Umstritten ist hier, ob dann etwas anderes gilt, wenn das Anstellungsverhältnis durch den Gesundheitszustand grundsätzlich beeinflusst wird.

Krankheiten

Krankheiten haben im Arbeitszeugnis normalerweise nichts zu suchen, auch wenn sie den Kündigungsgrund darstellten. Uneinigkeit herrscht darüber, ob Krankheiten dann erwähnt werden sollten, wenn eine Gefährdung Dritter nicht auszuschließen ist.

Krankheitsbedingte Fehlzeiten

Eine Krankheit darf im Zeugnis grundsätzlich nicht vermerkt werden, auch dann nicht wenn sie den Kündigungsgrund darstellt. Krankheitsbedingte Fehlzeiten dürfen nur dann Erwähnung finden, wenn sie außer Verhältnis zur tatsächlichen Arbeitsleistung stehen, d.h. wenn sie etwa die Hälfte der gesamten Beschäftigungszeit ausmachen (vgl. LAG Chemnitz, Urteil v. 30.1.1996, 5 Sa 996/95, NZA-RR 1997, 47).

Kündigungsgründe

Kündigungsgründe werden nur auf Wunsch des Mitarbeiters erwähnt.

Modalitäten der Beendigung

Nicht erwähnt werden dürfen die Modalitäten, die zwischen den Parteien bei der Beendigung des Anstellungsverhältnisses vereinbart wurden. Das betrifft zum Beispiel den Widerruf der Prokura (vgl. BAG Urteil v. 26.6.2002, 9 AZR 392/00, NZA 2002, 34).

Nachfragen/mündliche Auskunft

Der Arbeitgeber darf im Zeugnis nicht anbieten, für Nachfragen zur Arbeitsqualität des Mitarbeiters zur Verfügung zu stehen, da dies gegen § 109 Abs. 2 S. 2 GewO verstößt (vgl. ArbG Herford, Urteil v. 1.4.2009, 2 Ca 1502/08, ArbRB 2009, 190).

Privatleben

Alles, was das Privatleben betrifft, also auch eine eventuelle Nebentätigkeit, das Sexualverhalten, eine Schwangerschaft, wird nicht erwähnt. Allerdings kann es von besonderer Wertschätzung zeugen, wenn der Arbeitgeber dem Zeugnisempfänger beispielsweise in der Schlussformel »für die Zukunft beruflich wie privat (oder persönlich) alles Gute und weiterhin viel Erfolg« wünscht.

Straftaten

Weder Vorstrafen noch sonstige Straftaten gehören in ein Arbeitszeugnis. Ausnahme: Eine im Dienst begangene, rechtskräftig verurteilte Straftat, die zur Kündigung geführt hat.

Vertragsbruch

Im Hinblick auf eine wohlwollende Zeugnisformulierung sind für den Mitarbeiter ungünstige Formulierungen zu vermeiden. Bei einem Vertragsbruch lässt sich nicht allgemein festhalten, welche Formulierungen zulässig und welche unzulässig sind. Maßstab für die Arbeitsgerichte ist, dass bei einer Abwägung zwischen Wahrheitpflicht und wohlwollender Fassung der betroffene Mitarbeiter in seinem beruflichen Fortkommen nicht behindert werden soll. Die Formulierung müsse so gewählt werden, dass ein »sorgfältiger Leser« entnehmen kann, dass der Mitarbeiter unter Vertragsbruch bei seinem Arbeitgeber ausgeschieden sei (vgl. LAG Hamm, Urteil v. 24.9.1985, 13 Sa 833/85, NZA 1986, 99).

2.10 Widerspruch – welche Fristen sind zu beachten?

Es gibt keinen förmlichen Rechtsbehelf eines »Widerspruches« gegen ein Arbeitszeugnis. Der Mitarbeiter kann sich zwar jederzeit nach Erhalt eines Arbeitszeugnisses an seinen Arbeitgeber wenden und Änderungswünsche ihm gegenüber geltend machen, der Arbeitgeber ist jedoch nicht verpflichtet, diesen Änderungswünschen zu folgen oder diese mit dem Mitarbeiter zu erörtern.

Erfüllt der Arbeitgeber den Anspruch auf Zeugniserteilung nicht oder nicht ordnungsgemäß, kann der Mitarbeiter auf Ausstellung oder auf Berichtigung des Zeugnisses vor dem Arbeitsgericht klagen. Hier sind die Fragen der Verjährung, der Verwirkung, des Verzichts oder von Ausschlussfristen zu beachten.

Der Anspruch verjährt nach drei Jahren
Für den Anspruch auf Ausstellung oder Berichtigung eines Zeugnisses besteht keine besondere Verjährungsregelung. Es findet deshalb die regelmäßige Verjährungsfrist von drei Jahren gemäß § 195 BGB Anwendung. Diese regelmäßige Verjährungsfrist beginnt mit dem Schluss des Jahres, in dem der Anspruch entstanden ist. Vor Eintritt der Verjährung kann sich allerdings der Arbeitgeber ggf. auf eine Unmöglichkeit der Zeugniserteilung berufen bzw. es kann eine so genannte Verwirkung des Anspruches vorliegen.

Wann erlischt der Anspruch?
Unabhängig von der Verjährung kann der Zeugnisanspruch bereits dann erlöschen, wenn es dem Arbeitgeber nicht mehr möglich ist, ein Zeugnis auszustellen (z.B. wenn der Arbeitgeber aufgrund des Zeitablaufes nicht in der Lage ist, ein wahrheitsgemäßes Zeugnis auszustellen).

Die Ausstellung eines einfachen Zeugnisses zu Art und Dauer der Tätigkeit ist wegen der geringen Anforderungen in der Regel nach Beendigung des Anstellungsverhältnisses noch solange möglich, wie Personalunterlagen vorhanden sind. Beim qualifizierten Zeugnis, das auch Angaben zur Leistung und zur Führung enthält, ist die Lage etwas anders: Wenn der Arbeitgeber und seine mit der Zeugniserteilung befassten Vertreter sich an die Tatsachen zur Führung und Leistung des Mitarbeiters nicht mehr erinnern können und auch keine entsprechenden schriftlichen Personalunterlagen vorhanden sind, in denen Führung und Leistung des Mitarbeiters festgehalten wurden, ist die Ausstellung eines qualifizierten Zeugnisses schlicht nicht mehr möglich.

Wann ist der Anspruch verwirkt?

Selbst wenn die Erfüllung des Anspruchs auf Zeugniserteilung noch möglich ist, kann der gerichtlichen Durchsetzung vor Verjährungseintritt die so genannte Verwirkung entgegen gehalten werden.

Das Bundesarbeitsgericht unterstrich, dass der Anspruch auf Erteilung eines qualifizierten Zeugnisses wie jeder schuldrechtliche Anspruch auch der Verwirkung unterliegt (vgl. BAG, Urteil v. 4.10.2005, 9 AZR 507/04, BAGE 116, 95). Verwirkung kann eintreten, wenn der Arbeitnehmer sein Recht auf Erteilung eines Zeugnisses über längere Zeit nicht ausgeübt hat (Zeitmoment) und dadurch bei dem Arbeitgeber die Überzeugung hervorgerufen hat, er werde sein Recht nicht mehr geltend machen (Umstandsmoment). In diesem Fall kann dem Arbeitgeber die Erfüllung des Anspruches des Arbeitnehmers nach Treu und Glauben unter Berücksichtigung aller Umstände des Einzelfalls dann nicht mehr zumutbar sein. Konkrete Fristen nennt das BAG aber nicht.

Zeit- und Umstandsmoment dürfen dabei nicht isoliert, sondern können nur in engem Zusammenhang gesehen werden; der Schwerpunkt liegt beim Umstandsmoment und richtet sich nach den konkreten Umständen des Einzelfalles. Die Rechtsprechung hat bisher Verwirkung bei einem Untätigkeitszeitraum von 10 bis zu 15 Monaten angenommen (vgl. LAG Hamm, Urteil v. 3.7.2002, NZA-RR 2003, 73 f.; LAG München, Urteil v. 11.2.2008, 6 Sa 539/07, BeckRS 2009 67688; LAG Hessen, Beschluss v. 16.1.2013, 18 Sa 602/12, BeckRS 2013, 67508).

Die Berufung auf die Einrede der Verwirkung kann dem Arbeitgeber aber dann versagt sein, wenn Personalakten geführt werden und er auf zeugnisspezifische Angaben zurückgreifen kann. Dies gilt so lange, wie er verpflichtet ist, Lohnunterlagen aus steuerlichen Gründen aufzubewahren (bis zum Ablauf des sechsten Kalenderjahres, das auf die zuletzt eingetragene Lohnzahlung folgt) und/oder er Personalakten tatsächlich aufbewahrt.

Soweit Ausschlussfristen zur Anwendung kommen, genügt zur Wahrung der Ausschlussfrist die Beanstandung des erhaltenen Zeugnisses und die Forderung zur Neuausstellung des Zeugnisses durch den Arbeitnehmer. Der Zeugnisempfänger braucht keine einzelnen Mängel (vergleichbar einer Sachmängelgewährleistung) zur Wahrung der Ausschlussfrist geltend machen.

Wann kann auf den Anspruch verzichtet werden?
Vor Beendigung des Anstellungsverhältnisses kann der Mitarbeiter auf den Anspruch auf Zeugniserteilung nicht verzichten. Gerichtlich ist noch nicht abschließend geklärt, ob nach Beendigung des Anstellungsverhältnisses ein Verzicht rechtlich möglich ist. In den so genannten Ausgleichsquittungen ist jedenfalls kein Verzicht auf die Erteilung eines Zeugnisses zu sehen, da sich der Mitarbeiter bei Unterzeichnung der Ausgleichsquittung grundsätzlich nicht der Bedeutung eines Zeugnisverzichts bewusst ist.

Neben Verjährung, Verwirkung oder Unmöglichkeit kann der Zeugnisanspruch auch aufgrund von vertraglichen bzw. tariflichen Ausschlussfristen erlöschen. Allgemein gehaltene vertragliche Ausschlussklauseln erfassen jedoch nicht ohne weiteres auch Zeugnisansprüche. Im Einzelfall ist die Formulierung dieser Klauseln sorgfältig zu prüfen.

Vorsicht bei Ausschlussklauseln!
Oft sehen Ausschlussklauseln sehr kurze Fristen vor, innerhalb derer ein Anspruch aus dem Anstellungsverhältnis außergerichtlich oder gerichtlich geltend gemacht werden muss. Diese Frage sollte deshalb umgehend nach Beendigung des Anstellungsverhältnisses geprüft werden.

2.11 Haben Sie Anspruch auf mehrere Zeugnisse?

Werden von einem Mitarbeiter verschiedene Funktionen bzw. Aufgabenbereiche nacheinander oder nebeneinander wahrgenommen, sind diese im Endzeugnis insgesamt zu erwähnen. Ein Anspruch auf getrennte Zeugnisse für die jeweiligen Funktionen besteht nicht. Eine Ausnahme gilt nur bei der im Anschluss an die Ausbildung fortgesetzten Beschäftigung gemäß § 16 BBiG.

2.12 Was kostet ein Streit vor Gericht?

Die Kosten im arbeitsgerichtlichen Verfahren hängen vom so genannten Gegenstandswert bzw. Streitwert ab.

Wie hoch ist der Streitwert?
Der Streitwert einer Klage auf Erteilung eines qualifizierten Zwischenzeugnisses oder Schlusszeugnisses oder seiner Berichtigung entspricht einer Bruttomonatsvergütung des Anstellungsverhältnisses, aus dem das Zeugnis eingeklagt wird; bei einem einfachen Zeugnis dagegen nur 10 % der Bruttomo-

natsvergütung (vgl. LAG Düsseldorf, Beschluss v. 15.8.2016, 4 Ta 437/16, BeckRS 2016, 72150).

Bei einer Klage auf Berichtigung eines bereits erteilten Zeugnisses kann im Einzelfall je nach dem Verhältnis der Bedeutung des konkreten Berichtigungsbegehrens zum Gesamtwert des Zeugnisses ein Abschlag von diesem Regelstreitwert in Betracht kommen (vgl. LAG Köln, Beschluss v. 29.12.2000, 8 Ta 299/00, NZA-RR 2001, 324). Wird im Rahmen eines Vergleiches der Anspruch auf Erteilung eines qualifizierten Zeugnisses ohne Festlegung des Zeugnisinhaltes aufgenommen, ist dafür in der Regel ein Betrag von 20% einer Bruttomonatsvergütung anzusetzen; bei inhaltlicher Festlegung des Zeugnisses im Vergleich dagegen eine volle Bruttomonatsvergütung.

Wird ein Rechtsanwalt mit der Vertretung im Prozess beauftragt, entstehen für jede Instanz zumindest zwei Rechtsanwaltsgebühren (eine Verfahrensgebühr, eine Terminsgebühr nach unterschiedlichen Gebührensätzen auf Basis eines gesetzlichen Vergütungsverzeichnisses). Wird ein Vergleich geschlossen, kommt eine Einigungsgebühr hinzu. Zusätzlich kann der Rechtsanwalt eine Auslagenpauschale von EUR 20,00 beanspruchen. Zu diesen Gebühren ist die gesetzliche Umsatzsteuer hinzuzurechnen.

In der ersten Instanz vor dem Arbeitsgericht müssen die eigenen Anwaltsgebühren von jeder Partei selbst getragen werden. Dies gilt auch für den Fall des Obsiegens; die erstinstanzlichen Anwaltsgebühren im Arbeitsgerichtsverfahren werden nicht von der unterlegenen Partei ersetzt.

Wie hoch sind die Gerichtskosten?

Auch für die Höhe der Gerichtskosten kommt es auf den Gegenstandswert/Streitwert an. Für ein normales erstinstanzliches Verfahren vor dem Arbeitsgericht, das durch ein Urteil abgeschlossen wird, entstehen 2 Gebühren; für das Berufungsverfahren vor dem Landesarbeitsgericht grundsätzlich 3,2 Gebühren. Die Gerichtskosten sind je nach Ausgang des Verfahrens anteilig von beiden Parteien oder von einer Partei alleine zu tragen. Es entstehen keine Gerichtskosten, wenn das Verfahren ohne streitige Verhandlung durch einen im Gütetermin abgeschlossenen oder durch einen außergerichtlichen Vergleich beendet wird.

Anwaltsgebühren und Gerichtsgebühren !

Auf www.haufe.de/mybook finden Sie die aktuellen Angaben zur Rechtsanwaltsvergütung nach dem Rechtsanwaltsvergütungsgesetz (RVG) sowie die Gerichtsgebühren für das arbeitsgerichtliche Verfahren.

2.13 Faule Tricks bei der Zeugnisausstellung

Manche Arbeitgeber geben sich keine Mühe bei der Gestaltung oder wollen den Mitarbeiter durch das Zeugnis schädigen. Einen solchen Zeugnisaussteller erkennen Sie daran, dass er ...

- dem Mitarbeiter ein qualifiziertes Zeugnis verweigert und ihm stattdessen ein einfaches Zeugnis anbietet.
- versucht, den aktuellen Arbeitgeber des Zeugnisempfängers per Telefon darüber aufzuklären, dass ihm Fehler bei der Zeugniserstellung unterlaufen sind. Das hilft dem Mitarbeiter allenfalls für diese eine Stelle weiter, da das Zeugnisdokument, welches ein Leben lang und somit auch für weitere Bewerbungen gültig ist, unverändert bleibt.
- versucht, Ihr Zeugnis zu widerrufen. Nur wenn bestimmte Voraussetzungen gegeben sind, z.B. schwerwiegende Unrichtigkeiten, ist das möglich (LAG Hamm, Urteil v. 1.12.1994, 4 Sa 1540/94, LAGE Nr. 25 zu §630 BGB). Achtung: schwebende Verfahren und nicht eindeutig bewiesene Tatbestände gehören nicht dazu. Beraten Sie sich als klagewilliger Zeugnisempfänger zuerst mit einem erfahrenen Rechtsanwalt.
- in einem qualifizierten Arbeitszeugnis Formulierungen wählt, die mehrdeutig ausgelegt werden können und problematische Beurteilungskategorien so knapp wie nur möglich abhandelt.
- auf ein Register positiv anmutender oder übersteigerter Formulierungen zurückgreift, die in Wirklichkeit Negatives aussagen. Die Rede ist hier vom so genannten ›Geheimcode‹. Viele Standardcodierungen sind mittlerweile in Büchern und im Internet nachzulesen und daher vor Gericht durchaus anfechtbar. Dennoch gibt es dreiste Zeugnisaussteller, die Ihnen durch den Einsatz dieser Formulierungen Schaden zufügen können.

2.14 Welche Verschlüsselungstechniken gibt es?

Über den ›Geheimcode‹ ist viel geschrieben worden. Dies vorweg: Die meisten Experten gehen davon aus, dass es einen wirklichen Geheimcode nicht gibt. Das wird schon darin deutlich, dass mittlerweile eine beachtliche Anzahl von verklausulierten Formulierungen bekannt ist, der ›Geheimcode‹ also keinesfalls mehr geheim ist.

Sprechen wir daher lieber von Verschlüsselungstechniken, die Außenstehenden, also vornehmlich Zeugnisempfängern, nicht in der erforderlichen Tiefe bekannt sind. Dies sind die beliebtesten:

- Notwendiges fehlt: Bei der Chefsekretärin fällt der Hinweis zur Selbstständigkeit unter den Tisch, bei der Führungskraft fehlt jeglicher Hinweis auf das Vertrauensverhältnis zu seinen Untergebenen, beim Verkäufer das Verhältnis zu seinen Kunden usw.

- Entwertungen: Mitarbeiter werden abgewertet, indem man unwichtige Aufgabenbereiche oder Banalitäten besonders betont oder unwichtige Aufgaben zuerst benennt. Wenn z.B. der Einkäufer für »Büromaterial, Werkzeuge und Maschinen« zuständig war, dann klingt dies anders als die Zuständigkeit für »Maschinen, Werkzeuge und Büromaterial«. Ebenso kritisch ist eine Nennung der Verhaltensmerkmale vor der Leistung.
- Betonte Selbstverständlichkeiten: Wenn Nebensächlichkeiten und Selbstverständlichkeiten, wie z.B. das gepflegte Äußere eines Firmenrepräsentanten, besonders hervorgehoben werden, ist Misstrauen angesagt.
- Einschränkungen: Formulierungen wie »Bei uns galt er als Experte« oder »Im Fachverband X schätzte man ihre Kompetenz« (anderswo allerdings nicht) sind typische Beispiele hierfür.
- Mehrdeutigkeiten: Sie sind die am schwersten zu entdeckende und zu verifizierende Verschlüsselungstechnik. Hier einige Beispiele: Wird von der beurteilten Person nur im Passiv gesprochen (»wurde versetzt …, … wurde damit betraut …, … wurde (dann) von uns eingesetzt in …«), so kann dies auf einen passiven Mitarbeiter hinweisen. Vielleicht aber manifestiert sich darin nur das ungeschickte Deutsch des Zeugnisausstellers. Mehrdeutige Adjektive u. Adverbien werden ebenfalls gerne eingesetzt, wie z.B.: anspruchsvoll (war nie zufrieden), kritisch (mäkelte andauernd herum), leistungswillig (sie wollte, aber sie schaffte es nicht), kommunikationsbereit (sie redete ständig mit ihren Kollegen) usw.
- Aussagen, die eine eindeutige und am allgemeinen Maßstab orientierte Beurteilung vermissen lassen: »die ihm eigene Genauigkeit«, »die für sie typische Vorgehensweise«, »sprechen für sich selbst« usw.
- Formulierungen, die eine Bereitschaft ausdrücken, aber nichts über den Erfolg aussagen.
- Verneintes Gegenteil: »nicht unbedeutende Ergebnisse«, »nicht unerhebliche Erfolge«, »war nicht zu beanstanden« sind typische Beispiele für diese Technik.
- Knappheit: Dies gilt nicht für Arbeitszeugnisse, erst recht nicht für Zeugnisse von Führungskräften. Sehr knappe Zeugnisse erwecken den Eindruck, dass etwas verheimlicht werden soll.

Die häufigsten Standardphrasen

In einem Zeugnis heißt es: »Der Mitarbeiter war mit »Fleiß und Interesse« bei der Sache, was sich in »glänzenden Ergebnissen widerspiegelte«. Erst wenn die zweite Aussage fehlt, handelt es sich bei der Formulierung um eine codierte Aussage (er war eifrig bei der Sache, nur das Ergebnis stimmte nie). Und selbst dann ist nicht gesagt, dass hier Willkür vorliegt. Vielleicht war der

Zeugnisaussteller ungeschickt und hatte wenig Gespür für die Doppel- und Feinsinnigkeiten der deutschen Zeugnissprache.

Achten Sie immer auf den Zusammenhang, in dem Formulierungen stehen. Sollten Ihnen Sätze oder Ausdrücke merkwürdig vorkommen, suchen Sie das persönliche Gespräch!

2.15 Der Geheimcode – 40 Phrasen und was sie bedeuten

Eines vorweg: Nicht immer bedeuten die folgenden Formulierungen wirklich etwas Negatives. Es kommt immer auf den Kontext an. Bedenklich wird es dann, wenn sie einzeln erscheinen und nicht näher spezifiziert werden.

Phrase	Bedeutung
Sie hat alle Arbeiten mit großem Fleiß und Interesse erledigt.	Sie war zwar fleißig und interessiert, aber nicht erfolgreich.
Er machte sich stets mit großem Eifer an die ihm übertragenen Aufgaben.	Er war zwar sehr eifrig, aber sein Erfolg ließ zu wünschen übrig.
Sie hatte/zeigte stets Verständnis für ihre Arbeit.	Sie leistete keine gute Arbeit.
Er war stets (nach Kräften) bemüht, die Arbeiten zu unserer vollen Zufriedenheit zu erledigen.	Er hat sich angestrengt, aber Erfolg hatte er nicht.
Die Aufgaben, die wir ihr übertrugen, hat sie zu unserer Zufriedenheit erledigt.	Sie erledigte wirklich nur die Aufgaben, die man ihr explizit auferlegte. Ansonsten blieb sie passiv, war also allenfalls Durchschnitt.
Sie erledigte alle Aufgaben pflichtbewusst und ordnungsgemäß.	Sie war zwar pflichtbewusst, es mangelte ihr jedoch an Initiative.
Er arbeitete mit größter Genauigkeit.	Er war ein erbsenzählender, langsamer und unflexibler Pedant.
Sie verstand es, alle Aufgaben stets mit Erfolg zu delegieren.	Sie drückte sich vor der Arbeit, wo sie nur konnte.
Die angebotenen Leistungen lagen stets im Bereich seiner Fähigkeiten.	Seine Fähigkeiten waren sehr schlecht, weshalb er dem Unternehmen nichts brachte.
Sie hat unseren Erwartungen im Wesentlichen entsprochen.	Ihre Leistungen waren schlichtweg mangelhaft.

Phrase	Bedeutung
Sie zeigte sich den Belastungen gewachsen.	Sie war nicht besonders, allenfalls ausreichend belastbar.
Er war seinen Mitarbeitern jederzeit ein verständnisvoller Vorgesetzter.	Er war nicht durchsetzungsfähig und besaß keine Autorität.
Sie koordinierte die Arbeit ihrer Mitarbeiter und gab klare Anweisungen.	Sie beschränkte sich auf Anweisen und Delegieren.
Sein Verhalten gegenüber Kollegen und Vorgesetzten war stets vorbildlich.	Er hatte Probleme mit seinen Vorgesetzten (weil diese im Satz erst nach den Kollegen erwähnt werden).
Er hat alle Aufgaben zu seinem und im Interesse der Firma gelöst.	Er beging Diebstahl und/oder schwere andere Unkorrektheiten.
Sie war sehr tüchtig und wusste sich gut zu verkaufen.	Sie war eine impertinente Wichtigtuerin.
Im Umgang mit Kollegen und Vorgesetzten zeigte er durchweg eine erfrischende Offenheit.	Er war immer sehr vorlaut.
Durch ihre Geselligkeit/ihre gesellige Art trug sie zur Verbesserung des Betriebsklimas bei.	Sie neigt zu übertriebenem Alkoholgenuss.
Für die Belange der Belegschaft bewies er stets (großes) Einfühlungsvermögen.	Er flirtete heftig und war ständig auf der Suche nach Sexualkontakten.
Für die Belange der Mitarbeiter hatte sie ein umfassendes Verständnis.	Sie war homosexuell bzw. lesbisch.
Seine umfangreiche Bildung machte ihn stets zu einem gesuchten Gesprächspartner.	Bildung hin oder her – er war geschwätzig und führte lange Privatgespräche im Dienst.
Sie trat sowohl innerhalb als auch außerhalb unseres Unternehmens engagiert für die Interessen der Kolleginnen und Kollegen ein.	Sie war im Betriebsrat tätig bzw. sie hat sich gewerkschaftlich betätigt.
Seine Auffassungen wusste er intensiv zu vertreten.	Er besaß ein übersteigertes Selbstbewusstsein.
Sie zeichnete sich insbesondere dadurch aus, dass sie viele Verbesserungsvorschläge zur Arbeitserleichterung machte.	Die Vorschläge waren aber nicht erfolgreich, denn von einer Umsetzung ist hier nicht die Rede.
Er setzte sich im Rahmen seiner Fähigkeiten ein.	Seine Fähigkeiten waren sehr begrenzt.

Phrase	Bedeutung
Sie verfügte über Fachwissen und ein gesundes Selbstvertrauen.	Sie überspielte geringes Fachwissen mit einer großen Klappe.
Wir bestätigen gerne, dass er mit Fleiß, Ehrlichkeit und Pünktlichkeit an seine Aufgaben herangegangen ist.	Ihm fehlte die fachliche Qualifikation.
Vorgesetzten und Mitarbeitern gegenüber war sie durch seine aufrichtige und anständige Gesinnung eine angenehme Mitarbeiterin.	Ihr mangelte es an Tüchtigkeit.
Er hat an allen ihm gestellten Aufgaben mit großem Fleiß gearbeitet.	Leider hatte er dabei nie Erfolg.
Die ihr gemäßen Aufgaben ...	Die anspruchslosen Aufgaben ...
Im Kollegenkreis galt er als toleranter Mitarbeiter.	Gegenüber den Vorgesetzten war er dies nicht.
Wir lernten sie als umgängliche Kollegin kennen.	Viele sahen sie lieber gehen als kommen.
Aufgrund seiner anpassungsfähigen und freundlichen Art war er im Betrieb sehr beliebt.	Er hatte Alkoholprobleme während der Arbeitszeit.
Neue Aufgaben betrachtete sie als Herausforderung, der sie sich mutig stellte.	Sie hatte aber keinen Erfolg.
Er hatte Gelegenheit, sich das notwendige Fachwissen anzueignen.	Er nutze die Gelegenheit jedoch nicht.
Bei unseren Kunden war sie schnell beliebt.	Sie machte schnell Zugeständnisse.
Bei allen auftretenden Problemen war er stets kompromissbereit.	Er war besonders nachgiebig.
Unsere besten Wünsche begleiten sie / Wir wünschen ihr für die Zukunft alles nur erdenklich Gute / Wir wünschen ihr alles Gute, vor allem Gesundheit.	Die Gegenwart und Vergangenheit waren offenbar nicht von Erfolg bestimmt.
Wir wünschen ihm für den weiteren Weg in einem anderen Unternehmen viel Erfolg.	Möge er dort den Erfolg haben, der ihm hier versagt geblieben ist.
Wir wünschen ihm auf seinem künftigen Lebensweg viel Erfolg.	Er hatte bisher wenig Erfolg.

3 Worauf müssen beide Seiten achten?

3.1 Welche gesetzlichen Regelungen gibt es zur Erstellung eines Zeugnisses?

Vom Gesetzgeber wurden folgende Regelungen aufgestellt:
- Ein Mitarbeiter hat Anspruch auf ein schriftliches Zeugnis bei Beendigung eines Anstellungsverhältnisses.
- Mindestinhalt des Zeugnisses sind Angaben zu Art und Dauer der Tätigkeit, d. h. die Dauer des rechtlichen Bestandes des Anstellungsverhältnisses (vgl. LAG Köln, Urteil v. 4.3.2008, 3 Sa 1419/08, BeckRS 2009 58804, einfaches Zeugnis).
- Auf Verlangen des Mitarbeiters muss das einfache Zeugnis um Angaben zur Leistung und zum Verhalten ergänzt werden (qualifiziertes Zeugnis).
- Das Zeugnis muss klar und verständlich formuliert sein.
- Das Zeugnis darf keine Merkmale oder Formulierungen enthalten, die den Zweck haben, eine andere als aus der äußeren Form oder aus dem Wortlaut ersichtliche Aussage über den Mitarbeiter zu treffen.
- Ein Zeugnis darf nicht in elektronischer Form erteilt werden.

Die Rechtsgrundlagen für den Zeugnisanspruch des ausscheidenden Mitarbeiters sind in § 630 BGB, § 109 GewO (für Auszubildende: § 16 BBiG) sowie in ggf. einschlägigen tariflichen Bestimmungen enthalten.

3.2 Welche Zeugnisarten gibt es und wann muss es erteilt werden?

Wir müssen hinsichtlich Umfang und Inhalt grundsätzlich zwischen einem einfachen und einem qualifizierten Zeugnis unterscheiden.
- Das einfache Zeugnis muss mindestens Angaben zu Art und Dauer der Tätigkeit enthalten. Aussagen zur Leistung und zur Führung werden im einfachen Zeugnis nicht getroffen.
- Das qualifizierte Zeugnis enthält neben den Angaben zur Art und Dauer der Tätigkeit auch Ausführungen zur Leistung und zum Verhalten/zur Führung des Mitarbeiters über die gesamte Dauer des Anstellungsverhältnisses.

Im Hinblick auf den Erstellungszeitpunkt wird jedoch noch einmal unterschieden, und zwar zwischen einem

- Zwischenzeugnis,
- vorläufigen Zeugnis und
- dem eigentlichen Endzeugnis.

Das einfache bzw. das qualifizierte Zeugnis kann jeweils als Zwischenzeugnis, vorläufiges Zeugnis oder Endzeugnis ausgestellt werden.

Der Mitarbeiter kann sich entscheiden

Der Mitarbeiter hat ein Wahlrecht, ob er ein einfaches oder ein qualifiziertes Zeugnis wünscht. Wurde dem Mitarbeiter ohne seinen ausdrücklichen Wunsch ein qualifiziertes Zeugnis ausgestellt, kann er es zurückweisen und ein einfaches Zeugnis verlangen.

Umstritten ist, ob ein Wechsel der Zeugnisart möglich ist. Dies betrifft Fälle, in denen der Mitarbeiter zunächst nur ein einfaches Zeugnis verlangt, zu einem späteren Zeitpunkt aber ein qualifiziertes Zeugnis erstellt haben möchte, sowie auch den entgegengesetzten Fall. Experten meinen, dass unter dem Gesichtspunkt der nachwirkenden Fürsorgepflicht des Arbeitgebers keine Bedenken gegen die Erteilung eines Zweitzeugnisses bestehen, wenn dies der beruflichen Entwicklung des Mitarbeiters dient. Von manchen wird aber auch die Auffassung vertreten, dass der Mitarbeiter nicht nachträglich ein einfaches Zeugnis verlangen kann, wenn ihm zunächst auf seinen Wunsch ein qualifiziertes Zeugnis erteilt wurde.

Wann gibt es das Zwischenzeugnis?

Das Zwischenzeugnis wird während des Bestehens des Anstellungsverhältnisses erteilt. Inhaltlich entspricht das Zwischenzeugnis dem Endzeugnis und kann als einfaches oder qualifiziertes Zeugnis ausgestellt werden. Ein Zwischenzeugnis ist auf Wunsch des Mitarbeiters dann zu erteilen, wenn ein berechtigtes Interesse vorliegt. Dieses berechtigte Interesse wurde bisher bei folgenden Gründen anerkannt:

- vom Arbeitgeber in Aussicht gestellte Kündigung
- eigener Stellenwechsel
- Änderungen im Arbeitsbereich wie Versetzung oder Wechsel des Vorgesetzten
- Insolvenz
- Bewerbungen
- Fort- und Weiterbildung
- längere Arbeitsunterbrechung infolge Erziehungsurlaub, Wehr- oder Zivildienst

- Vorlage bei Gerichten, Behörden
- für Kreditanträge
- bei einem Betriebsübergang gemäß § 613 a BGB

Wann gibt es das vorläufige Zeugnis?

Das vorläufige Zeugnis ist eigentlich ein Endzeugnis, das wegen der noch bevorstehenden Beendigung des Anstellungsverhältnisses ausdrücklich als »vorläufiges Zeugnis« erteilt wird und dem Mitarbeiter bereits während der Kündigungsfrist ermöglicht sich zu bewerben. Bei Beendigung des Anstellungsverhältnisses wird das vorläufige Zeugnis dann gegen das Endzeugnis ausgetauscht.

Wann gibt es das Endzeugnis?

Das Endzeugnis wird bei Beendigung des Anstellungsverhältnisses erteilt. Ein Mitarbeiter hat spätestens bei Ablauf der Kündigungsfrist Anspruch auf ein Endzeugnis. So legt es das Bundesarbeitsgericht fest. Dies gilt auch dann, wenn Kündigungsschutzklage erhoben wurde und die Beendigung des Anstellungsverhältnisses damit bei Ablauf der Kündigungsfrist rechtlich noch ungeklärt ist (vgl. BAG, Urteil v. 27.2.1987, 5 AZR 710/85, DB 1987, 1845).

Der Anspruch des Mitarbeiters auf ein Endzeugnis entsteht bereits in dem Moment, in dem die Kündigung formuliert bzw. der Aufhebungsvertrag unterzeichnet wird. Bei befristeten Anstellungsverhältnissen, für deren Beendigung es keiner Kündigung bedarf, entsteht der Anspruch auf Erteilung eines Zeugnisses ab dem Zeitpunkt, welcher der gesetzlichen Kündigungsfrist gemäß § 622 BGB entsprechen würde.

Nach der Rechtsprechung sind Arbeitgeber gehalten, innerhalb von 2 bis 3 Wochen nach Beendigung des Anstellungsverhältnisses ein Endzeugnis auszustellen, um mögliche Schadensersatzansprüche der ausgeschiedenen Mitarbeiter zu vermeiden (vgl. LAG Schleswig-Holstein, Urteil v. 1.4.2009, 1 Sa 370/08, AuA 2009, 485) Wird dieser Zeitraum überschritten und bleibt allein wegen der Nichtvorlage des Zeugnisses ein Bewerbungsgespräch des Mitarbeiters erfolglos, so kommt grundsätzlich ein Schadensersatzanspruch des Mitarbeiters gegen den alten Arbeitgeber in Betracht, wenn der Mitarbeiter vorher die Erteilung des Endzeugnisses (vergeblich) angemahnt hatte.

Nach einer Kündigung und während des Laufs des Kündigungsschutzprozesses hat der Mitarbeiter aber ein Wahlrecht, ob er ein End- oder ein Zwischenzeugnis beansprucht. Hat er sich einmal für ein Endzeugnis entschieden, kann er dann nicht noch zusätzlich ein Zwischenzeugnis fordern (vgl. LAG Hamm, Urteil v. 13.2.2007, 19 Sa 1589/06, NZA 2007, 486).

Kann man vorzeitig ein Endzeugnis verlangen?

Ein Mitarbeiter, der gekündigt hat und sich umgehend nach einer neuen Stelle umsehen will, benötigt ein Endzeugnis für Bewerbungen. Eigentlich hat er aber erst bei Beendigung des Anstellungsverhältnisses Anspruch darauf. Was ist in diesem Fall zu tun?

Das sagen Experten: Der Anspruch des Mitarbeiters ist bereits bei Ausspruch einer Kündigung bzw. dem Abschluss eines Aufhebungsvertrages zu bejahen. Bei befristeten Anstellungsverhältnissen, für deren Beendigung es einer Kündigung nicht bedarf, entsteht der Anspruch auf Erteilung eines Zeugnisses ab dem Zeitpunkt, welcher der gesetzlichen Kündigungsfrist gemäß § 622 BGB entsprechen würde.

3.3   Ist ein Zwischenzeugnis bindend?

Vom Zwischenzeugnis bis zum Endzeugnis vergeht einige Zeit. Kann der Arbeitgeber im Endzeugnis andere Bewertungen vornehmen als im Zwischenzeugnis? Mit der Ausstellung eines Zwischenzeugnisses entsteht für den Arbeitgeber hinsichtlich des beurteilten Zeitraumes des Anstellungsverhältnisses eine gewisse Bindungswirkung. Der Arbeitgeber kann bei gleicher Beurteilungslage also nicht seine im Zwischenzeugnis zum Ausdruck gekommenen Bewertungen im Schlusszeugnis ändern (vgl. BAG, Urteil v. 16.10.2007, 9 AZR 248/07, NZA 2008, 298). Was bedeutet aber gleiche Beurteilungslage?

> **!   Das sagt die Rechtsprechung**
>
> Bei einem fünfjährigen Anstellungsverhältnis geht die Rechtsprechung davon aus, dass die Beurteilungslage gleich geblieben ist, wenn das Schlusszeugnis nur zehn Monate nach dem Zwischenzeugnis verfasst wurde (vgl. LAG Köln, Urteil v. 22.8.1997, 11 Sa 235/97, NZA 1999, 771).

Welche Änderungen sind möglich?

Handelt es sich bei den Änderungen durch den Arbeitgeber in Wahrheit um Abweichungen in der Bewertung (z.B. nur »volle Zufriedenheit« statt »vollste Zufriedenheit«), kann er dazu verurteilt werden, in das Schlusszeugnis die Formulierungen des Zwischenzeugnisses zu übernehmen.

Der Arbeitgeber kann sich auch nicht darauf berufen, dass der Autor des Zwischenzeugnisses für das Schlusszeugnis nicht mehr zur Verfügung stand, sofern der Autor des Zwischenzeugnisses im Rahmen seiner Befugnisse gehandelt hatte und den Arbeitgeber auch wirksam vertreten konnte.

Andererseits muss ein Mitarbeiter ein Endzeugnis, das auf einem Zwischenzeugnis beruht und nicht den gesetzlichen Anforderungen entspricht, nicht deshalb akzeptieren, weil er das in gleicher Weise mangelhafte Zwischenzeugnis nicht beanstandet hat (vgl. BAG Urteil v. 26.6.2001, 9 AZR 392/00, NZA 2002, 34).

3.4 Können Sie auch bei kurzfristiger Tätigkeit ein Zeugnis verlangen?

Auch in diesem Fall kann ein Zeugnis verlangt werden. Die gesetzlichen Regelungen in §630 BGB, §109 GewO differenzieren nicht nach der Dauer des Anstellungsverhältnisses. Der Mitarbeiter kann bei kurzer Beschäftigungsdauer sogar ein qualifiziertes Zeugnis verlangen. Allerdings sind nur die wesentlichen Tätigkeiten des Mitarbeiters im Zeugnis aufzuführen; der Mitarbeiter hat keinen Anspruch auf eine ausführliche Tätigkeitsbeschreibung mit unwesentlichen Tätigkeitsmerkmalen (vgl. Arbeitsgericht Frankfurt a.M., Urteil v. 8.8.2001, 7 Ca 8000/00, NZA-RR 2002, 182).

Es ist nicht zulässig, ein Zeugnis allein über die Leistung oder allein über die Führung auszustellen (vgl. LAG Köln, Urteil v. 30.3.2001, 4 Sa 1485/00, BB 2001, 1959). Auch bei nur kurzzeitiger Beschäftigung muss deshalb der Arbeitgeber auf Verlangen des Mitarbeiters eine Bewertung nach Leistung und Führung im qualifizierten Zeugnis aufnehmen. Das ist natürlich nicht ganz unproblematisch: Führung und Leistung können in der Regel erst nach einer gewissen Beobachtungszeit beurteilt werden.

Was tun, wenn die Beurteilung schwerfällt?
Je nach den Umständen des Falles sollte der Arbeitgeber zum Ausdruck bringen, dass er wegen der kurzen Beschäftigungszeit von einer Führungs- und Leistungsbeurteilung absehen müsse oder, dass er keine negativen Anmerkungen zum Führungs- und Leistungsverhalten zu machen habe.

3.5 Exkurs: Auslandseinsatz – Was ist bei Zeugnissen zu beachten?

Ein gesteigertes Engagement der deutschen Unternehmen im Ausland führt immer häufiger zu Auslandseinsätzen von deutschen Mitarbeitern. Ausland ist dabei nicht gleich Ausland – ob der Einsatz z.B. im europäischen Ausland erfolgt oder in Asien, ob es sich um einen langen oder nur einen kurzen Einsatz handelt, hat Einfluss auf die Beurteilung und den Inhalt des Zeugnisses. Ein wichtiger Punkt ist auch die Frage, wer zur Ausstellung des Zeugnisses (meist wird es sich um ein Zwischenzeugnis über den Auslandseinsatz handeln) verpflichtet ist.

Hier kommt es darauf an, zu wem das Arbeitsverhältnis bestand, in dessen Rahmen der Auslandseinsatz durchgeführt wurde. Für den Auslandseinsatz kann man dabei folgende drei Hauptformen unterscheiden:
1. Das Entsendungsmodell, bei dem im Rahmen eines bestehenden Anstellungsverhältnisses mit dem deutschen Arbeitgeber eine Zusatzvereinbarung über den Auslandseinsatz getroffen wird;
2. Das Versetzungsmodell, bei dem das Anstellungsverhältnis mit dem deutschen Arbeitgeber ruht und ein befristeter Anstellungsvertrag mit einem ausländischen Unternehmen abgeschlossen wird;
3. Das Übertrittsmodell, bei dem das Anstellungsverhältnis mit dem deutschen Arbeitgeber aufgelöst wird und nur noch der Anstellungsvertrag mit dem ausländischen Unternehmen existiert.

Gilt deutsches oder ausländisches Recht?

Beim *Entsendungsmodell* (s. o.) ist der deutsche Arbeitgeber zur Ausstellung des (Zwischen-)Zeugnisses über den Auslandseinsatz nach deutschem Recht verpflichtet.

Beim *Versetzungsmodell* (s. o.) und beim *Übertrittsmodell* (s. o.) ist der Arbeitgeber für den Auslandseinsatz das ausländische Unternehmen, welches das Zeugnis ausstellen muss. Hier spielt das auf das Anstellungsverhältnis anzuwendende Recht eine maßgebliche Rolle: Findet deutsches Recht Anwendung, so muss das Zeugnis entsprechend den deutschen Anforderungen erstellt werden. Kommt ausländisches Recht zur Anwendung, dann kann ein Zeugnis – soweit die jeweilige Rechtsordnung dies überhaupt vorsieht – nur nach den jeweiligen nationalen Regelungen verlangt werden.

Italien, Spanien, Großbritannien, USA

So gibt es z. B. in Italien, Spanien, Großbritannien sowie USA keinen allgemeinen gesetzlichen Anspruch auf ein Zeugnis wie im deutschen Recht, und es hat sich in diesen Ländern auch keine entsprechende allgemeinverbindliche Praxis für die Zeugniserstellung etabliert. Hier werden Zeugnisse oder Referenzen auf Wunsch des Mitarbeiters dann oft vom direkten Vorgesetzten im eigenen Namen sowie mit sehr persönlichem Charakter erstellt, und man gibt bereitwillig auf Nachfrage des potentiellen neuen Arbeitgebers auch weitere Auskünfte über den Mitarbeiter.

Telefonischer Kontakt
In diesen Ländern nehmen generell die potentiellen neuen Arbeitgeber bei Bewerbungen häufiger den telefonischen Kontakt zum früheren Arbeitgeber auf, um sich Informationen über den Bewerber zu verschaffen.

Großbritannien
In Großbritannien gibt es für Unternehmen des Finanzsektors eine Regelung im Financial Services Authority's Supervision Source Book (SUP, §10.13.12, beruhend auf dem Financial Services and Markets Act 2002), nach der diese Unternehmen unter bestimmten Umständen verpflichtet sind, untereinander auf Anforderung bestimmte Informationen über Mitarbeiter mitzuteilen.

USA
In den USA gibt es im Bundesrecht keine allgemeine Rechtspflicht, einem ausgeschiedenen Mitarbeiter ein Zeugnis auszustellen. In einzelnen Bundesländern existieren unterschiedliche Regelungen zu so genannten »service letters«; hier kann der Mitarbeiter von seinem früheren Arbeitgeber eine schriftliche Bestätigung zu bestimmten Punkten seines früheren Anstellungsverhältnisses verlangen. Generell haben die Arbeitgeber in den USA einen breiten Gestaltungsspielraum für die Erstellung von Zeugnissen. Aufgrund des Risikos einer möglichen Haftung gegenüber dem Mitarbeiter wegen Defamierung beschränken sich jedoch die Arbeitgeber meist auf wenige Informationen zur bisherigen Beschäftigung des Mitarbeiters.

Inhalte eines Zeugnisses in den USA
Allgemein beinhalten Zeugnisse in den USA Informationen zu folgenden Punkten:
- die Beschäftigungszeit und die Ausbildung des Mitarbeiters
- die Einschätzung der Persönlichkeit und des Charakters des Mitarbeiters
- die Einschätzung der Fähigkeiten und Fertigkeiten des Mitarbeiters
- eine Aussage dazu, ob der Arbeitgeber den Mitarbeiter wieder einstellen oder weiterbeschäftigen würde

Antidiskriminierung
Soweit ein Arbeitgeber eine Richtlinie für die Ausstellung von Zeugnissen für sein Unternehmen aufstellt, muss diese Richtlinie die Gleichbehandlung nach Rasse, Hautfarbe, Religion, Geschlecht oder nationaler Herkunft gewährleisten (vgl. §703 Civil Rights Act of 1964, 42 U.S.C. 2000e-«(a)(1)(1988)). Bei diskriminierender oder ungleicher Behandlung von Mitarbeitern setzt sich der Arbeitgeber einer Haftung gegenüber dem betroffenem Mitarbeiter aus.

Frankreich

Dagegen gibt es in Frankreich ähnlich wie in Deutschland auch gesetzlich geregelte Pflichten des Arbeitgebers für die Erstellung eines Arbeitszeugnisses. Nach Art. L 122-16 des französischen Arbeitsgesetzes ist der Arbeitgeber bei Beendigung des Anstellungsverhältnisses verpflichtet, dem Arbeitnehmer ein Arbeitszeugnis auszuhändigen. Der Grund für die Kündigung des Anstellungsverhältnisses spielt hierbei keine Rolle. Der neue Arbeitgeber kann die Vorlage des Arbeitszeugnisses verlangen, insbesondere um sicherzustellen, dass der Mitarbeiter verfügbar ist.

Was auf jeden Fall enthalten sein muss

Folgende Angaben sind für ein französisches Zeugnis zwingend:

- Name, Adresse und Firma des Arbeitgebers
- Name und Vorname des Mitarbeiters
- Tag der Einstellung des Mitarbeiters (einschließlich Probezeit, Beginn der Lehre/Ausbildung und der rechtlichen Änderungen, die möglicherweise innerhalb des Unternehmens eingetreten sind)
- Austrittsdatum (letzter Tag der Kündigungsfrist, ungeachtet dessen, ob diese erfüllt wird oder nicht)
- Art der ausgeübten Tätigkeit (d.h., die genaue Beschreibung der Pflichten des Mitarbeiters, sofern eine solche Beschreibung für die Definition der Beschäftigung erforderlich ist)

Freiwillige Angaben

Alle weiteren Angaben sind freiwillig. Allerdings müssen im Falle weiterer Angaben folgende, von der Rechtsprechung festgelegte, Kriterien beachtet werden:

- Die Angaben dürfen nicht diskriminierend oder dazu geeignet sein, dem Mitarbeiter zu schaden.
- Ein Wettbewerbsverbot darf ohne die Zustimmung des Mitarbeiters nicht im Arbeitszeugnis aufgeführt sein.

Holschuld

Das Arbeitszeugnis ist wie in Deutschland eine Holschuld und keine Bringschuld, d.h. der Arbeitgeber muss das Zeugnis für den Mitarbeiter bereithalten. In der Praxis wird das Zeugnis dem Mitarbeiter häufig zusammen mit den übrigen Dokumenten (Ausgleichsquittung, letzte Gehaltsabrechnung, Bescheinigung für die französische Arbeitslosenversicherung ASSEDIC etc.) zugeschickt, wenn der Mitarbeiter das Unternehmen bereits verlassen hat.

Zeugnisanspruch

Zur Durchsetzung des Zeugnisanspruchs kann der in Frankreich existierende paritätische Schiedsausschuss für arbeitsrechtliche Einzelstreitigkeiten – wie auch die Schlichtungsstelle im Rahmen ihrer richterlichen Befugnisse – als zuständige Stelle den Erlass einstweiliger Verfügungen unter Androhung eines Zwangsgeldes zur Aushändigung des Arbeitszeugnisses anordnen.

Schadensersatz
Der Arbeitgeber kann zur Leistung von Schadensersatz und Zinsen an den Mitarbeiter verpflichtet sein, wenn das Arbeitszeugnis nicht den gesetzlichen Bestimmungen entspricht und dem Mitarbeiter in diesem Zusammenhang ein Schaden entstanden ist. (Cass. soc., 7. Dezember 1957, Bull. civ. IV, S.843). Dieser Schaden beschränkt sich für den Mitarbeiter nicht auf die Schwierigkeiten, denen er bei der Suche nach einer neuen Beschäftigung eventuell begegnet.

Nach Art. R. 152-1 des französischen Arbeitsgesetzes wird eine Verletzung des Art. L 122-16 des französischen Arbeitsgesetzes mit einer Geldstrafe vierter Klasse, d.h. 750 Euro, geahndet.

In welcher Sprache wird das Zeugnis ausgestellt?
Hinsichtlich der Sprache kann man von einem ausländischen Arbeitgeber generell nur ein in der jeweiligen nationalen Sprache abgefasstes Zeugnis erwarten; erfolgt die allgemeine Kommunikation im Unternehmen auf Englisch, dann wird in der Regel das Zeugnis auch in dieser Kommunikationssprache abgefasst.

Nationale Gepflogenheiten akzeptieren
Unabhängig von der Frage, ob deutsches Recht auf ein Anstellungsverhältnis mit einem ausländischen Unternehmen Anwendung findet oder nicht – es dürfte schwer fallen, einem ausländischen Arbeitgeber die Grundsätze und Formulierungen des deutschen Zeugnisrechts nahezubringen; noch dazu, wenn die ausländische Sprache keine entsprechend adäquaten Formulierungen zur deutschen Zeugnissprache kennt. Hier sollten deshalb die jeweiligen nationalen Gepflogenheiten akzeptiert werden.

3.6 Kann der Arbeitgeber ein Zeugnis zurückbehalten?

Der Arbeitgeber hat kein Recht, wegen etwaiger Gegenansprüche aus dem Anstellungsverhältnis (z.B. Rückzahlung von Fortbildungskosten) das Zeugnis zurückzuhalten. Hier steht der durch die Zurückbehaltung des Zeugnisses möglicherweise beim Mitarbeiter verursachte Schaden nicht im Verhältnis zu den Ansprüchen des Arbeitgebers.

3.7   Welche Form muss das Zeugnis haben?

Ein Zeugnis soll der beruflichen Karriere dienen. Form und Inhalt des Zeugnisses werden von diesem Zweck bestimmt. Ein Zeugnis muss sowohl hinsichtlich der äußeren Form als auch Wortwahl den im Geschäftsverkehr üblichen und von Dritten erwarteten Gepflogenheiten entsprechen. Ein Zeugnis muss schriftlich ausgestellt werden.

! **Das sagt der Gesetzgeber**

Ein Zeugnis kann nicht in elektronischer Form ausgestellt werden. Dies wird nach den gesetzlichen Regelungen in §630 BGB, §109 GewO ausdrücklich ausgeschlossen.

Welche sprachlichen Standards sind einzuhalten?

Die Zeugnissprache ist deutsch. Das Zeugnis muss klar und verständlich formuliert sein und darf keine Merkmale oder Formulierungen enthalten, die den Zweck haben, eine andere als aus der äußeren Form oder aus dem Wortlaut ersichtliche Aussage über den Mitarbeiter zu treffen (vgl. §109 Abs. 2 GewO). Ein Zeugnis muss immer maschinenschriftlich bzw. mit dem PC und auf dem für die Geschäftskorrespondenz üblichen Geschäftspapier erstellt sein (vgl. BAG, Urteil v. 3.3.1993, 5 AZR 182/92, DB 1993, 1624).

- Verwendet der Arbeitgeber einen weißen Bogen für das Zeugnis, so sind die volle Firmenbezeichnung, Rechtsform und die derzeitige Anschrift anzuführen.
- Wird Geschäftspapier verwendet, darf das Anschriftenfeld nicht ausgefüllt werden.
- Äußere Mängel des Zeugnisses wie Flecken, Durchstreichungen, Textverbesserungen u. Ä. können vom Mitarbeiter zurückgewiesen werden.
- Schreibfehler müssen berichtigt werden, denn im Zeitalter des mit einer Rechtschreibkontrolle ausgestatteten PC besteht auch ein Anspruch auf ein von Schreibfehlern freies Zeugnis (vgl. LAG Hessen, Urteil v. 21.10.2013, 12 Ta 375/14, BeckRS 2015, 70674).
- Unzulässig sind Ausrufungs- oder Fragezeichen, Smileys, Gänsefüßchen, Unterstreichungen oder teilweise Hervorhebungen durch Fettschrift. Kein Anspruch besteht auf ein Zeugnis ohne Silbentrennung am Zeilenende.

Das Bundesarbeitsgericht hat es als unbedenklich und nicht als ein unzulässiges Geheimzeichen angesehen, wenn der Arbeitgeber dem Mitarbeiter das Zeugnis übersendet und es deshalb faltet, um den Zeugnisbogen in einem Briefumschlag üblicher Größe versenden zu können. Voraussetzung ist allerdings, dass das Zeugnis kopierfähig ist, d.h. auf den Ablichtungen dürfen sich die Knicke des Zeugnisbogens nicht durch Schwärzungen abzeichnen (vgl. BAG, Urteil v. 21.9.1999, 9 AZR 893/98, NZA 2000, 257).

3.8   Wie ist mit Persönlichkeitsmerkmalen umzugehen?

Außer dem Namen, Vornamen und akademischem Grad ist auf Verlangen des Mitarbeiters auch das Geburtsdatum bzw. die Anschrift in das Zeugnis aufzunehmen, um eventuelle Verwechslungen bei Namensgleichheit ausschließen zu können. Die Anrede ist »Herr« und »Frau«, es sei denn, die Bezeichnung »Fräulein« wird von der Mitarbeiterin ausdrücklich gewünscht.

3.9   Wie ist das Datum zu handhaben?

Jedes Zeugnis muss ein Ausstellungsdatum tragen, dies ist regelmäßig der Tag der tatsächlichen Erstellung des Zeugnisses.

In der Praxis wird bei der Datumsangabe weitgehend das Datum der Beendigung des Anstellungsverhältnisses eingesetzt, auch wenn das Endzeugnis vor oder nach der rechtlichen Beendigung des Anstellungsverhältnisses ausgestellt wurde. Dies ist ein Ausfluss des Grundsatzes der wohlwollenden Zeugniserstellung, da ein Ausstellungsdatum, das der rechtlichen Beendigung des Anstellungsverhältnisses nicht entspricht, zu nicht gerechtfertigten negativen Schlussfolgerungen führen kann. Bei einer nachträglichen Änderung (etwa aufgrund eines gerichtlichen Zeugnisstreites) erhält das berichtigte Zeugnis wieder das Datum des ursprünglichen Zeugnisses (vgl. BAG Urteil v. 9.9.1992, 5 AZR 509/91, NZA 1993, 698).

Wenn der Arbeitgeber die Ausstellung des Endzeugnisses über längere Zeit hinaus ungerechtfertigt verzögert, darf er das verspätete Ausstellungsdatum ebenfalls nicht angeben. Auch in solchen Fällen ist das Datum der Beendigung des Anstellungsverhältnisses zu verwenden.

3.10   Wie wird unterschrieben?

Es genügen weder ein Faksimile noch eine kopierte Unterschrift, so dass eine Zeugniserteilung per E-Mail oder per Telefax oder durch eine Kopie nicht zulässig ist. Auch eine Paraphe (Namenszeichen) als Unterschrift reicht unter einem Zeugnis nicht aus.

Das sagt die Rechtsprechung   **!**

Die gesetzlich vorgeschriebene Schriftform für die Zeugnisausstellung verlangt den eigenhändig geschriebenen Namen des Unterzeichners unter seiner Erklärung (§ 109 Abs. 1 GewO iVm § 126 Abs. 1 BGB). Die Unterschrift muss in der Weise erfolgen, wie der Unterzeichner auch sonst wichtige betriebliche Dokumente unterzeichnet (vgl. LAG Hamm, Beschluss v. 27.7.2016, 4 Ta 118/16, NZA-RR 2016, 570f.).

Eine (unüblich) überdimensionierte, im Wesentlichen aus bloßen Auf- und Abwärtslinien bestehende Unterschrift ist nicht ordnungsgemäß, wenn dadurch der Verdacht aufkommen kann, der Arbeitgeber wolle sich von dem Zeugnisinhalt distanzieren (vgl. LAG Nürnberg, Beschluss v. 29.7.2005, 4 Ta 153/05, n. v.). Auch eine quer zum Zeugnistext verlaufende Unterschrift begründet regelmäßig Zweifel an deren Ernsthaftigkeit und verstößt damit gegen § 109 Abs. 2 GewO. Da die bloße Unterschrift häufig nicht entziffert werden kann und das Zeugnis nicht anonym ausgestellt werden soll, bedarf die Unterschrift des Ausstellers zusätzlich der maschinenschriftlichen/gedruckten Namensangabe unter dem Zeugnistext. Neben der Unterschrift sind auch Ort und Datum der Zeugnisausstellung anzugeben.

Genügt die Unterzeichnung nicht den gesetzlichen Anforderungen, ist das Zeugnis formal unvollständig. Die entsprechende Ergänzung des Zeugnisses, d.h. die zutreffende Unterzeichnung durch den Aussteller, ist im Vollstreckungsverfahren durchzusetzen, denn die Ausstellung eines nicht ordnungsgemäßen Zeugnisses ist einer Nichterfüllung des Zeugnisanspruches gleichzusetzen (vgl. LAG Hamm, Urteil v. 28.3.2000, 4 Sa 1588/99, NZA 2001, 576).

3.11 Dürfen auch andere das Zeugnis ausstellen?

Der Arbeitgeber ist nicht verpflichtet, das Zeugnis selbst oder durch sein gesetzliches Vertretungsorgan zu fertigen und unterzeichnen zu lassen. Hier genügt die Unterzeichnung durch einen unternehmensangehörigen Vertreter des Arbeitgebers, der die Verantwortung für die fachliche Beurteilung übernehmen kann (vgl. BAG Urteil v. 4.10.2005, 9 AZR 507/04, n. v.), die Zeugniserteilung durch einen Außenstehenden (z.B. Rechtsanwalt) ist unzulässig. Im Zeugnis ist deutlich zu machen, dass dieser Vertreter dem Mitarbeiter gegenüber weisungsbefugt bzw. übergeordnet war (vgl. BAG Urteil v. 26.6.2001, 9 AZR 392/00, NZA 2002, 34).

Dabei sind auch das Vertretungsverhältnis und die Funktion des Unterzeichners anzugeben (vgl. LAG Hessen, Beschluss v. 30.11.2014, BeckRS 2015, 70610). Der Grund: Erstens lässt sich an der Person und dem Rang des Unterzeichnenden die Wertschätzung des Mitarbeiters ablesen. Zweitens zeugt ein kompetenter Aussteller für die Richtigkeit der im Zeugnis getroffenen Aussagen. Seinen Zweck als Bewerbungsunterlage kann das Zeugnis nur erfüllen, wenn es von einem »erkennbar Ranghöheren« ausgestellt ist. Das Vertretungsverhältnis kann mit dem Zusatz ppa. oder i. V. kenntlich gemacht werden.

Achten Sie auf den Rang!
Es genügt nicht, wenn das Arbeitszeugnis eines Mitarbeiters, der Gesamtprokurist und direkt der Geschäftsleitung unterstellt war, lediglich von einem Mitglied der Geschäftsleitung unterzeichnet wird. Die Position des Ausstellers als Mitglied der Geschäftsleitung ist im Zeugnis zusätzlich ausdrücklich zu nennen. Bei leitenden Angestellten wird in der Regel das Zeugnis von einem Mitglied des gesetzlichen Vertretungsorgans unterzeichnet.

Hat der Arbeitgeber den Zeugnisanspruch des Mitarbeiters nicht ordnungsgemäß erfüllt und haben sich die gesetzlichen Vertretungsverhältnisse des Arbeitgebers in der Zwischenzeit geändert, bleibt es dennoch grundsätzlich bei der Verpflichtung des Arbeitgebers, die früheren Vertretungsverhältnisse in das Zeugnis aufzunehmen.

Beispiel: Geschäftsführung oder Geschäftsleitung?   **!**
Oft sind Führungskräfte nicht der Geschäftsführung, sondern der »Geschäftsleitung« unterstellt. Üblicherweise setzt sich die Geschäftsführung ausschließlich aus den gesetzlichen Vertretern des Arbeitgebers zusammen (bei der GmbH: die Geschäftsführer, bei der AG: die Vorstände). Unter dem Begriff der »Geschäftsleitung« wird üblicherweise ein größerer Personenkreis erfasst, der verantwortliche Entscheidungen im Unternehmen treffen kann. Besteht eine Unterstellung unter die Geschäftsleitung, hat der betreffende Mitarbeiter keinen Anspruch darauf, dass ein Mitglied der Geschäftsführung, d.h. ein vertretungsberechtigtes Organ, das Zeugnis unterschreibt.

Unzulässig ist es, das Arbeitszeugnis durch einen nicht im Unternehmen des Arbeitgebers angestellten Vertreter ausstellen zu lassen (z.B. durch einen Rechtsanwalt).

3.12   Wie muss ein qualifiziertes Arbeitszeugnis aufgebaut sein?

Die folgende Tabelle zeigt, welche Elemente ein qualifiziertes Zeugnis in der Regel enthalten muss (vgl. LAG Hamm, Urteil v. 1.12.1994, 4 Sa 1631/94, LAGE Nr. 28 zu §630 BGB):

Bestandteile eines qualifizierten Arbeitszeugnisses	ja	nein
Firmenbogen mit Firmenbriefkopf und Angaben zum Arbeitgeber		
Überschrift (Schlusszeugnis, Zwischenzeugnis, vorläufiges Zeugnis, Ausbildungszeugnis)		
Eingangsformel: Personalien des Mitarbeiters, akademische Titel		
Dauer des Anstellungsverhältnisses: Vordienst- und Ausbildungszeiten, Beschäftigungsunterbrechungen		
Aufgabenbeschreibung: Art der Tätigkeit, hierarchische Position, berufliche Entwicklung im Unternehmen		
Leistungsbeurteilung: Können, Wollen, Ausdauer, Einsatz, Erfolg, Potential		
Herausragende Erfolge oder Ergebnisse: auch Patente oder Verbesserungsvorschläge		
Zusammenfassende Leistungsbeurteilung: Zufriedenheitsaussage		
Führungsleistung (bei Vorgesetzten): Motivation, Abteilungsleitung, Arbeitsklima		
Verhaltensbeurteilung: Vertrauenswürdigkeit, Verantwortungsbereitschaft		
Sozialverhalten: Verhalten zu Vorgesetzten, Gleichgestellten, Mitarbeitern, Dritten (Kunden sollten hier zuerst genannt werden, danach weitere Geschäftspartner)		
Beendigungsmodalität bei Schlusszeugnis		
Zeugniserteilungsgrund bei Zwischenzeugnis		
Schlussformel (bei Schlusszeugnis): Dank, Bedauern, Zukunftswünsche		
Aussteller: Ort, Datum, Name des Ausstellers in maschinenlesbarer Form, Vertretungszusatz, Original-Unterschrift		

3.13   Wie bewerten Sie (sich)?

Mit der Bewertung sind wir an einem wichtigen Knackpunkt eines qualifizierten Arbeitszeugnisses angelangt. Um überprüfbar – also systematisch und immer aufgrund der gleichen Basis – zu urteilen, orientiert sich die Rechtsprechung an folgenden drei Kriterien und sechs Hauptmerkmalen. Inhaltlich muss das qualifizierte Zeugnis eine

- wahrheitsgemäße,
- nach sachlichen Maßstäben ausgerichtete und
- nachprüfbare Gesamtbewertung der Leistung und Führung des Mitarbeiters enthalten (vgl. LAG Düsseldorf, Urteil v. 2.7.1976, 9 Sa 727/76, DB 1976, 2310).

Unter Leistung wird dabei die berufliche Einsatzmöglichkeit des Mitarbeiters verstanden, die folgende sechs Hauptmerkmale einschließt:

- Arbeitsbefähigung (Können)
- Arbeitsbereitschaft (Wollen)
- Arbeitsvermögen (Ausdauer)
- Arbeitsweise (Einsatz)
- Arbeitsergebnis (Erfolg)
- Arbeitserwartung (Potential)

Einzelbeurteilungen und Schlussnote müssen sich decken
Werden die einzelnen Leistungen eines Mitarbeiters im Zeugnis ausnahmslos mit »sehr gut« und die Tätigkeit darüber hinaus als »sehr erfolgreich« bewertet, so ist damit eine Gesamtbeurteilung mit der Formulierung, der Mitarbeiter habe seine Aufgaben »immer zu unserer vollen Zufriedenheit gelöst« (das entspräche der Note 2) unvereinbar. Der bescheinigten sehr guten Leistung in den Einzelbeurteilungen entspricht nur die zusammenfassende Beurteilung »zur vollsten Zufriedenheit« (BAG, Urteil v. 23.9.1992, 5 AZR 573/91, EZA Nr. 16 zu §630 BGB).

Welche Noten können Sie (sich) geben?
In der Praxis und verschiedenen Zeugnishandbüchern wird für die zusammenfassende Schlussnote oft zur Abstufung eine sechsstufige Notenskala (sehr gut, gut, befriedigend, ausreichend, mangelhaft, ungenügend) verwendet. Die Rechtsprechung hat dies um eine Zwischenstufe für »voll befriedigende Leistungen« erweitert und folgende siebenstufige Notenskala vorgeschlagen (vgl. LAG Hamm, Urteil v. 13.2.1992, 4 Sa 1077/91, LAGE Nr. 16 zu §630 BGB):

Notenstufe	Formulierung	Bewertung
	Der Mitarbeiter hat die ihm übertragenen Aufgaben ...	
Note 1	... stets zu unserer vollsten Zufriedenheit erledigt.	sehr gute Leistungen
Note 2	... stets zu unserer vollen Zufriedenheit erledigt.	gute Leistungen
Note 3+	... zu unserer vollen Zufriedenheit erledigt	voll befriedigende Leistungen
Note 3–	... stets zu unserer Zufriedenheit erledigt.	befriedigende, durchschnittliche Leistungen
Note 4	... zu unserer Zufriedenheit erledigt.	ausreichende, unterdurchschnittliche Leistungen
Note 5	... im Großen und Ganzen zu unserer Zufriedenheit erledigt.	mangelhafte Leistungen
Note 6	... zu unserer Zufriedenheit zu erledigen versucht.	unzureichende Leistungen.

! Beispiel: Wann geben Sie »sehr gut«?

Eine Leistungsbewertung mit »sehr gut« erfolgt dann, wenn der Mitarbeiter seine Arbeit ohne jede Beanstandung erbracht hat und darüber hinaus besonders auszeichnende Umstände vorliegen wie z.B. die Entwicklung neuer Ideen oder die schnellere Erledigung der Aufgaben.

Der Mitarbeiter hat einen gesetzlichen Anspruch (§ 630 BGB, § 109 GewO) auf ein leistungsgerechtes Zeugnis, d.h. eine durchschnittliche Bewertung, wenn es keine Beanstandungen seiner Arbeitsleistung gab. Den Arbeitnehmer trifft dann die Darlegungs- und Beweislast, wenn er eine bessere, überdurchschnittliche Bewertung wünscht; den Arbeitgeber dagegen, wenn er eine schlechtere, unterdurchschnittliche Bewertung erteilt (vgl. LAG Köln, Urteil v. 2.7.1999, 11 Sa 255/99, NZA-RR 2000, 235; BAG, Urteil v. 18.11.2014, 9 AZR 584/13, NZA 2015, 435f.). Welche Formulierung die so genannte Mitte darstellt und damit den Durchschnitt angibt, hängt auch von der verwendeten Notenskala ab. Hier ist der Arbeitgeber frei, welches Beurteilungssystem er heranzieht. Eine Abstufung der Bewertungen kann durch das für die Beurteilung besonders wichtige Zeitmoment (»stets«, »immer« oder »jederzeit«) geschehen, mit dem der Arbeitgeber die Beständigkeit der Leistungen charakterisiert.

Wie beurteilen Sie die Führungskompetenz?

Unter »Führung« wird im Zeugnisrecht das Sozialverhalten, die Kooperations- und Kompromissbereitschaft, das Führungsverhalten und der Führungsstil des Mitarbeiters verstanden. Erwartet wird hier ein zusammenfassendes Urteil über die Eigenschaften und das gesamte dienstliche Verhalten des Mitarbeiters; es geht im Kern um das betriebliche Zusammenwirken, sein Verhalten zu Vorgesetzten, gleichgeordneten sowie nachgeordneten Mitarbeitern und auch gegenüber Kunden.

Bei Führungskräften ist die Führungsleistung als Grundelement des qualifizierten Zeugnisses die Qualität der Mitarbeiterführung eines Vorgesetzten. Je nach Führungsebene ist hier eine Reihe von Merkmalen wichtig.

Betriebsklima: Ist die Fluktuationsrate gesunken?

Wichtig ist bei der Beurteilung des Führungsergebnisses, dass das Zeugnis sowohl dazu Stellung nimmt, wie sich die Führung auf die Motivation der Mitarbeiter (Betriebsklima) auswirkt, als auch auf die Leistung der Mitarbeiter (Arbeitsergebnis).

So lässt z. B. die Senkung der Fluktuationsrate oder der Abwesenheitsquote auf ein gutes Betriebsklima schließen. Stets zu beurteilen ist die Durchsetzungskraft der Führungskraft, denn fehlendes Durchsetzungsvermögen ist ein Zeichen von Führungsschwäche (vgl. LAG Hamm, Urteil v. 27.4.2000, 4 Sa 1018/99, BB 2001, 629).

Für die Einordnung von Formulierungen zur Bewertung des Führungsverhaltens hat sich – ähnlich wie bei der Leistungsbeurteilung – eine differenzierende Formulierungspraxis entwickelt. Im Interesse der wohlwollenden Zeugniserteilung werden abgestufte positive Formulierungen mit bewussten Auslassungen als »beredtem« Schweigen kombiniert, um (eindeutige) negative Aussagen zu vermeiden. Die Rechtsprechung hat folgende Abstufung der Beurteilung zum Verhalten gegenüber Vorgesetzten und Kollegen vorgeschlagen (vgl. LAG Hamm, Urteil v. 8.7.1993, 4 Sa 171/93, Quelle: Juris Rechtsdatenbanken):

Notenstufe	Formulierung	Bewertung
	Sein/Ihr Verhalten gegenüber Vorgesetzten, Kollegen etc. …	
Note 1	… war stets vorbildlich.	sehr gute Führung
Note 2	… war vorbildlich.	gute Führung
Note 3+	… war stets einwandfrei/korrekt.	voll befriedigende Führung

Notenstufe	Formulierung	Bewertung
Note 3–	... war einwandfrei/korrekt.	befriedigende Führung
Note 4	... war ohne Tadel.	ausreichende Führung
Note 5	... gab zu keiner Klage Anlass.	mangelhafte Führung
Note 6	... war dergestalt, dass über ihn/ sie uns Nachteiliges nicht bekannt geworden ist.	unzureichende Führung

In der Praxis hat sich eine leicht modifizierte Abstufung der Führungsbewertung herausgebildet. So kann das »stets einwandfrei« auch durchaus als Note 2 interpretiert werden, denn realistisch betrachtet dürfte es in Unternehmen nur wenige Verhaltensvorbilder geben (wobei streng genommen die Art des erwünschten Verhaltens beispielsweise auch von der Unternehmenskultur abhängt, also keineswegs objektiv zu bewerten ist). Überhaupt ist die Notenbezeichnung »voll befriedigend« auf die Welt der Juristen beschränkt, wodurch eine Verwendung im sonstigen geschäftlichen oder dienstlichen Alltag praktisch nicht vorkommt. Derartige zusammenfassende Bewertungen haben allerdings nur einen geringen Informationswert, wenn das Zeugnis nicht entsprechende Erläuterungen und Kommentare enthält.

3.14 Muss der Arbeitgeber das Zeugnis zusenden?

Der Mitarbeiter muss sein Zeugnis selbst abholen. Wie bei allen anderen Papieren ist das Zeugnis eine Hohlschuld im Sinne des §269 Abs. 2 BGB. Wird vom Arbeitgeber das rechtzeitig verlangte Zeugnis jedoch nicht bis spätestens zum letzten Tag des Ablaufs der Kündigungsfrist mit den anderen Arbeitspapieren zur Abholung bereit gehalten, muss es der Arbeitgeber auf seine Gefahr und Kosten dem Mitarbeiter übersenden. Versäumt es der Mitarbeiter, ein bereit gehaltenes Zeugnis abzuholen, kann er vom Arbeitgeber nicht die Übersendung verlangen, sondern muss das Zeugnis selbst abholen.

! **Beispiel: Wenn die Abholung mit Problemen verbunden ist**

Angenommen der Mitarbeiter hat seinen Wohnsitz inzwischen an einen weiter entfernten Ort verlegt. In solchen Fällen kann der Arbeitgeber im Rahmen der nachwirkenden Fürsorgepflicht zur Übersendung des Zeugnisses verpflichtet sein. Die Abholung des Zeugnisses wäre nämlich für den Mitarbeiter mit unverhältnismäßig hohen Kosten oder besonderen Mühen verbunden (vgl. LAG Frankfurt, Urteil v. 1.3.1984, 10 Sa 858/83, DB 1984, 2200).

Teil 2: Textbausteine und Musterzeugnisse

In Teil 2 des Buches und seinen drei Kapiteln bieten wir Ihnen alles, was Sie konkret benötigen, um ein Zeugnis effizient zu erstellen: Musterzeugnisse auf Deutsch und auf Englisch für verschiedenste Positionen in unterschiedlichsten Branchen, sowie Textbausteine, mit denen Sie die Musterzeugnisse weiter verfeinern und individualisieren können. Und vergessen Sie nicht: Alle Muster und die Textbausteine stehen online auf www.haufe.de/mybook. So brauchen Sie die Zeugnisse und die Textbausteine auch nicht mehr selber zu tippen.

4   Textbausteine für Ihr Arbeitszeugnis

Neun Bestandteile: Wie Sie Zeugnisse richtig aufbauen
Die richtige Reihenfolge der einzelnen Zeugnisbestandteile ist bei Arbeitszeugnissen besonders wichtig. Vom einleitenden Satz bis zur Schlussformel werden Sie hier Schritt für Schritt in das Verfassen von Zeugnissen eingeführt. Die im Buch aufgelisteten Textbausteine können Sie einfach in Ihren Zeugnisentwurf integrieren (sofern sie auf Ihr Leistungsprofil zutreffen). Alle Textbausteine finden Sie auch auf der Internetseite zum Buch unter www.haufe.de/mybook.

1. Die Überschrift
Auf dem Firmenpapier steht zunächst als Überschrift die Bezeichnung, um welche Art Zeugnis es sich handelt: Zeugnis, Zwischenzeugnis, Vorläufiges Zeugnis oder Ausbildungszeugnis.

2. Einleitender Absatz/Eingangsformel
Die Eingangsformel enthält die Personalien des Mitarbeiters (Vorname, Name, Geburtsdatum und -ort). Vergessen Sie nicht, den akademischen Titel (sofern vorhanden) vor den Vornamen einzufügen.

Achten Sie darauf, dass Sie die aktuelle Berufsbezeichnung erwähnen. Bei mehreren Positionen sollte immer die jüngste bzw. aktuelle erwähnt werden. Die Eintrittsposition interessiert kaum – für die weitere Karriere ist schließlich entscheidend, wo man aktuell steht.

Die Adresse des Mitarbeiters hat in der Eingangsformel sowie im gesamten Zeugnis nichts zu suchen, zumal sie sich rasch ändern kann.

Sehr oft steht im Zeugnis, dass die/der Beurteilte im Unternehmen »beschäftigt« war. Obwohl dies faktisch richtig ist, wird mit dieser Formulierung eine gewisse Trägheit seitens des Arbeitnehmers suggeriert, während das Wort »tätig« dagegen deutlich dynamischer klingt. Deswegen sollte das Wort »tätig« gewählt werden.

Die Unternehmensbeschreibung ist optional einzusetzen und sollte maximal vier Sätze oder vier Zeilen umfassen. Eine zu ausführliche Tätigkeitsbeschreibung lenkt von der Person – dem Zeugnisempfänger – unnötigerweise ab.

3. Tätigkeitsbeschreibung

Eine Tätigkeitsbeschreibung muss faktisch richtig sein und die wesentlichen Tätigkeiten und Verantwortlichkeiten anführen. Zwei Möglichkeiten des Aufbaus gibt es:

- Tabellarische Auflistung: Die Tätigkeitsauflistung sollte in abfallender Wichtigkeits-Hierarchie gestaltet sein: Die wichtigsten Tätigkeiten sollten zuerst, dann die weniger wichtigen genannt werden.
- Fließtext: Hier gibt es keine verbindliche Vorschrift. Eine Aufzählung ist in der Regel übersichtlicher, kann aber nicht ausformuliert werden. Fließtext ermöglicht eine bessere Formulierung auf Kosten der Übersichtlichkeit. Eine Mischform ist aber möglich. So kann etwa die Hauptverantwortung in einem Absatz im Fließtext vorweg geschildert, die Details in einer Aufzählung nachgeschoben werden.

Achten Sie darauf, dass die Tätigkeitsbeschreibung insgesamt höchstens 50% des Zeugnistextes umfasst.

4. Fachwissen

Auch wenn Sie nicht als Experte, sondern als Führungskraft tätig sind, muss ihr Fachwissen, das sich dann auf Branchen und Management-Know-how bezieht, erwähnt werden. Das Fachwissen schließt sich immer der Tätigkeitsbeschreibung direkt an. Dabei kann es durchaus auch mit weiteren Beurteilungsbausteinen, wie beispielsweise dem Fachkönnen bzw. der Wissensanwendung, verbunden werden.

5. Leistungsbeurteilung

Neben dem Fachwissen zählen auch die Kernkompetenzen zu einer wichtigen Beurteilungsdimension im Zeugnis. Die persönlichen überfachlichen Kernkompetenzen beschreiben all jene Fähigkeiten und Eigenschaften, die Sie zum erfolgreichen Ausfüllen der Position benötigten oder einsetzen. Kernkompetenzen sind folglich auf jede Stelle individuell zuzuschneiden. Daher ergibt sich das ideale Portfolio an Kernkompetenzen immer aus der Stellenbeschreibung und der tatsächlich ausgeübten Tätigkeit bzw. wahrgenommenen Verantwortung. Zu den typischen überfachlichen Kernkompetenzen (die genannten müssen nicht zwingend alle zusammen erwähnt werden) zählen etwa:

- Interaktions- und Kommunikationsstärke
- Verantwortungsbewusstsein, Flexibilität
- Umsicht
- Veränderungsbereitschaft
- Motivation
- Eigenständigkeit
- Urteilsfähigkeit
- Teamfähigkeit

6. Führungsleistung

Die Führungsleistung wird nur beurteilt, wenn Sie Vorgesetzter oder Führungskraft sind. Sie steht unmittelbar vor dem abschließenden Kernsatz zur Leistungsbeurteilung. Die Führungsleistung bewertet die Führungskraft in Hinsicht auf die Motivation der Mitarbeiter, die Abteilungs- und Gruppenleistung sowie das Arbeitsklima. Man unterscheidet zwischen disziplinarischer und projektbezogener Führungsverantwortung. Klassisch galt nur die Linienverantwortung als »echte« Führungsverantwortung. Mit zunehmender Wichtigkeit des Projektwesens in der Wirtschaft gewinnt auch der Projektleiter in seiner Rolle als Führungskraft an Bedeutung.

7. Zusammenfassende Leistungsbeurteilung

Am Ende der Leistungsbewertung wird diese durch einen zusammenfassenden Kernsatz bestätigt. Folgende Kernsätze sind besonders gebräuchlich:

- »… stets zur vollsten Zufriedenheit …« (Note 1)
- »… stets zur vollen Zufriedenheit …« (Note 2)
- »… zur vollen Zufriedenheit …« (Note: 3)

Wir empfehlen Ihnen, den Kernsatz im Zeugnis als eigenständigen Absatz zu positionieren. Dadurch wird seine Bedeutung hervorgehoben.

8. Verhaltensbeurteilung

Die Verhaltensbeurteilung dokumentiert das persönliche Betragen sowie das Sozialverhalten des Mitarbeiters. Achten Sie bitte unbedingt auf Folgendes: Für eine sehr gute bzw. gute Verhaltensbeurteilung muss die folgende Reihenfolge bei der Personenauflistung eingehalten werden: Vorgesetzte, Mitarbeiter und Kunden. Niemals die Vorgesetzten an zweiter oder dritter Position nennen, denn dann vermutet der geübte Zeugnisleser, dass der ehemalige Mitarbeiter Probleme mit den Vorgesetzten hatte.

9. Schlussformel

Die Schlussformel des Zeugnisses ist wahrscheinlich die sensibelste Stelle. Diesen Absatz können Sie als zusammengefasste Interpretation des gesamten Zeugnisses verstehen. Vorsicht: Eine schlampig erstellte Schlussformel kann Ihnen das ganze Zeugnis vermiesen! Viele Personaler und auch Headhunter lesen aus diesem Grund ein Zeugnis gerne von hinten nach vorne. Die Schlussformel gilt hier gewissermaßen als Türöffner.

Die Schlussformel eines perfekten Zeugnisses besteht immer aus vier aufeinander folgenden Teilen:

- Grund des Ausscheidens (beim Zwischenzeugnis: Grund der Zeugniserstellung)
- Bedauern über das Ausscheiden (entfällt beim Zwischenzeugnis)
- Dank für die geleistete Arbeit
- Zukunftswünsche für weiterhin viel Erfolg (ist beim Zwischenzeugnis optional anwendbar, zumindest sollte hier die Freude über die weitere Zusammenarbeit ausgedrückt werden

4.1   Tätigkeitsbeschreibung und Vollmachten

Die Tätigkeitsbeschreibung gibt Aufschluss über alle Aufgaben und Verantwortlichkeiten, die eine Führungskraft erledigt bzw. innehat. Sie muss so detailliert sein, dass sich ein – allerdings fachkundiger – Dritter ein Bild vom Zeugnisempfänger machen kann.

Dabei wird jede Veränderung im Tätigkeitsbereich dokumentiert. Wenn also der Zeugnisempfänger eine lange Karriere im Unternehmen hinter sich gebracht hat, so ist beispielsweise von einem mehrfachen Wechsel der Position oder einer schrittweisen Erweiterung der Verantwortung auszugehen. Folglich muss jeder Karriereschritt im Zeugnis angegeben werden. Wenn die Tätigkeitsbeschreibung mehrere Karriereabschnitte detailliert behandelt, so sollte die beschriebene hierarchische Ordnung innerhalb jedes Abschnitts eingehalten werden.

Die Tätigkeitsbeschreibung sollte die wichtigsten Tätigkeiten zuerst und dann die weniger wichtigen Aufgaben nennen. Vergleichsweise unwichtige oder gar irrelevante Tätigkeiten sind nicht anzuführen.

Wie ausführlich soll die Tätigkeit dargestellt werden?
Der Umfang der Tätigkeitsbeschreibung kann höchst unterschiedlich ausfallen. Stilistisch gesehen sind Fließtext, stichpunktartige Aufzählung oder eine Mischung aus Beidem zulässig. Auch Zahlenmaterial (Mitarbeiter, Umsatz, etc.) kann, soweit dies der Arbeitgeber zulässt, eingefügt werden.

Bei bestimmten Fällen, etwa einer de facto außerbetrieblichen, aber vom Betrieb geförderten Weiterbildungsmaßnahme, können auch Tätigkeiten und Erfolge, die nicht unmittelbar mit dem innerbetrieblichen Aufgabengebiet zusammenhängen, erwähnt werden.

4.2 Fachwissen – mit Textbausteinen

Das Fachwissen spielt bei Führungskräften eine immer geringere Rolle, insbesondere je höher sie in der Hierarchie stehen.

Allerdings muss das Fachwissen im Zeugnis durchaus gewürdigt werden, denn gänzlich ohne fachspezifische Kenntnisse kann selbst ein Top-Manager nicht erfolgreich arbeiten. Es bleibt dem Zeugnisaussteller überlassen, ob er das Fachwissen mit einem Standardsatz abhandelt, oder ob er eine aufgeschlüsselte Übersicht der im weitesten Sinne fachlichen Kompetenzen bietet.

Was bedeutet Fachwissen heute? Die Bedeutung des Wortes »Fachwissen« hat sich in den letzten Jahren verändert, insbesondere wenn es in Bezug auf die mittlere bis obere Führungsebene verwendet wird. Fachwissen kann hier beispielsweise mit Branchenkenntnissen, Prozess-Know-how oder Marktkenntnis gleichgesetzt werden.

Kernsatz zum Fachwissen
Sollte sich der Zeugnisaussteller für die detaillierte Aufschlüsselung der Fachkenntnisse entscheiden, so darf er sich natürlich auch nicht in Kleinigkeiten oder Unwichtigem verlieren. In jedem Fall sollte das Zeugnis immer einen Kernsatz zur Beurteilung des Fachwissens enthalten, wie z.B.:

Textbausteine zum Fachwissen	
Sehr gut	Herr XY verfügt über umfassende und vielseitige Fachkenntnisse, auch in Randbereichen. Frau XY besitzt ein äußerst fundiertes und breites Fachwissen, das sich bis in die Nebenbereiche hinein erstreckt. Herr XY beherrscht sein Arbeitsgebiet umfassend (hervorragend; vollkommen; fachlich souverän) und kennt sich mit allen Prozessen und Gegebenheiten des Unternehmens bestens (sehr gut) aus.
Gut	Herr XY verfügt über umfassende und vielseitige Fachkenntnisse. Frau XY besitzt ein äußerst fundiertes und breites Fachwissen, das sich bis in die Nebenbereiche hinein erstreckt. Herr XY beherrscht sein Arbeitsgebiet sehr sicher und kennt sich mit allen Prozessen und Gegebenheiten des Unternehmens gut aus.
Befriedigend	Frau XY verfügt über solide Fachkenntnisse.
Ausreichend	Herr XY verfügt über ein solides Grundwissen in seinem Arbeitsbereich
Mangelhaft/Ungenügend	Herr XY verfügt über entwicklungsfähige Kenntnisse seines Arbeitsbereichs. Frau XY hatte Gelegenheit, sich die erforderlichen Kenntnisse ihres Arbeitsbereichs anzueignen.

4.3   18 Kernkompetenzen – mit Textbausteinen

Im Beruf – ob Wirtschaft oder öffentlicher Dienst – ist längst nicht mehr nur das reine Fachwissen von Bedeutung. Immer wichtiger werden Fähigkeiten, die es dem Mitarbeiter ermöglichen, sich schnell und erfolgreich auf neue Situationen, Managementanforderungen, Wissensinhalte oder Teamzusammensetzungen einzustellen.

Diese Fähigkeiten werden als Kernkompetenzen, Schlüsselqualifikationen oder Soft-Skills bezeichnet, wobei insbesondere der Begriff »Soft-Skills« irreführend sind. ›Soft‹, also weich, sind diese Fähigkeiten nämlich in der Tat nicht. Wir bleiben daher bei dem Begriff der Kernkompetenz. Hinter Kernkompetenzen verbirgt sich ein Bündel von

- Fähigkeiten,
- Qualifikationen,
- Wissensbeständen und Handlungsmustern,

die jeder braucht, der in der modernen Arbeitswelt erfolgreich sein möchte.

Während für ausgewiesene Fachkräfte und Spezialisten insbesondere die fachspezifischen Kernkompetenzen zählen, sind für Führungskräfte eher die management- und führungsbezogenen allgemeinen Kernkompetenzen wichtig, die sich keinem bestimmten Beruf oder fachlichen Einsatzgebiet zuordnen lassen. Diese Kernkompetenzen garantieren die permanente Handlungsfähigkeit der Führungskraft in der sich beschleunigt verändernden und globalisierten Arbeitswelt.

Typische Kernkompetenzen
Da es allerdings keine verbindliche Klassifizierung von Kernkompetenzen gibt, haben wir uns an unseren langjährigen Erfahrungen orientiert und 18 typische Kernkompetenzen samt beispielhafter Ausformulierung herausgestellt. Diese Aufzählung kann und sollte in der Praxis jedoch ausgeweitet und die einzelnen Beispielsätze nicht isoliert übernommen, sondern in einen flüssigen Zeugnistext eingewoben werden.

Um End- und Zwischenzeugnis zu würdigen, wurden die Textbausteine teilweise in der Vergangenheitsform, teilweise in der Gegenwartsform verfasst. Innerhalb eines Zeugnisses kann für zeitlose Charaktereigenschaften, Persönlichkeitsmerkmale und Wissensbestände die Gegenwartsform gewählt werden. Dieses Muster ist dann aber einzuhalten.

Fachkönnen	
Sehr gut	Herr XY setzte seine sehr guten Fachkenntnisse stets sicher und zielgerichtet in der Praxis ein. Frau XY setzte ihre (ausgezeichneten) Fachkenntnisse jederzeit adäquat und sehr ergebnisorientiert in ihrem Tagesgeschäft um.
Gut	Herr XY setzte seine guten Fachkenntnisse jederzeit sicher und zielgerichtet in der Praxis ein. Frau XY setzte ihre Fachkenntnisse jederzeit adäquat und ergebnisorientiert in ihrem Tagesgeschäft um.
Befriedigend	Herr XY setzte seine (guten) Fachkenntnisse sicher und zielgerichtet in der Praxis ein.
Ausreichend	Frau XY setzte ihre Fachkenntnisse auf zufriedenstellende Weise in der Praxis ein.
Mangelhaft/ Ungenügend	Herr XY setzte seine Fachkenntnisse im Wesentlichen sicher und zielgerichtet in der Praxis ein. Frau XY bemühte sich, ihre Fachkenntnisse auf zufrieden stellende Weise in der Praxis einzusetzen.

Organisations-, Planungs- und Projektmanagementkompetenz	
Sehr gut	Herr XY plante alle Prozesse (Projekte) stets (sehr) sorgfältig, legte sinnvolle Meilensteine fest und garantierte eine konsequente Umsetzung. Frau XYs (Projekt-)Management ist gekennzeichnet von sehr sorgfältiger Planung, strukturierten (sinnvollen) Prozessschritten und konsequenter (zielgerichteter) Umsetzung.
Gut	Herr XY plante alle Prozesse (Projekte) stets sorgfältig, legte sinnvolle Meilensteine fest und garantierte eine konsequente Umsetzung. Frau XYs (Projekt-)Management ist gekennzeichnet von sorgfältiger Planung, strukturierten (sinnvollen) Prozessschritten und konsequenter (zielgerichteter) Umsetzung.
Befriedigend	Herr XY plante alle Prozesse (Projekte) sorgfältig und hielt auch die Umsetzung nach.
Ausreichend	Frau XY plante alle Prozesse (Projekte) im Vorhinein und hielt auch die Umsetzung nach.
Mangelhaft/ Ungenügend	Herr XY bemühte sich, alle Prozesse (Projekte) sorgfältig zu planen auch die Umsetzung nachzuhalten.

Problemlösungsfähigkeit

Sehr gut	Herr XY ist in der Lage, auch schwierige Situationen sofort zutreffend zu erfassen und schnell richtige Lösungen zu finden. Aufgrund ihres ausgeprägten analytischen Denkvermögens (Analysevermögens) und ihrem Sinn für die Praxis fand Frau XY auch für schwierigste Probleme schnell effektive (sehr gute) Lösungen, die wir (sie) stets gewinnbringend umsetzte(n).
Gut	Herr XY überblickte schwierige Zusammenhänge, erkannte das Wesentliche und zeigte schnell (gute, praktikable) Lösungen auf, die wir (er) stets (gewinnbringend, effektiv) umsetzte(n).
Befriedigend	Frau XY erkannte das Wesentliche und zeigte schnell für alle Beteiligten zufriedenstellende Lösungen auf, die (sie) wir stets (mit Erfolg) in die Praxis umsetzte(n).
Ausreichend	Herr XY erkannte das Wesentliche und zeigte schnell für alle Beteiligten zufriedenstellende Lösungen auf.
Mangelhaft/ Ungenügend	Herr XY erkannte mit Unterstützung des Vorgesetzten das Wesentliche und zeigte im Wesentlichen zufriedenstellende Lösungen auf.

Auffassungsgabe

Sehr gut	Herr XY verfügt über eine sehr/ (äußerst) schnelle Auffassungsgabe. Dank ihrer sehr (äußerst) schnellen Auffassungsgabe überblickt Frau XY auch komplexe Zusammenhänge (schwierigste Situationen) sofort.
Gut	Herr XY verfügt über eine schnelle Auffassungsgabe. Dank ihrer schnellen Auffassungsgabe überblickt Frau XY auch komplexe Zusammenhänge (schwierige Situationen) sofort.
Befriedigend	Herr XY verfügt über eine stets zufriedenstellende Auffassungsgabe.
Ausreichend	Frau XY verfügt über eine zufriedenstellende Auffassungsgabe.
Mangelhaft/ Ungenügend	Herr XY erkannte mit Unterstützung des Vorgesetzten auch komplexe Zusammenhänge. Frau XY bemühte sich, auch komplexe Situationen zu erkennen.

Denk- und Urteilsfähigkeit

Sehr gut	Aufgrund seines präzisen (geschärften) Urteilsvermögens, kam Herr XY auch in schwierigen Lagen zu einem eigenständigen, abgewogenen und stets zutreffenden Urteil. Besonders hervorzuheben ist ihre Urteilsfähigkeit, die Frau XY auch in schwierig(st)en Lagen zu einem eigenständigen, abgewogenen und zutreffenden Urteil befähigt.

Denk- und Urteilsfähigkeit

Gut	Aufgrund seines präzisen (geschärften) Urteilsvermögens, kam Herr XY auch in schwierigen Lagen zu einem eigenständigen, abgewogenen und zutreffenden Urteil. Ihre Urteilsfähigkeit ist geprägt durch eine klare und logische Gedankenführung, die sie zu sicheren Urteilen befähigt.
Befriedigend	Seine folgerichtige Denkweise kennzeichnet seine sichere Urteilsfähigkeit in vertrauten Zusammenhängen.
Ausreichend	In vertrautem Zusammenhang kann sie sich auf ihre Urteilsfähigkeit stützen.
Mangelhaft/ Ungenügend	In vertrautem Zusammenhang kann er sich im Wesentlichen auf seine Urteilsfähigkeit stützen.

Strategisches und unternehmerisches Denken

Sehr gut	Herr XY überzeugte jederzeit durch sein ausgeprägtes (hoch entwickeltes) strategisches und unternehmerisches Denken (und Handeln), das er stets zum Wohle des Unternehmens einsetzte).
Gut	Frau XY überzeugte jederzeit durch ihr gutes strategisches und unternehmerisches Denken (und Handeln), das sie stets zum Wohle des Unternehmens einsetzte.
Befriedigend	Herr XY überzeugte durch sein strategisches und unternehmerisches Denken.
Ausreichend	Frau XY konnte auch strategisch und unternehmerisch denken.
Mangelhaft/ Ungenügend	Herr XY bemühte sich, auch strategisch und unternehmerisch zu denken.

Kreativität und Innovationsgeist

Sehr gut	Frau XY war Neuem gegenüber stets aufgeschlossen, fand (hatte) jederzeit ausgezeichnete neue, kreative Ideen und überzeugte durch hochinnovative Ansätze.
Gut	Herr XY war Neuem gegenüber stets aufgeschlossen, fand (hatte) jederzeit gute, kreative Ideen und überzeugte durch innovative Ansätze.
Befriedigend	Frau XY war Neuem gegenüber aufgeschlossen, fand (hatte) gute neue Ideen und innovative Ansätze.
Ausreichend	Herr XY war Neuem gegenüber generell aufgeschlossen und konnte seinerseits neue Ideen finden.
Mangelhaft/ Ungenügend	Frau XY bemühte sich stets, neue Ideen und innovative Ansätze zu finden.

Rhetorische Fähigkeiten und Kommunikationsstärke

Sehr gut	Frau XY verfügt über ausgezeichnete rhetorische Fähigkeiten (ist sehr kommunikationsstark). Sie drückt sich jederzeit klar aus, ist kontaktfreudig und tritt auch vor großen Gruppen souverän auf.
Gut	Herr XY verfügt über gute rhetorische Fähigkeiten (ist sehr kommunikationsstark). Er drückt sich jederzeit klar aus, ist kontaktfreudig und tritt auch vor großen Gruppen sicher auf.
Befriedigend	Frau XY drückt sich klar aus, ist kontaktfreudig und kann auch vor großen Gruppen sicher auftreten.
Ausreichend	Herr XY drückt sich generell klar aus, ist kontaktfreudig und kann auch vor großen Gruppen auftreten.
Mangelhaft/ Ungenügend	Frau XY bemüht sich um eine reibungslose Kommunikation mit allen Ansprechpartnern.

Verhandlungsgeschick

Sehr gut	Aufgrund ihres hervorragenden Verhandlungsgeschicks erzielt Frau XY für alle Beteiligten stets hervorragende Ergebnisse (echte Win-Win-Situationen). Sie stellt sich auf unterschiedlichste Gesprächspartner sehr gut ein und überzeugt durch eine stets kompetente, zielgerichtete Verhandlungsführung.
Gut	Aufgrund seines guten Verhandlungsgeschicks erzielt Herr XY für alle Beteiligten gute (zufriedenstellende) Ergebnisse (echte Win-Win-Situationen). Er stellt sich auf unterschiedliche Gesprächspartner gut ein und überzeugt durch eine kompetente, zielgerichtete Verhandlungsführung.
Befriedigend	Aufgrund ihres Verhandlungsgeschicks erzielt Frau XY für alle Beteiligten zufriedenstellende Ergebnisse. Sie stellt sich auf ihre Gesprächspartner ein und überzeugt durch eine kompetente, zielgerichtete Verhandlungsführung.
Ausreichend	Herr XY ist in der Lage, Verhandlungen zielgerichtet zu unserer Zufriedenheit zu führen.
Mangelhaft/ Ungenügend	Frau XY führt Verhandlungen im Wesentlichen zielgerichtet im Rahmen ihrer Möglichkeiten.

Internationalität

Sehr gut	Besonders hervorheben möchten wir, dass sich Frau XY auch im internationalen (und multikulturellen) Umfeld (unseres Konzerns) sehr gut zurechtfindet. Dabei zeigt sie ein hohes Maß an interkultureller Kompetenz und greift sicher auf ihre hervorragenden Englischkenntnisse zurück.

Internationalität

Gut	Hervorheben möchten wir, dass sich Herr XY auch im internationalen (und multikulturellen) Umfeld (unseres Konzerns) gut zurecht findet. Dabei zeigt er ein hohes Maß an interkultureller Kompetenz und greift sicher auf seine äußerst soliden (guten) Englischkenntnisse zurück.
Befriedigend	Frau XY findet sich auch im Umfeld (unseres Konzerns) gut zurecht und greift dabei sicher auf ihre soliden Englischkenntnisse zurück.
Ausreichend	Herr XY ist in der Lage, sich im internationalen Kontext zurechtzufinden und seine Englischkenntnisse einzusetzen.
Mangelhaft/ Ungenügend	Frau XY findet sich im Wesentlichen im internationalen Kontext zurecht und setzt ihre Englischkenntnisse ein.

Arbeitsbereitschaft und Initiative

Sehr gut	Herr XY zeigte stets hohe Eigeninitiative, identifizierte sich voll mit seinen Aufgaben sowie dem Unternehmen, wobei er auch durch seine große Einsatzfreude überzeugte.
Gut	Frau XY zeigte stets Eigeninitiative, identifizierte sich voll mit ihren Aufgaben sowie dem Unternehmen, wobei sie auch durch ihre gute Einsatzbereitschaft überzeugte.
Befriedigend	Herr XY zeigte Eigeninitiative, identifizierte sich mit seinen Aufgaben sowie dem Unternehmen, wobei er auch eine gute Einsatzbereitschaft zeigte.
Ausreichend	Frau XY hat der geforderten Einsatzbereitschaft entsprochen.
Mangelhaft/ Ungenügend	Frau XY entspricht im Großen und Ganzen der geforderten Einsatzbereitschaft.

Belastbarkeit

Sehr gut	Frau XY war auch stärkstem Arbeitsanfall jederzeit gewachsen. Auch unter stärkster Belastung (unter schwierigsten Arbeitsbedingungen) erzielte Frau XY Ergebnisse von hoher Güte (bewältigte Frau XY alle Aufgaben in hervorragender Weise).
Gut	Herr XY war auch starkem Arbeitsanfall jederzeit gewachsen. Auch unter starker Belastung (unter schwierigen Arbeitsbedingungen) erzielte Herr XY Ergebnisse von hoher Güte (bewältigte Herr XY alle Aufgaben in bester Weise).
Befriedigend	Frau XY zeigte sich auch starkem Arbeitsanfall gewachsen.
Ausreichend	Herr XY ist dem üblichen Arbeitsanfall gewachsen.
Mangelhaft/ Ungenügend	Frau XY war stets bemüht, den üblichen Arbeitsanfall zu bewältigen.

Motivation

Sehr gut	Frau XY zeichnete sich durch ihre sehr hohe Motivation (Eigenmotivation) (die sie auch auf ihre Kollegen übertrug) aus. Frau XY zeigte stets Eigeninitiative und überzeugte durch ihre große Einsatzbereitschaft.
Gut	Herr XY zeichnete sich durch seine hohe Motivation (Eigenmotivation) (die er auch auf seine Kollegen übertrug) aus. Herr XY zeigte stets Eigeninitiative und eine große Einsatzbereitschaft.
Befriedigend	Frau XY zeigte Eigeninitiative und Einsatzbereitschaft.
Ausreichend	Herr XY hat der geforderten Einsatzbereitschaft entsprochen.
Mangelhaft/ Ungenügend	Frau XY hat sich immer bemüht, der geforderten Einsatzbereitschaft zu entsprechen.

Zuverlässigkeit

Sehr gut	Frau XY arbeitete stets zuverlässig und sehr genau.
Gut	Herr XY arbeitete stets zuverlässig und genau.
Befriedigend	Frau XY arbeitete zuverlässig und genau.
Ausreichend	Herr XY bewältigte alle entscheidenden Aufgaben zuverlässig.
Mangelhaft/ Ungenügend	Frau XY war den entscheidenden Aufgaben im Großen und Ganzen gewachsen.

Verantwortungsbewusstsein

Sehr gut	Besonders hervorheben möchten wir Herrn XYs sehr hohes Verantwortungsbewusstsein. Herr XY war jederzeit bereit, auch zusätzliche Verantwortung zu übernehmen.
Gut	Hervorheben möchten wir Frau XYs hohes Verantwortungsbewusstsein. Frau XY war (handelte) immer sehr verantwortungsbewusst.
Befriedigend	Herr XY war (handelte) immer verantwortungsbewusst.
Ausreichend	Frau XY handelte generell verantwortungsbewusst.
Mangelhaft	Herr XY handelte im Großen und Ganzen verantwortungsbewusst.

Entwicklungs- und Lernbereitschaft

Sehr gut	Herr XY erweiterte und vertiefte seine ausgezeichneten Fachkenntnisse (sein Wissen) durch regelmäßige, erfolgreiche Seminarbesuche immer eigeninitiativ und mit persönlichem Interesse.

Entwicklungs- und Lernbereitschaft

Gut	Frau XY erweiterte und vertiefte ihre guten Fachkenntnisse (ihr Wissen) durch regelmäßige, erfolgreiche Seminarbesuche eigeninitiativ und mit persönlichem Interesse.
Befriedigend	Herr XY verfolgte seine fachliche Weiterqualifizierung beständig.
Ausreichend	Frau XY nahm unsere Angebote zur Weiterbildung öfters wahr.
Mangelhaft/ Ungenügend	Herr XY beteiligte sich gelegentlich an unseren Weiterbildungsmaßnahmen.

Teamfähigkeit

Sehr gut	Frau XY integrierte sich in bester Weise (reibungslos) in unsere Teamstrukturen und förderte aktiv die gute Zusammenarbeit. Frau XY war sehr teamfähig und förderte aktiv die gute Zusammenarbeit.
Gut	Herr XY integrierte sich vorbildlich in unsere Teamstrukturen und förderte aktiv die Zusammenarbeit.
Befriedigend	Frau XY war teamfähig und förderte die Zusammenarbeit.
Ausreichend	Herr XY integrierte sich überwiegend reibungslos in unser Team.
Mangelhaft/ Ungenügend	Frau XY fand sich im Großen und Ganzen in unserem Team zurecht.

Sozialverhalten

Sehr gut	Herr XY war wegen seines frischen, verbindlichen und kooperativen Auftretens ein allseits sehr geschätzter Ansprechpartner. Herr XY kam mit allen Ansprechpartnern sehr gut zurecht und begegnete ihnen stets mit seiner freundlichen, offenen und zuvorkommenden Art.
Gut	Frau XY war wegen ihres frischen, verbindlichen und kooperativen Auftretens eine allseits geschätzte Ansprechpartnerin. Herr XY kam mit allen Ansprechpartnern gut zurecht und begegnete ihnen stets mit seiner freundlichen, offenen und zuvorkommenden Art.
Befriedigend	Herr XY war wegen seines freundlichen, höflichen und hilfsbereiten Auftretens ein geschätzter Ansprechpartner.
Ausreichend	Frau XY kam mit ihren Kollegen zurecht.
Mangelhaft/ Ungenügend	Herr XY bemühte sich stets, mit den Kollegen einen freundschaftlichen und respektvollen Umgang zu pflegen.

4.4   Führungsleistung – mit Textbausteinen

Die Führungsverantwortung unterscheidet die Führungskraft von allen anderen Mitarbeitern. Deshalb muss die Führungsverantwortung im Zeugnis beurteilt werden. Sinnvoll ist die Aufspaltung in den Führungsstil und das Führungsergebnis.

Wie werden Führungsstile heute benannt?

Man unterscheidet heute im Wesentlichen die sechs Führungsstile »autoritär«, »patriarchalisch«, »straff«, »kooperativ«, »kollegial« und »laisser-faire-mäßig«, wobei jedes Unternehmen diese Stile individuell modifiziert bzw. anders benennt. Eine absolute Klassifizierung in positiv oder negativ ist hier übrigens schlecht möglich, weil Führungsstile immer auch einer gewissen Mode unterliegen. Man kann jedoch davon ausgehen, dass die extremen Stile »autoritär« und »laisser-faire« eher unerwünscht und kontraproduktiv sind. Populär sind die Stile »kooperativ« und »kollegial«, auch »straff« ist derzeit kaum negativ besetzt.

Wie lässt sich das Führungsergebnis fassen?

Das Führungsergebnis schlägt sich insbesondere im Team- oder Abteilungsergebnis (etc.) nieder, ist also zunächst eine rein betriebswirtschaftliche Größe. Aber auch die Mitarbeiterzufriedenheit, die Personalentwicklungsbereitschaft und die Akzeptanz der Führungskraft spielen hier mit hinein.

Gewürdigt werden sollte auch die Anzahl und Struktur der unterstellten Mitarbeiter. Es ist ein Unterschied, ob man Personalverantwortung für 2000 Leute oder 20 Mitarbeiter hat. Dabei kommt es natürlich auch darauf an, welche Berufsgruppen in welcher Branche einer Führungskraft unterstehen: Trägt man z. B. die Verantwortung für 2000 Fließbandarbeiter oder 20 Top-Berater einer Consulting-Firma? Die Anforderungen sind unterschiedlich.

Die Angaben zu Anzahl und Zusammensetzung der unterstellten Mitarbeiter können auch in die Tätigkeitsbeschreibung eingegliedert werden bzw. gehen oftmals automatisch aus ihr hervor.

Im Folgenden nennen wir Beispiele, wie die Beurteilung der Führungsleistung formuliert werden kann. Sie können im konkreten Zeugnis natürlich individuell abweichen. Beachten Sie: Wurde auf den Kernsatz der Führungsbeurteilung verzichtet, so deutet das auf die Note ›mangelhaft‹ oder ›ungenügend‹ hin!

Textbausteine zur Führungsleistung

Sehr gut + kooperativer Führungsstil	▪ Herr XY motivierte und überzeugte seine Mitarbeiter durch einen kooperativen Führungsstil. Er war als Vorgesetzter jederzeit voll anerkannt, wobei sein Team unsere hohen Erwartungen nicht nur erfüllte, sondern oftmals sogar übertraf.
Sehr gut kooperativer Führungsstil	▪ Herr XY motivierte und überzeugte seine Mitarbeiter durch einen kooperativen Führungsstil. Er war als Vorgesetzter jederzeit voll anerkannt, wobei sein Team unsere hohen Erwartungen stets erfüllte. ▪ Frau XY motivierte ihr Team durch einen kooperativen Führungsstil zu anhaltend sehr guten Ergebnissen, wobei sie als Vorgesetzte jederzeit sehr respektiert wurde. ▪ Aufgrund seines kooperativen Führungsstils wurde Herr XY von seinen Mitarbeitern, die unter seiner Regie stets hervorragende Leistungen erzielten, stets sehr anerkannt und respektiert.
Sehr gut straffer Führungsstil	▪ Frau XY motivierte ihr Team durch einen straffen Führungsstil zu anhaltend sehr guten Ergebnissen, wobei sie als Vorgesetzte jederzeit sehr respektiert wurde. ▪ Herr XY besitzt eine natürliche Autorität, genießt das Vertrauen seiner Mitarbeiter und wird von ihnen anerkannt und geschätzt. Er versteht es, seine Mitarbeiter/sein Team sicher einzuschätzen, zu motivieren und zu (anhaltend) sehr guten Leistungen zu führen.
	▪ Frau XY führt ihr Team straff und dabei sach- und personenbezogen zu sehr guten Leistungen. Sie delegiert Routineaufgaben effektiv, setzt jeden Mitarbeiter entsprechend seiner Fähigkeiten ein und sorgt für dessen berufliche Weiterentwicklung. Daher wird sie (auch) als Führungskraft sehr geschätzt.
Gut (Führungsstil ist nicht näher bestimmt)	▪ Herr XY wird von seinen Mitarbeitern anerkannt und geschätzt, wobei er sie entsprechend ihren Fähigkeiten einsetzt und mit ihnen gute Ergebnisse erzielt. ▪ Frau XY überzeugte ihre Mitarbeiter und förderte die Zusammenarbeit. Sie informierte ihr Team, regte Weiterbildungsmaßnahmen an, delegierte Aufgaben und Verantwortung sinnvoll und erreichte so ein hohes Abteilungsergebnis. ▪ Herr XY motivierte sein Team zu guten Ergebnissen, wobei er als Vorgesetzter jederzeit sehr respektiert wurde. ▪ Frau XYs Team erreichte unter ihrer sach- und personenbezogenen Anleitung jederzeit/stets gute Ergebnisse. Bei Vorgesetzten wie Mitarbeitern fanden ihre Führungsqualitäten volle Anerkennung.
Befriedigend	▪ Herr XY führte seine Mitarbeiter zielbewusst zu soliden Leistungen. ▪ Frau XY ist jederzeit in der Lage, ihre Mitarbeiter zu motivieren und zu sehr soliden Ergebnissen zu führen.

Textbausteine zur Führungsleistung

Ausreichend	▪ Herr XY ist in der Lage, seine Mitarbeiter sachgerecht anzuleiten.
	▪ Frau XY motivierte ihre Mitarbeiter und erreichte so voll befriedigende Leistungen.
Mangelhaft bzw. ungenügend	▪ Herr XY ist seinen Mitarbeitern ein verständnisvoller Vorgesetzter.
	▪ Frau XY wird von ihren Mitarbeitern anerkannt und bewältigt im Wesentlichen die ihrer Abteilung vorgegeben Ziele.

Die Führungsleistung wurde nicht beurteilt?
Wird auf die explizite Beurteilung der Führungsleistung im Zeugnis verzichtet, so deutet das auf größere Probleme in diesem Bereich hin. Möglicherweise war die Führungsleistung so schlecht, dass das beredte Schweigen noch die beste, d.h. unverfänglichste Möglichkeit war, auf diesen Punkt einzugehen. Teilweise wird die Beurteilung der Führungsleistung schlicht vergessen, weil Zeugnisse für Führungskräfte in vielen Unternehmen eher eine Ausnahme darstellen. Als Zeugnisempfänger sollte man daher unbedingt auf diesen Punkt achten und ihn notfalls reklamieren.

4.5 Leistungsbeurteilung – mit Textbausteinen

Für die Leistungsbeurteilung werden zumeist die folgenden drei Formulierungen verwendet:
- »zur vollen Zufriedenheit«
- »stets zur vollen Zufriedenheit«
- »stets zur vollsten Zufriedenheit«

In der ersten Beurteilung, die eigentlich die schlechteste ist, wird dem Leser suggeriert, dass der Beurteilte mindestens durchschnittliche Leistungen erbracht hat. Dieser Eindruck stimmt zumindest dahingehend, dass in der Tat die schlechteste Beurteilung (1) immerhin noch die Note ›befriedigend‹ bescheinigt. Aber: allein die »volle Zufriedenheit« ist keine »gute«, sondern nur eine »befriedigende« Leistung.

Die Steigerung erfolgt einerseits durch das Zeitadverb »stets«, welches die zeitliche Unbeschränktheit dokumentiert, und andererseits durch die Wörter »vollen« und »vollsten«. Die Aussage (2) bedeutet demnach ein ›gut‹ und die Aussage (3) das begehrte ›sehr gut‹.

Die Tatsache, dass die »vollste« Zufriedenheit eigentlich grammatikalisch falsch ist, ist hier irrelevant, weil die Zeugnisprache in diesem Punkt einen besonderen Weg wählt. Zwar gibt es Unternehmen, die sich standhaft weigern, die »vollste« Zufriedenheit aus den erwähnten Gründen zu bescheinigen. Ein Zeugnisaussteller, der obige Standardformulierung nutzt, sollte jedoch bei einem »sehr gut« immer die »vollste Zufriedenheit« erwähnen, um Missverständnisse zu vermeiden. Die einzige Alternative wäre eine gänzlich andere Formulierung in sauberem Deutsch, dazu folgen noch zahlreiche Beispiele.

Muss es eigentlich stets »stets« heißen?
Der Zeitfaktor lässt sich auch durch ein »jederzeit«, »immer« oder »allzeit« beschreiben. Obwohl alle Wörter in der Alltagssprache synonym verwendet werden, siedeln viele Personaler »stets« am höchsten an. »Jederzeit«, »immer« und »allzeit« folgen knapp dahinter. Wer »stets die vollste Zufriedenheit« erreicht hat, kann sich sozusagen auf jede Sekunde seiner Beschäftigungsdauer berufen, dies ist bei den anderen Wörtern nicht ganz der Fall. Allerdings sind die Unterschiede hier tatsächlich marginal. Gravierender ist der komplette Wegfall des Zeitfaktors wie in Beispiel 1, so dass durch dieses beredte Schweigen die zufriedenstellende Leistung nicht zu jedem Zeitpunkt gegeben war und die Note somit nur maximal »befriedigend« lautet.

Der Zeugnisaussteller kann die Leistungsbeurteilung also durch den Wegfall bzw. die Modifikation des Zeitfaktors (»stets«, etc.) und durch die Steigerung der Zufriedenheit nivellieren. Hinzu kommt die Möglichkeit, auf die »Zufriedenheit« ganz zu verzichten und die »Erwartungen« oder »Anerkennung«, die ihrerseits wieder gesteigert werden können, ins Feld zu führen. Durch dieses Baukastenprinzip ergibt sich eine Vielzahl von Möglichkeiten, die Leistung des Zeugnisempfängers zusammenfassend zu beurteilen.

Textbausteine zur Leistungsbeurteilung	
Sehr gut +	Wir waren mit seinen Leistungen stets (und) in jeder Hinsicht außerordentlich/äußerst zufrieden.
	Sie hat unsere (sehr hohen) Erwartungen stets in (aller-) bester Weise erfüllt und teilweise sogar übertroffen.
Sehr gut	Er hat die ihm übertragenen/alle Aufgaben stets zur vollsten Zufriedenheit erfüllt.
	Wir waren mit ihren Leistungen stets (und) in jeder Hinsicht sehr zufrieden.
	Seine Leistungen haben stets und in jeder Hinsicht unsere volle Anerkennung gefunden.
	Wir waren mit ihren Leistungen stets außerordentlich zufrieden.
	Seine Leistungen werden zusammengefasst als sehr gut beurteilt.
	Ihre Leistungen waren stets sehr gut.
	Er hat unsere (sehr hohen) Erwartungen stets und in allerbester Weise erfüllt.

Textbausteine zur Leistungsbeurteilung	
Sehr gut bis gut	Er hat die ihm übertragenen Aufgaben jederzeit/immer zur vollsten Zufriedenheit erfüllt. Wir waren mit ihren Leistungen jederzeit sehr zufrieden. Er hat die ihm übertragenen Arbeiten stets zu unserer (uneingeschränkten) vollen Zufriedenheit erfüllt. Ihre Leistungen haben stets (jederzeit, immer) unsere volle Anerkennung gefunden. Er hat unsere (hohen) Erwartungen stets und in bester Weise erfüllt.
Gut	Er hat die ihm übertragenen/alle Aufgaben stets zu unserer vollen Zufriedenheit erfüllt (bewältigt). Wir waren während des gesamten Beschäftigungsverhältnisses mit ihren Leistungen voll und ganz zufrieden. Wir waren mit den Leistungen immer sehr zufrieden/stets voll zufrieden. Seine Leistungen fanden stets unsere volle Anerkennung. Die Leistungen haben unseren Erwartungen und Anforderungen stets voll entsprochen. Ihre Leistungen werden zusammengefasst als gut bewertet. Er hat unseren Erwartungen in jeder Hinsicht und bester Weise entsprochen.
Gut bis befriedigend	Er hat die ihm übertragenen/alle Aufgaben jederzeit/immer zu unserer vollen Zufriedenheit erfüllt (bewältigt). Sie hat unseren Erwartungen in bester Weise entsprochen. Die Leistungen waren voll und ganz zufriedenstellend.
Befriedigend	Er hat die ihm übertragenen Aufgaben zu unserer vollen Zufriedenheit erledigt (bewältigt). Sie hat die ihr übertragenen Aufgaben stets zu unserer Zufriedenheit erledigt (bewältigt). Wir waren mit seinen Leistungen voll zufrieden. Ihre Leistungen haben unseren Erwartungen und Anforderungen voll entsprochen. Seine Leistungen haben unseren Erwartungen und Anforderungen in jeder Hinsicht voll entsprochen. Ihre Leistungen werden zusammengefasst als befriedigend bewertet.
Ausreichend	Er hat die ihm übertragenen Aufgaben zu unserer Zufriedenheit erledigt. Mit ihren Leistungen waren wir zufrieden. Er hat unseren Erwartungen entsprochen. Ihre Leistungen werden zusammengefasst als ausreichend bewertet.
Mangelhaft bzw. ungenügend	Er hat die ihm übertragenen Aufgaben im Großen und Ganzen (überwiegend, im Wesentlichen) zu unserer Zufriedenheit erledigt. Er führte die ihm übertragenen Aufgaben mit (großem) Fleiß und Interesse durch. Sie war stets bemüht, die Arbeiten (zu unserer vollen Zufriedenheit) zu erledigen. Er zeigte für seine Arbeit (großes) Verständnis und Interesse. Sie hat sich (stets) bemüht, den (hohen) Anforderungen gerecht zu werden. Neue Aufgaben betrachtete er stets als Herausforderung, der er sich mutig stellte.

Keine zusammenfassende Leistungsbeurteilung?
Das völlige Fehlen einer zusammenfassenden Leistungsbeurteilung weist auf eine mangelhafte oder ungenügende Leistung hin.

4.6 Persönliches Verhalten – mit Textbausteinen

Für Führungskräfte ist die Beurteilung des Verhaltens von großer Bedeutung. Unternehmen legen großen Wert darauf, dass sich eine Führungskraft und auch ein Mitarbeiter optimal in die Unternehmenskultur und Kommunikations- sowie Managementstruktur einfügen. Gefördert wird dies durch die zunehmende Verbreitung dezentraler Organisation. Die Verhaltensbeurteilung dokumentiert das persönliche Betragen, das Sozialverhalten des Mitarbeiters. Die Beurteilung des persönlichen Verhaltens, auch Führungsbeurteilung genannt, ist von der Beurteilung der Führungsleistung also abzugrenzen.

Wie ist das Verhältnis zum Vorgesetzten?
Die andere Komponente ist das Verhalten der Führungskräfte gegenüber ihren Vorgesetzten, untereinander und dritten Personen wie Geschäftspartnern, Kunden oder Beratern.

Halten Sie die Rangfolge ein!
Diese Personengruppen müssen in der richtigen Reihenfolge genannt werden, d.h. Vorgesetzte vor Kollegen und Mitarbeitern. Außerdem gilt: Unternehmensinterne Personen vor externen. Wird diese Reihenfolge missachtet, kommen z.B. die Mitarbeiter vor den Vorgesetzten, so deutet das auf Probleme hin.

Klappt die Zusammenarbeit mit dem Team?
Selbstständige Teams sind heute in vielen Unternehmen die Regel, so dass sich die Mitarbeiter in die bestehende Struktur einleben müssen. Nur so kann ein reibungsloses Miteinander und dadurch auch eine sehr gute Arbeitsleistung garantiert werden.

Führungskräfte müssen die relative Eigenständigkeit ihrer Mitarbeiter akzeptieren und respektieren, was sich wiederum in einem grundsätzlich respektvollen und wertschätzenden Umgang miteinander jenseits des gepflegten Führungsstils niederschlagen sollte.

Welche Noten liegen zugrunde?
Im Kernsatz der Verhaltensbeurteilung weist der Passus »stets vorbildlich« auf die Note »sehr gut« hin, »stets einwandfrei« eher auf »gut«. Für den Geschmack mancher Zeugnisaussteller klingt die Vorbildlichkeit jedoch über-

trieben oder wird gar als unrealistisch abgelehnt. So kann der Passus »stets einwandfrei« zumindest auch als »sehr gut« bis »gut+« interpretiert werden.

Charakterzüge und Persönlichkeitsmerkmale verändern sich in der Regel nicht, so dass Sie diese in der Zeitform der Gegenwart beschreiben können. Von manchen Zeugnisausstellern wird dies zwar als Stilbruch gewertet, inhaltlich ist es jedoch logisch.

Textbausteine zum persönlichen Verhalten	
Sehr gut	Herr XY tritt jederzeit frisch, kooperativ und höflich auf. Er fördert aktiv die Zusammenarbeit und ist als kompetenter und zugänglicher Ansprechpartner allseits sehr geschätzt. Sein persönliches Verhalten gegenüber Vorgesetzten, Kollegen, Mitarbeitern und Kunden ist stets vorbildlich. Frau XY wurde wegen ihres freundlichen Wesens und ihrer kollegialen Haltung von Vorgesetzten, Mitarbeitern und Kunden gleichermaßen geschätzt. Ihr Verhalten war immer vorbildlich. Herrn XYs persönliches Verhalten war stets vorbildlich. Bei Vorgesetzten, Kollegen und Geschäftspartnern war er anerkannt und sehr geschätzt. Er fördert(e) aktiv die (gute) Zusammenarbeit, übt(e) und akzeptiert(e) sachliche Kritik, war/ist stets hilfsbereit und stellt(e), wenn erforderlich, persönliche Interessen zurück. Frau XYs Auftreten ist jederzeit geprägt von ihrer zuvorkommenden, hilfsbereiten und kontaktfreudigen Art. Ihr persönliches Verhalten ist sehr gut.
Gut	Herrn XYs Verhalten gegenüber Vorgesetzten und Mitarbeitern ist jederzeit einwandfrei. Er ist ein geschätzter Ansprechpartner, der die gute Zusammenarbeit unterstützt, stets hilfsbereit sowie kommunikationsstark auftritt und sachliche Kritik übt sowie akzeptiert. Frau XYs Auftreten ist jederzeit geprägt von ihrer zuvorkommenden, hilfsbereiten und kontaktfreudigen Art. Ihr persönliches Verhalten ist stets einwandfrei. Herr XY wird wegen seines freundlichen Wesens und seiner kollegialen Art von Vorgesetzten, Kollegen, Mitarbeitern und Kunden gleichermaßen geschätzt. Sein persönliches Verhalten ist jederzeit einwandfrei.
Befriedigend	Sein Verhalten zu Vorgesetzten und Mitarbeitern war einwandfrei.
Ausreichend	Ihr Verhalten gegenüber Vorgesetzten und Mitarbeitern war (höflich und) korrekt. Sein Verhalten gab zu Beanstandungen keinen Anlass.
Mangelhaft/ Ungenügend	Sein persönliches Verhalten gegenüber Geschäftspartnern und Mitarbeitern (Vorgesetzte fehlen! Weist auf Mängel im Verhalten zu Vorgesetzten hin) war einwandfrei. Ihr persönliches Verhalten gegenüber Vorgesetzten und Geschäftspartnern war einwandfrei (deutet auf Mängel im Verhalten zu den Kollegen hin, weil die nicht erwähnt werden). Sein persönliches Verhalten war im Wesentlichen einwandfrei.

Wo Sie Personengruppen noch nennen können

Bisweilen klingt es sehr ungelenk, wenn im Kernsatz der Verhaltensbeurteilung immer alle Kontakte und Personengruppen genannt werden. Alternativ kann man daher an anderer Stelle im Zeugnis auf die jeweiligen Personengruppen eingehen. Diese Methode eignet sich auch sehr gut, um Kernkompetenzen und Eigenschaften, die sich unmittelbar im Zusammenhang mit dem Verhalten gegenüber der jeweiligen Personengruppe zeigen, einzuflechten.

Überdies können Unternehmen aus dem Dienstleistungssektor so die leidige Problematik der Nennung der Kunden an erster Stelle umgehen: Sie handeln das persönliche Verhalten des Beurteilten gegenüber den Kunden im Zeugnistext nach dem Fachwissen zuerst ab, gehen dann auf die anderen Kontaktgruppen ein und erwähnen die Personengruppen im Kernsatz schlichtweg nicht mehr explizit.

4.7 Schlussformel – mit Textbausteinen

Die Schlussformel des Zeugnisses ist wahrscheinlich die sensibelste Stelle im ganzen Zeugnis. Diesen Satz kann man als Interpretation des gesamten Zeugnisses verstehen. Viele Personaler und auch Headhunter lesen aus diesem Grund ein Zeugnis gerne von hinten nach vorne; die Schlussformel gilt hier gewissermaßen als Türöffner. Die Schlussformel eines perfekten Zeugnisses besteht – nach dem Grund des Ausscheidens – aus drei aufeinanderfolgenden Teilen:

- Bedauern des Arbeitgebers über das Ausscheiden des Zeugnisempfängers, also des Mitarbeiters
- Dank für die geleistete Arbeit
- Gute Wünsche für die Zukunft

Bislang gibt es weder eine gesetzliche Regelung noch ein Gerichtsurteil, wonach der Zeugnisempfänger eines dieser drei Elemente gerichtlich einklagen kann. Die Würdigung und Nennung dieser Passi liegt einzig am guten Willen des Arbeitgebers. Dies unterstreicht die Bedeutung des Bedauerns, Danks und der guten Wünsche zusätzlich.

Warum wurde das Arbeitsverhältnis beendet?

Ein weiterer wichtiger Punkt in der Schlussformel ist die Erwähnung der Kündigungsinitiative. Lag sie beim Arbeitgeber oder beim Mitarbeiter? Wurde eine Beendigung von beiden Seiten angestrebt oder erfolgte sie aus betriebsbedingten Gründen? Im Zwischenzeugnis entfällt naturgemäß das Bedauern, hier werden der Dank und das Hoffen bzw. die Freude auf eine weiterhin erfolgreiche Zusammenarbeit erwartet.

Privates darf im Zeugnis nicht erwähnt werden. Dennoch gilt es als besondere Würdigung des Zeugnisempfängers, wenn man ihm »für die Zukunft beruflich wie privat alles Gute (und weiterhin viel Erfolg)« wünscht. Wem das zu direkt ist, der kann »privat« durch »persönlich« ersetzen.

Zwischenzeugnis: Musterformulierungen für die Schlussformel

Sehr gut	»Dieses Zwischenzeugnis wird aufgrund eines Vorgesetztenwechsels von Herrn XY ausgestellt. Wir bedanken uns bei Herrn XY für seine (bisherige) (stets) ausgezeichnete (sehr gute) Arbeit und wünschen uns eine noch lange während so positive Zusammenarbeit.«
Gut	»Dieses Zwischenzeugnis wurde auf Wunsch von Frau XY erstellt. Wir bedanken uns bei ihr für ihre (bisher) geleistete (stets) gute (hochwertige, wichtige) Arbeit und freuen uns auf eine weiterhin erfolgreiche Zusammenarbeit.«
Zufrieden-stellend	»Dieses Zwischenzeugnis wird aufgrund eines Vorgesetztenwechsels von Herrn XY ausgestellt. Wir bedanken uns bei Herrn XY für seine (bisherige) solide Arbeit und hoffen auf ein noch lange währendes Arbeitsverhältnis.«
Nicht zufrie-denstellend	»Dieses Zwischenzeugnis wurde auf Wunsch von Frau XY erstellt.«

Endzeugnis: Musterformulierungen für die Schlussformel

Wenn der Mitarbeiter gekündigt hat

Sehr gut	»Auf ihren eigenen Wunsch scheidet Frau XY zum Tag/Monat/Jahr aus unserem Unternehmen aus. Wir bedauern ihre Entscheidung außerordentlich, weil wir mit ihr eine sehr gute (wertvolle) Mitarbeiterin verlieren. Wir bedanken uns bei ihr für ihre stets (allzeit) wertvolle (ausgezeichnete, sehr gute) Arbeit und wünschen ihr beruflich wie privat alles Gute und weiterhin viel Erfolg.«
Gut	»Herr XY verlässt uns mit dem heutigen Tage auf eigenen Wunsch. Wir bedauern seinen Entschluss sehr, danken ihm für seine wertvollen Dienste und wünschen ihm für seine berufliche wie persönliche Zukunft alles Gute und weiterhin viel Erfolg.«
Zufrieden-stellend	»Frau XY verlässt unser Unternehmen mit dem heutigen Tage auf eigenen Wunsch. Wir bedauern ihren Entschluss, danken ihr für ihre Mitarbeit und wünschen ihr für ihre Zukunft alles Gute und weiterhin Erfolg.«

Endzeugnis: Musterformulierungen für die Schlussformel	
Unterdurch-schnittlich	»Herr XY verlässt uns mit dem heutigen Tage auf eigenen Wunsch. Wir wünschen ihm für die Zukunft alles Gute.«
Mangelhaft	»Herr XY verlässt uns mit dem heutigen Tage auf eigenen Wunsch. Wir wünschen ihm für die Zukunft alles Gute.«
Wenn der Arbeitgeber gekündigt hat	
Sehr gut	»Aufgrund tiefgreifender Umstrukturierungen, die auch die Position von Frau XY betreffen, endet ihr Arbeitsverhältnis mit dem heutigen Tag betriebsbedingt (aus betriebsbedingten Gründen). Wir bedauern diese Entwicklung außerordentlich, weil wir mit Frau XY eine sehr gute Mitarbeiterin verlieren. Wir bedanken uns bei ihr für ihre (stets, allzeit) wertvolle (ausgezeichnete, sehr gute) Arbeit und wünschen ihr beruflich wie privat alles Gute und weiterhin viel Erfolg.«
Gut	»Das Arbeitsverhältnis von Herrn XY endet mit dem heutigen Tage betriebsbedingt. Wir bedauern diese Entwicklung sehr, weil wir mit Herrn XY einen guten Mitarbeiter verlieren. Für seine loyalen Dienste danken wir Herrn XY, für seine berufliche wie persönliche Zukunft wünschen wir ihm alles Gute und weiterhin viel Erfolg.«
Zufrieden-stellend	»Das Arbeitsverhältnis mit Frau XY endet mit dem heutigen Tage betriebsbedingt. Wir bedauern diese Entwicklung, danken ihr für ihre Mitarbeit und wünschen ihr für ihre Zukunft alles Gute und weiterhin Erfolg.«
Unterdurch-schnittlich	»Das Arbeitsverhältnis mit Herrn XY endet mit dem heutigen Tage betriebsbedingt. Wir wünschen ihm für die Zukunft alles Gute.«
Mangelhaft	»Das Arbeitsverhältnis mit Herrn XY endet mit dem heutigen Tage betriebsbedingt. Wir wünschen ihm für die Zukunft alles Gute.«

Erfolgt eine Trennung von beiden Seiten, kommt es beispielsweise zu einem Aufhebungsvertrag, so ist in der Schlussformel »das beste beiderseitige Einvernehmen« zu betonen. Das »gegenseitige/beiderseitige Einvernehmen/Einverständnis« hingegen weist auf eine Kündigung oder eine Trennung unter Misstönen hin. Das beste beiderseitige Einvernehmen kann auch durch eine konkretere Begründung (z. B. Uneinigkeit über die weitere Strategie oder ein plötzlicher Vorgesetztenwechsel) angereichert werden.

Beispiel: Trennung auf beiderseitige Initiative hin !

»Das Arbeitsverhältnis mit Herrn XY endet mit dem heutigen Tag im besten beiderseitigen Einvernehmen. Gleichwohl bedauern wir diese Entwicklung außerordentlich, weil wir mit Herrn XY einen sehr guten (wertvollen) Mitarbeiter verlieren. Wir bedanken uns bei ihm für seine (stets, allzeit) wertvolle (ausgezeichnete, sehr gute) Arbeit und wünschen ihm beruflich wie privat alles Gute und weiterhin viel Erfolg.«

5 Musterzeugnisse – auf Englisch

Verwenden Sie eines der deutschen und englischen Musterzeugnisse und passen Sie es Ihrer Tätigkeit und Ihren Leistungen (bzw. der Tätigkeit und den Leistungen Ihres ehemaligen Mitarbeiters) an. Alle Musterzeugnisse finden Sie auch auf der Internetseite zum Buch unter www.haufe.de/mybook. Von dort können Sie die Musterzeugnisse auf Ihren Computer herunterladen, bearbeiten und ausdrucken.

5.1 Automotive Asia

REFERENCE

Mr Kurt Heimeier

To Whom It May Concern:

We are pleased to comment on Kurt Heimeier, who was employed in various management positions at Global Automotive Suppliers AG from 1 October 1999 to 31 August 2013, most recently as Regional Director Asia Business Development & Marketing.

Kurt initially began his career here as Sales Account Manager for East Asia. He supported Japanese and Korean clients and was Key Account Manager for clients e. g. Honda and Suzuki. In addition, Kurt was also responsible for project managing hydraulic and electronic braking systems.

Based on his excellent performance, Kurt was promoted to Director Strategic Management & Marketing in January 2003. He also became a member of the Global Automotive Suppliers Management Board, reported to the CEO and managed a 30-person team at various facilities in Japan and Korea. Kurt's duties comprised the expansion of and increase in business with Japanese OEMs worldwide, including developing a transplant concept. He was also responsible for the entire organization in Korea. Kurt controlled and managed all marketing activities and was responsible for corporate planning and sales coordination. His core responsibilities also included seeking and identifying new business opportunities and formations in the technology area and in specific market segments.

As a result of his continued success and versatility, Kurt was promoted to the position Regional Director Business Development & Marketing Asia in Shanghai, China in January 2006. In this role he managed a 30-person team, reported to the President of Global Automotive Suppliers Asia and covered the following responsibilities:

- Developed and implemented business development strategies and controlled growth managements for region Asia.
- Led, motivated and trained all employees of his departments.
- Planned and coordinated sales.
- Continually researched markets, executed market and competitor analyses.
- Designed and realized strategies and procedures for client marketing.
- Developed concepts, selected and negotiated M&A transactions.
- Represented company at trade shows and exhibits.

Kurt impressed us in his positions because of his excellent, comprehensive expert and management knowledge, his consistent entrepreneurial approach and his clear decisiveness. We always valued his extensive experience in Asia and his expertise at initiating, executing and implementing M&A transactions in particular. Kurt is also skilled at combining strategic thinking with operational implementation. His excellent negotiation skills and access to management-level contacts as well as his superior Asian market knowledge, ability to think ahead and creativity allowed Kurt to contribute significantly to our company's success in the region.

Kurt always persistently drove our company's regional business, thus increasing its turnover share from 9% to 28% with the Asia strategy he developed in cooperation with our management board. Kurt was also instrumental in developing joint ventures in China, India and Japan. We would like to specifically praise his significant role in preparing and integration several acquisitions of local competitors, which increased cost savings synergies in the region by 35%.

We value Kurt as dynamic, inspiring manager who always led his area of responsibility in a targeted and results-oriented manner while refining it with various initiatives. He was also able to function in a highly efficient manner in our complex matrix organization. Kurt especially distinguishes himself through his effective work style, high sense of engagement and exceptional commitment. He also impressed us with target specific communication and was able to adapt excellently to diverse mentalities and cultures due to his proven intercultural competence and extensive Asian experience.

As a leader with a cooperative approach, Kurt was exemplary at motivating his team to perform consistently well. He was respected and fully recognized in his leadership role and was always able to assert himself when necessary. He set clear targets and delegated responsibilities and tasks in a practical manner. This enabled Kurt to establish a decided good and positive work environment. We are emphasizing this because Kurt's team was highly international and partly dispersed in different countries, which required him to be especially tactful.

Kurt's performance has been at all times to our utmost satisfaction. Personally, he always presented himself confidently and cooperatively and was valued as a business partner at all levels. His conduct towards his superiors, colleagues, employees and the entire team was at all times impeccable.

Kurt is leaving Global Automotive Suppliers AG on 30 September 2013 to pursue other career opportunities. We sincerely regret his decision to leave because we are losing an excellent Senior Manager. We would like to express our gratitude for his significant contribution and give him both our highest professional and personal recommendations. We sincerely wish him all the best and continued success in his future endeavours.

Place, Date   Signature

                                     Managing Director

Gutachten   **!**

Einleitung: Es werden alle wichtigen Daten genannt.

Tätigkeitsbeschreibung: Sie fällt für eine Reference lang aus, indem sie die Führungs- und Fachaufgaben klar beschreibt.

Fachwissen: Herrn Heimeiers Fachwissen wird mit sehr gut bewertet.

Leistungsbeurteilung: In Kombination mit dem passenden Portfolio an Kernkompetenzen wird auch hier im Kernsatz ein Sehr gut vergeben. Leicht herausgehoben wird die Projekttätigkeit mit Business-Development-Bezug, die Herrn Heimeier voraussichtlich von vielen anderen Kandidaten abhebt. Auch zeichnet ihn die Asien-Erfahrung aus

Verhaltensbeurteilung: Sie fällt sehr gut aus.

Schlussformel: Sie bewertet ihn mit sehr gut.

Fazit: Herr Heimeier erhält ein gutes Zeugnis, welches sich in Detaillierung und Würdigung der einzelnen Parameter in den Kernsätzen der Beurteilung an ein deutsches qualifiziertes Zeugnis anlehnt.

5.2 Automotive Europe

REFERENCE

Mr John Kraempel

We are pleased to comment on Mr John Kraempel, who was employed as Director Technical Development from 1 September 2009 to 31 December 2012 at Allied Automotive Electronics, Business-Line Infotainment & Telematics; Grenoble, France reporting to our CEO.

In his role as Director Technical Development Mr Kraempel had the following responsibilities:
- Supervised development in Infotainment & Telematik division,
- Led and managed technical projects (hardware, software, mechanics) from bidding stage until completion at locations in Grenoble, Munich, Chennai, Detroit and Ningbo; also at numerous supplier locations,
- Restructured organization after company's significant growth,
- Reinforced team competence in supplier management, design know-how, quality management, workforce planning and budget management,
- Developed internal platform for future projects.

Due to his superior intellect and comprehensive experience, Mr Kraempel acted independently and was able to execute all his responsibilities in a comprehensive manner. His above-average expert knowledge and performance were always impressive. Mr Kraempel's strategic and conceptual sense of judgment and complex approach were especially convincing. He had a special talent for distinguishing core issues and decisive contributing factors in complex situations and finding the right solution. His work quality satisfied the highest requirements.

Based on his clear and well-grounded work structure, Mr Kraempel was always able to successfully solve even the most difficult and complex challenges. He completed all of his management tasks in a highly competent and engaged manner. In his leadership role he had personnel responsibility for 425 employees, was direct line manager for 80 and led a 125-person project team. Mr Kraempel identified himself to a high degree with his duties and responsibilities, always completing them in a very committed and highly engaged manner.

We highly value Mr Kraempel's loyalty, reliability and consistent sense of responsibility. His performance has been at all times to our utmost satisfaction.

He always presented himself confidently and cooperatively and was valued as a business partner at all levels. His demeanour was courteous and his presence was professional. He always represented our company in an exemplary fashion. His conduct towards his superiors, colleagues, employees and the entire team was at all times impeccable.

Unfortunately the employment relationship with Mr Kraempel ended on 31 December 2012 due to a fundamental change within the organisation's operational structure. We deeply regret this development and his departure because we are losing an excellent employee. We would like to express our gratitude for Mr Kraempel's significant contribution and give him both our highest professional and personal recommendations. We sincerely wish him all the best and continued success in his future endeavours.

Place, Date   Signature

                                           Managing Director

Gutachten   !

Einleitung: Es werden alle wichtigen Daten genannt.

Tätigkeitsbeschreibung: Sie fällt relativ kurz, aber doch hinreichend detailliert aus, indem sie die Führungs- und Fachaufgaben klar beschreibt. Diese Kürze ist typisch für eine Reference.

Fachwissen: Herrn Kraempels Fachwissen wird mit gut bewertet.

Leistungsbeurteilung: In Kombination mit dem passenden Portfolio an Kernkompetenzen wird hier im Kernsatz ein Sehr gut vergeben. Leicht herausgehoben werden die Führungsverantwortung und insbesondere die große Führungsspanne, die ihn voraussichtlich von vielen anderen Kandidaten abhebt.

Verhaltensbeurteilung: Sie fällt sehr gut aus.

Schlussformel: Sie bewertet ihn mit sehr gut. Die Gründe der Kündigung werden detailliert beschrieben, hier gibt es im anglo-amerikanischen Zusammenhang auch keinen Geheimcode.

Fazit: Herr Kraempel erhält ein gutes bis sehr gutes Zeugnis.

5.3   Bank-Clerk

REFERENCE

Mr Max Myers

We are pleased to comment on Max Myers, who was employed as Product Management Specialist at Europe-Asia-Trade Bank (Hong Kong branch) from 24 December 2012 until 22 February 2013.

During his placement, Max had the role of Assistant to Head of Product Management – Asia in Global Transaction Services. In this role, his major responsibilities included the following:

- Collaborated on preparing and executing approvals for payment transfers, cash management and trade finance products to submit to Global Committee Asia: Singapore, Shanghai, Hong Kong and China.
- Independently acquired and expanded knowledge related to highly complex products and took on challenges required from coping with topic »China as New Market« e. g. dealing with yen currency.
- Attended global meetings dealing with topic »Product Management & Client Relationship Management«.
- Collaborated on Cash Management Sales issues and topics.
- Collaborated on: Process development and description for Cash Management and Trade Finance products; process description for business PC tool.

Max proved to have a quick grasp of his assigned tasks and always completed them not only with precision but also with intelligence. He demonstrated well structured organizational and coordination skills as well as broad technical knowledge. It is especially noteworthy that he increased his intercultural competence during his expatriate stay abroad in Hong Kong.

Max's performance was at all times to our utmost satisfaction. A friendly and extrovert individual, Max's open and engaging demeanour, absolute dependability and trustworthiness are held in high regard. He always behaved in the utmost professional manner towards management, colleagues, staff and clients. We especially appreciate the fact that Max is currently completing his MBA on a part-time basis while working 3 days weekly at our head office in London (UK).

Max's placement at Europe-Asia-Trade Bank Hong Kong ended as planned on 22 February 2013. Max will return to our headquarters. We would like to take this opportunity to thank Max for his highly engaged, results-oriented contribution and sincerely wish him continued personal and professional success.

Place, Date   Signature

                               Managing Director

Gutachten   **!**

Einleitung: Es werden alle wichtigen Daten genannt.

Tätigkeitsbeschreibung: Sie fällt relativ kurz, aber doch hinreichend detailliert aus, indem sie die Führungs- und Fachaufgaben klar beschreibt. Diese Kürze ist typisch für eine Reference.

Fachwissen: Herrn Myers' Fachwissen wird mit gut bewertet.

Leistungsbeurteilung: In Kombination mit dem passenden Portfolio an Kernkompetenzen wird auch im Kernsatz ein sehr gut vergeben.

Verhaltensbeurteilung: Sie fällt sehr gut aus.

Schlussformel: Sie bewertet ihn mit sehr gut. Durch die begrenzte Zeitspanne seiner Beschäftigung als entsandter Spezialist und die offensichtliche Rückkehr ins Hauptquartiert entfallen detaillierte Wunsch- oder Bedauernsformulierungen.

Fazit: Herr Myers erhält ein sehr gutes Zeugnis.

5.4   Development Engineer and Team Leader

REFERENCE

Mr Paul Roth

To Whom It May Concern:

We are pleased to comment on Mr Paul Roth, born 25 May 1983 in Frankfurt, who was employed with XXX from 1 April 2009 until 30 November 2013 as Development Engineer and Team Leader.

XXX is a leading manufacturer of transportation systems, in particular heavy duty lorries and trailers.

Paul started his career with XXX as development engineer in our research and development department. In this position he:
- Constructed engine components.
- Compiled engineering data.
- Constructed various prototypes.

- Completed diverse tasks in international diesel engine development projects involving several other XXX-firms.
- Managed all interaction with customers and suppliers.

As Paul injected a lot energy into his job and achieved convincing results regularly, he was promoted to team leader on 1 June 2012.

While still fulfilling his engineering, data compiling, and contact management tasks, he was from then on additionally responsible for a team of 4 engineers. With his team Paul managed partial projects dealing with the development of component groups for heavy duty diesel engines.

As a certified engineer Paul possess in-depth technical expertise and a very good sense of application. He analyses even complex matters profoundly and develops highly effective solution patterns which have always and exactly met our customers' needs. While independent, Paul is also an excellent team player who would provide each team member with exactly the help or information that he or she asked for to deliver top notch team results. Fluent in French, English, and German, Paul is a real pleasure to work with in a multinational environment and actively drives forward international projects.

In his leadership role Paul displayed great confidence and finely honed management skills and was very appreciated by his 4 subordinates. Under his leadership his team reached each project milestone on time and within the budget, sometimes even exceeding our high expectations.

Paul is a very astute, diligent, resourceful, reliable, and trustworthy individual who always achieved superior results. His performance was always to our utmost satisfaction. Showing good communication skills his personal behaviour was always impeccable, and he was well liked by his superiors, peers, and subordinates as well as by our customers and suppliers.

Paul is leaving us today on his own choosing as he is looking for new endeavours. We are sorry to see him go and thank him for his loyal and superior achievements. Paul is recommended highly by us and we wish him much success in his future.

Should you have any further questions concerning Paul, please feel free to contact me at …

Johannesburg, 30 November 2013   John Smith

                                        Head of R&D

Gutachten   !

Einleitung: Hier finden wir die typische Einleitung für anglo-amerikanische Zeugnis-schreiben: Es wird bereits zu Beginn bekundet, dass man die Beurteilung von Herrn Roth mit Freude übernommen hat. Dieser positive Einstieg ist unabdingbar für eine sehr gute Beurteilung.

Tätigkeitsbeschreibung: Sie fällt gemäß den anglo-amerikanischen inoffiziellen Richtlinien eher knapp aus. Die Beförderung von Herrn Roth wird durch einer klei-nen Zwischenbeurteilung entsprechend gewürdigt. Die Aufzählung der Tätigkeiten befindet sich ebenso wie der Fließtextteil mengenmäßig im Rahmen des Üblichen. Die Nennung nur des Vornamens des Beurteilten ist hier im krassen Gegensatz zu deutschen Arbeitszeugnissen normal.

Fachwissen: Die Beurteilung des Fachwissens schließt sich nahtlos an und reflek-tiert die Note sehr gut.

Kernkompetenzen: Naturgemäß wird den persönlichen Kernkompetenzen in anglo-amerikanischen Zeugnissen eine hohe Bedeutung beigemessen – diese zählen oftmals mehr als das Fachwissen. Bezogen auf seinen Job, wird Herrn Roth ein angemessenes Portfolio zugeteilt. Wichtig ist hier auch die Würdigung von Herrn Roths Führungsqualitäten, da diese im anglo-amerikanischen Wirtschaftsraum – ähnlich wie in Deutschland – als Unterscheidungsmerkmal zu Fachkräften sehr wichtig sind.

Zusammenfassende Leistungsbeurteilung: Hier wurde eine dem deutschen Ar-beitszeugnis ähnliche Variante gewählt (*His performance was always to our utmost satisfaction.*), die die Note sehr gut ausdrückt.

Zusammenfassende Verhaltensbeurteilung: Auch hier wurde – durch Zufall? – eine Anlehnung an das deutsche Vorbild gewählt (Showing good communication skills his personal behaviour was always impeccable, and he was well liked by his supe-riors, peers, and subordinates as well as by our customers and suppliers.), die Note lautet sehr gut.

Schlussformel: Im Unterschied zu deutschen Zeugnissen wird hier die klare Emp-fehlung von Herrn Roth ausgesprochen. Fehlt diese, so kann dies negativ ausgelegt werden. Ebenso typisch ist die Bereitschaft des Referenzgebers, persönlich über Herrn Roth Auskunft geben zu wollen. Die Übermittlung der Kontaktdaten gehört folglich zum Zeugnis dazu.

Fazit: Herr Roth erhält ein vollkommen karriereförderliches Beurteilungsschreiben, das ihn ohne Einschränkungen mit sehr gut bewertet.

5.5   General Manager and Expansion Executive

Letter of Recommendation

Mr. Fabian Wegmeier

To Whom It May Concern:

We are pleased to comment on Mr. Fabian Wegmeier who was employed with XXX from 6 June 2010 until 31 September 2013 as General Manager and Expansion Executive.

In his position Fabian reported directly to me and was mainly responsible for all M&A activities connected to our Asian expansion plans that we had just rolled out when Fabian joined us. Thus Fabian played a major role in the initial steps of our expansion phase.

In particular, Fabian executed the whole M&A process comprising the pre-deal evaluation, deal preparation, planning, and executions by taking the following measures, here presented in chronological order:

- Investigated the market in various Asian countries, in particular Thailand, Malaysia, and Greater China and defined the targets for a potential takeover.
- Created a feasible and future-orientated strategy.
- Collected information of the relevant companies and prepared a SWOT-analysis.
- Investigated in detail companies in the respective countries under the consideration of the local legislation.
- Headed the respective due diligence team to coordinate the internal and external resources working on commercial, financial, legal, tax, HR, and environmental matters.
- Cooperated seamlessly with lawyers and auditors, mainly of the Asian branches of global consulting and law firms.
- Planned a takeover's budget comprising negotiation of the purchase price, ROI, negotiation of the contracts for the transaction including payment structure.

Fabian impressed us right from the start with his profound professional knowledge, his remarkable business acumen, and his highly effective hands-on approach. It took him an exceptionally short time to overlook the whole market and identify attractive takeover targets. Due to his finely honed strategic and operational abilities plus his longstanding experience in doing business in Asia Jens developed efficient plans to execute a takeover, showing outstanding analytical and problem solving skills.

Furthermore I would like to emphasize Fabians leadership and people management, especially during the due diligence process, which was of great help to generate correct figures that in turn were vital to the further strategy design. Indeed, there was a significant overlap between the presented figures on behalf of the company and the company's real value so that we could perfectly rely on Fabian's reports and advice.

Fabian combines a sales and customer orientated mentality with very good communication skills and an exemplary entrepreneurial spirit. In combination with his convincing negotiation style and his pleasant and co-operative personality, Fabian established a close relationship of mutual trust with the management of the potential target company and its customers. During the due diligence process he executed the commercial part to evaluate the future potential of the target, the overall revenue volume reaching up to 50 MEUR.

I am therefore happy to state that Fabian definitely proved to be a visionary, energetic, and absolutely reliable leader who always lived up to our high expectations. But we also very much appreciated his honest and serious manner, as well as his good sense of humor within our management team.

Unfortunately, Fabian has been offered another career chance. As a result, he is leaving us on his own account, which we regret. However we would like to underline that Fabian helped us find a suitable successor and he even introduced him to his job.

We thank Fabian for his excellent performance and wish him all the best and success in his future endeavours. As we rate him highly, I give him our highest recommendation to every employer seeking a dedicated, trustworthy, and above all capable general, sales, or expansion manager.

Please do not hesitate to contact me personally at ... should you have any further questions about Fabian himself or his results.

Place, Date   Jack Woo

                                               CEO Asia Pacific

! **Gutachten**

Einleitung: Hier wird mit dem Ausdruck der Freude, dass man über Herrn Wegmeier Zeugnis ablegt, der für einen Letter of Recommendation typische Auftakt gewählt. Die Nennung der Beschäftigungszeitraums ist ebenfalls üblich und dem deutschen Arbeitszeugnis nicht unähnlich.

Tätigkeitsbeschreibung: Aus der Tätigkeitsbeschreibung geht eindeutig hervor, dass das Empfehlungsschreiben sehr persönlich ist, da es der direkte Vorgesetzte geschrieben hat – dies sogar ausdrücklich nur in seinem Namen. Hier liegt somit ein Unterschied zum deutschen Arbeitszeugnis vor. Die Auflistung der Tätigkeiten erfolgt relativ detailliert, dies ist in einem Letter of Recommendation eher die Ausnahme. Die ausschließliche Nennung des Vornamens wird in einem persönlichen Letter of Recommendation erwartet.

Fachwissen: Die Beurteilung des Fachwissens liegt bei sehr gut und ist gleichzeitig mit der Beurteilung der Kernkompetenzen ›Geschäftssinn‹ und ›Arbeitsstil‹ verbunden. Diese Verschmelzung von verschiedenen Dimensionen ist in anglo-amerikanischen Beurteilungsschreiben normal.

Kernkompetenzen: Herrn Wegmeiers Portfolio an Kernkompetenzen ist ideal an sein Tätigkeits- und Verantwortungsgebiet angepasst. Die Führungskompetenz ist hierbei ebenso wichtig wie die strategischen und operativen Managementfähigkeiten. Ebensolche Würdigung verdient seine Vertrauenswürdigkeit und seine zwischenmenschlichen Qualitäten. Die relativ informellen Beurteilungsformulierungen sind für einen Letter of Recommendation typisch.

Zusammenfassende Leistungsbeurteilung: Hier wird die Note sehr gut vergeben. Die Einbettung in weitere Kernkompetenzen ist durchaus üblich (I am therefore happy to state that Fabian definitely proved to be a visionary, energetic, and absolutely reliable leader who always lived up to our high expectations.).

Zusammenfassende Verhaltensbeurteilung: Auch hier wird die Note sehr gut erteilt (But we also very much appreciated his honest and serious manner, as well as his good sense of humor within our management team.).

Schlussformel: Neben der unabdingbaren Empfehlung und dem Angebot zur persönlichen Kontaktaufnahme werden hier die Gründe und Rahmenbedingungen von Herrn Wegmeiers Weggang beleuchtet. Der Zeugnisaussteller bedauert den Weggang, lobt aber auch Herrn Wegmeiers Einarbeitung des Nachfolgers.

Fazit: Herr Wegmeier wurde von seinem Vorgesetzten tatsächlich geschätzt und hat eine ausgezeichnete Leistung bewiesen. Dies wird im Zeugnisschreiben deutlich, die Note liegt im Bereich von sehr gut.

5.6 Purchase Manager Raw Materials and Sales Manager Mercosur

Letter of Recommendation

Mr Jens Dahlbusch

To Whom It May Concern:

I am pleased to give my judgement on Mr Jens Dahlbusch, who was employed with XXX Brasil in various positions, since 1 December 2008 as Purchase Manager Raw Materials and Sales Manager Mercosur.

Jens began his career with XXX on 1 January 2005 as Trainee for our oil milling and fruit juice production business. In this position he executed several operations in our plants in Sao Paulo, Caracas, Nassau, Charlotte, and Atlanta.

After the successful completion of his traineeship, Jens was employed at our Porto Alegre branch as Raw Materials Dealer. Soon Jens proved his convincing capabilities to overlook the diversified market and quickly react to price fluctuations, thus saving us important profits.

As a consequence Jens was given further responsibilities and was promoted to Purchase Manager Raw Materials and Sales Manager Mercosur operating from Porto Alegre.

In this twin function Jens was responsible for the purchase of several raw materials, in particular soya, rape, and sunflower oils as well as for the sale of the raw materials to our customers in the whole Mercosur and partly also Mexico, mainly important players in the food industry.

Jens fulfilled all strategic and operational tasks such as planning and forecast, customer and supplier relationship management, contract management and negotiations, market research, and quality management.

In all his positions Jens convinced us with his profound expertise and his finely honed management skills. Especially when it came to pricing Jens proved an excellent negotiator with a good feeling for future trends. He was thus able to fix prices that were to our favour but did not alienate our business partners.

Jens is a very astute, diligent, resourceful, and reliable individual who would readily help every colleague or team mate, so that the company's performance would be improved. Due to his good analytical and organisational abilities plus his resilience Jens developed effective solutions to any problem and delivered very good results even in very challenging situations. Indeed we could always rely on Jens as he was also a very open, sociable, and dedicated member of our management team. Fluent in Portuguese and Spanish, he was a widely accepted negotiator in the whole Mercosur. Thanks to his very good English skills he was regularly involved in transcontinental project work and communicated effectively with every customer or supplier outside Mercosur, too.

In conclusion, Jens always met our highest expectations and delivered an exceptional performance. Being widely appreciated both inside and outside XXX, Jens's behaviour was always to our utmost satisfaction.

I regret to lose Jens, who leaves us on his own account as he has been offered an attractive alternative in Europe.

I thank him for his loyal and superior achievements and whish him all the best in his future endeavours. Should you have any questions concerning Jens, I will be happy to underline my high recommendation personally.

Place, Date   Joaquin Aquino

                                             Country Manager

! Gutachten

Einleitung: Schon die Überschrift lässt keinen Zweifel daran, dass hier ein Empfehlungsschreiben vorliegt. Der Ausdruck der Freude seitens des Zeugnisausstellers passt hierzu.

Tätigkeitsbeschreibung: Hier wird Herrn Dahlbuschs Werdegang chronologisch und vollständig geschildert. Solange kurz gehalten, ist dies auch in einem Letter of Recommendation die übliche Praxis. Eine weitere Vertiefung der Tätigkeiten wird nicht vorgenommen, hierzu dient im Falle einer Bewerbung das persönliche Gespräch. Die ausschließliche Nennung des Vornamens ist üblich.

Fachwissen: Die Beurteilung des Fachwissens liegt bei ›sehr gut‹ und ist gleichzeitig mit der Beurteilung der Management Skills verbunden. Diese Verschmelzung von verschiedenen Dimensionen ist in anglo-amerikanischen Beurteilungsschreiben normal.

Kernkompetenzen: Hier genügt ein Absatz mit Herrn Dahlbuschs hervorstechendsten persönlichen Eigenschaften, entsprechend den Erwartungen, die man an diese Textsorte stellt.

Zusammenfassende Leistungsbeurteilung: Hier wird die Note ›sehr gut‹ vergeben (In conclusion, Jens always met our highest expectations and delivered an exceptional performance.).

Zusammenfassende Verhaltensbeurteilung: Auch hier wird die Note ›sehr gut‹ erteilt (Being widely appreciated both inside and outside XXX, Jens's behaviour was always to our utmost satisfaction.).

Schlussformel: Hier werden erwartungsgemäß die Empfehlung und das Angebot zur persönlichen Kontaktaufnahme angeführt – beides sind essenzielle Bestandteile eines Letters of Recommendation. Auch das Bedauern über Herrn Dahlbuschs Weggang, dem deutschen Usus ähnlich, passt hier ins Bild.

Fazit: Herr Dahlbusch erhält einen lupenreinen Letter of Recommendation, der ihn insgesamt mit sehr gut beurteilt.

5.7 Customer Service Manager

REFERENCE

Ms. Kate Jackson

To Whom It May Concern:

With reference to the above person.

To begin with we would like to point out that it is not the bank's policy to provide detailed references for employees.

We are however able to confirm that Ms. Jackson was employed by XXX Bank from 1 April 2010 until 30 September 2013 as customer service manager.

XXX Bank has no reason to doubt Ms. Jackson's honesty and integrity. Ms. Jacksons's attendance record was outstanding.

Ms. Jackson's ability and performance was documented by annual appraisal reports, copies of which were given to Ms. Jackson.

XXX Bank knows of no reason whatsoever why Ms. Jackson should not be employed by any potential future employer.

Yours faithfully

Place, Date   Signature

While pleased to provide this reference we would like to point out that the above information is given in good faith and without any legal liability.

> **! Gutachten**
>
> **Einleitung:** Der Beginn des Beurteilungsschreibens stellt klar, dass der Aussteller, in diesem Fall eine Bank, grundsätzlich keine detaillierten Informationen über Angestellte veröffentlicht. Diese Praktik kann für Finanzinstitute durchaus üblich sein und sollte zunächst keinen Argwohn erregen. Dennoch wirkt ein so formulierter Anfang a priori wenig positiv. Es wird keine Freude über die Beurteilung ausgedrückt.
>
> **Tätigkeitsbeschreibung:** Hier werden nur die Position und der Beschäftigungszeitraum genannt, was wenig aussagt. Die Nennung der Beurteilten bei ihrem Nachnamen kann man negativ auslegen, weil sie unpersönlicher ist, gleichwohl kann sie für Unternehmen des Finanzgewerbes, die generell einen distanzierteren Stil pflegen, durchaus üblich sein.
>
> **Fachwissen:** Hier wird keine Beurteilung abgegeben.
>
> **Kernkompetenzen:** Hier werden nur sehr oberflächliche Eigenschaften genannt, die fast keine Leistungseinschätzung zulassen. Auch dies kann man einerseits negativ bewerten, andererseits aber auch im Zusammenhang mit der allgemeinen Diskretionspflicht von Banken sehen, die diese auch und gerade auf Beurteilungsschreiben ausdehnen.
>
> **Zusammenfassende Leistungsbeurteilung:** Sie fehlt völlig, es wird aber immerhin ein Hinweis auf interne jährliche Beurteilungsberichte gegeben. Es wird darauf hinauslaufen, dass man genau diese Berichte einsehen muss, um eine einigermaßen klare Beurteilung von Frau Jacksons Leitungsfähigkeit und Verhalten zu bekommen. Zusammenfassende Verhaltensbeurteilung: Siehe oben.
>
> **Schlussformel:** Hier wird keine klare Empfehlung ausgesprochen, doch eine Zurückhaltung wird auch nicht angeraten. Zu dieser, sozusagen unentschlossenen, Haltung passt auch die Schlussbemerkung, die jegliche Haftung ausschließt.
>
> **Fazit:** Das Beurteilungsschreiben an sich ist so gut wie nichts wert, wenn man eine faire Beurteilung über Frau Jackson haben möchte. Entscheidend sind die internen Beurteilungsberichte, nichts Anderes. Ob Frau Jackson eine schlechte Mitarbeiterin war oder nicht, lässt sich nicht zweifelsfrei ermitteln.

5.8   Support Technical Problems

To Whom It May Concern:

It is my pleasure to confirm that Ms Maria Chang has been employed by XXX Asia-Pacific since 1st February 2008.

Maria's main duties today consist of supporting our distributors and customers with technical problems on our measurement tools, on-site technical visits, and training of distributors' staff throughout the region, as well as organizing and running the our Asia-Pacific Customer Support Centre. This task includes the hiring and management of engineers.

As a major project responsibility, Maria developed and implemented the design and implementation of a regional on-line customer support help desk system that has been working faultlessly, thus enabling us to streamline our customer support. This helped us considerably increase our customer's trust into our products and our team.

Throughout his time with XXX Asia-Pacific, Maria has always been an excellent employee, injecting a great amount of energy, initiative, and responsibility in all aspects of her job. Her analytical abilities and her hands-on approaches are vital to our smooth daily business. Due to her finely honed communication skills and his friendly manner, Maria is well liked by her superiors and colleagues alike, and we appreciate her as someone you can rely on in any situation. Her professional knowledge is far above average and her thoroughness of application is remarkable.

Maria's special qualification is certainly her German-Chinese origin, which is why she is fluent in Cantonese and familiar with Chinese business culture. She is thus able to understand our customer's needs and way of thinking profoundly and develops excellent solutions, so that she gains her contacts' trust easily.

Maria's results and her personal behaviour have always been to our utmost satisfaction.

We provide this reference, as our organization is about to undergo major restructuring. I do not hesitate to recommend Maria for any position where an outstanding, Asia focused customer service manager and a skilful team player is required. We thank Maria for her loyal and very good performance and hope that she will stay with us in the future.

Please feel free to get in touch with me personally, should you have any further questions.

XXX (Asia-Pacific) Limited

Place, Date   David Kidd

                                           Managing Director

> **! Gutachten**
>
> **Einleitung:** Der Auftakt mit seiner Bekundung der Freude, dass Frau Chang beurteilt wird, lässt eine positive Beurteilung erwarten.
>
> **Tätigkeitsbeschreibung:** Sie fällt relativ kurz und oberflächlich aus, was in einem Letter of Recommendation im Gegensatz zum deutschen Arbeitszeugnis durchaus normal ist.
> Die ausschließliche Nennung der Beurteilten beim Vornamen ist ebenfalls typisch und gilt als positives Signal.
>
> **Fachwissen:** Eine explizite Beurteilung des Fachwissens wird nicht vorgenommen, was aber in einem Letter of Recommendation kein Negativum darstellt. Aus dem Zusammenhang kann und muss man schließen, dass Frau Changs Fachkompetenz sicherlich sehr gut ist.
>
> **Kernkompetenzen:** Frau Changs Kernkompetenzenportfolio wurde optimal auf ihre Position abgestimmt. Hervorzuheben sind laut Zeugnis ihre interkulturellen Fähigkeiten, speziell im asiatischen Raum, was logisch erscheint. Insofern gibt das Portfolio ein rundes Bild von Frau Changs Fähigkeiten.
>
> **Zusammenfassende Leistungsbeurteilung:** Hier wird die Note sehr gut vergeben, wobei die Verhaltensbeurteilung in den Kernsatz eingebettet ist. Was für ein deutsches Arbeitszeugnis eher ungewöhnlich wäre, ist in einem Letter of Recommendation ohne weiteres möglich (*Maria's results and her personal behaviour have always been to our utmost satisfaction.*).
>
> **Zusammenfassende Verhaltensbeurteilung:** Auch hier lautet die Note sehr gut (siehe oben).
>
> **Schlussformel:** Hier erfolgen die obligatorische Empfehlung und die Bereitschaft zur persönlichen Auskunft. Die Empfehlung wird sogar noch einmal durch die Beschreibung von Frau Changs hervorstechendsten Eigenschaften angereichert, auch wird expliziter Dank ausgedrückt.
>
> **Fazit:** Frau Chang erhält ein Empfehlungsschreiben, das sie ohne weiteres als Referenz vorlegen kann.

5.9 Trade Manager Asia

REFERENCE

Ms. Carl Krause

To Whom It May Concern:

We are pleased to comment on Carl Krause, who was employed at Alpha Power GmbH from July 2011 to 30 September 2013, most recently as Managing Director and Legal Representative of Alpha Power China, our Shanghai branch.

Alpha Power GmbH is a mid-sized company that globally procures articles from various retail groups e. g. sport articles, textiles, leisure articles, bags, medical products, toys and garden furniture and distributes these as special offers to leading European discounters, self-service department stores and commercial groups.

Carl originally began working here as Senior Manager Quality Assurance. He focused on optimizing, the existing quality control and quality assurance systems. As a result of his excellent performance and experience, Carl was promoted to the position Managing Director on 1 January 2012.

In his role as Managing Director and Legal Representative, Carl had the following responsibilities:
- Established and expanded new Shanghai branch including acquiring all permits and negotiating with authorities and banks.
- Created all required structures, procedures and processes e.g. introduced general and payroll accounting.
- Managed and refined 15-person German and Chinese international team.
- Controlled and assured quality while supervising all sourcing activities.
- Personally executed significant key order projects.
- Analyzed and developed new business areas for highly varied article groups.
- Prepared, controlled and maintained budget.
- Led negotiations with Chinese producers and service providers such as test laboratories and logistic companies with regard to prices and terms.

Carl has excellent specialist and management knowledge, which he always used in a targeted, responsible and effective manner and improved regularly. He also confidently reverted to his profound project management skills. Carl is able to reconcile his strategic thinking with operational implementation and was in complete command of his varied and complex scope of duties. We also appreciated his farsightedness, his impressive knowledge of the Asian market and excellent business contacts. Based on this expertise and his extensive experience in Asia, Carl rapidly and successfully established our new branch and all necessary structures. Distinct negotiation talent, an entrepreneurial approach and action, high level cost consciousness and creativity are further attributes that made Carl a valuable member of our management team.

Carl summarized highly complex concepts, thoroughly grasped important details and precisely analyzed specific data. He created useful, sustainable and future-oriented solutions based on his sophisticated judgment, sense of feasibility, riveting style and flexible, practical approach. He is particularly distinguished by his ability to maintain composure in difficult or high pressure situations or when faced with deadline pressure.

We value Carl as a dynamic director, who always ran his area of responsibility in a results-oriented manner and refined it through numerous initiatives. As a superior he understood how to evaluate and motivate his team and lead them to excellent sustained results with his cooperative management style. Due to his extensive experience in Asia and high level inter-cultural competence, he always communicated in a target-oriented and successful manner with a wide variety of contacts.

Carl always met our highest expectations. He performed his duties to our utmost satisfaction. His work was always characterized by cooperative and targeted action. His conduct towards his superiors, colleagues and business partners was at all times impeccable.

Carl is leaving us on 30 September 2013 to pursue other opportunities. We sincerely regret his departure, yet we express our gratitude to him for the consistently successful and productive contributions he made during his time here. Therefore, we have no hesitation in recommending him to any future employer and are convinced that he will add substantial value. We sincerely wish Carl continued success in his future endeavours.

Place, Date	Signature
	Head of Alpha Power GmbH

! **Gutachten**

Einleitung: Es werden alle wichtigen Daten genannt.

Tätigkeitsbeschreibung: Sie fällt hinreichend detailliert aus, indem sie die Führungs- und Fachaufgaben klar beschreibt. Die Listung der Führungsverantwortung innerhalb der Tätigkeitenaufzählung (und damit nicht an herausgehobener bzw. primärer Stelle) kommt in References durchaus vor.

Fachwissen: Herrn Krauses Fachwissen wird mit sehr gut bewertet.

Leistungsbeurteilung: In Kombination mit dem passenden Portfolio an Kernkompetenzen wird auch hier im Kernsatz ein sehr gut vergeben. Leicht herausgehoben wird die Asien-Erfahrung, die ihn voraussichtlich von vielen anderen Kandidaten abhebt und offenbar weite Teile seines Erfolgs ausmacht.

Verhaltensbeurteilung: Sie fällt sehr gut aus.

Schlussformel: Sie bewertet ihn mit sehr gut. Detailgrad und Zukunftswünsche erinnern an ein deutsches qualifiziertes Arbeitszeugnis.

Fazit: Herr Krause erhält ein sehr gutes Zeugnis.

6 Musterzeugnisse – auf Deutsch

6.1 Bäckermeister

ZEUGNIS

Herr Markus Klein, geboren am 13.12.1978 in Heidelberg, war vom 01.08.2012 bis zum 31.07.2016 in unserem Betrieb als Bäckermeister tätig.

In dieser Funktion war er u. a. für folgende Aufgaben zuständig:

- Verantwortung für die Abwicklung sämtlicher Backvorgänge in unserer Bäckerei,
- Kontrolle bei der Herstellung von Backerzeugnissen wie verschiedenen Brotsorten, Kleingebäck, Brötchen, Hörnchen, Dauerbackwaren und Saisongebäck,
- Überprüfung von Rohstoffen,
- Überwachung der Gärungsvorgänge,
- Ständige Qualitätskontrolle durch Beurteilen und Prüfen der Erzeugnisse nach Kriterien und Vorgaben des Betriebes,
- Ausbildung der Lehrlinge,
- Programmierung und Einrichtung unserer Backstraßen unter Abwägung der besonderen Auslastungsquoten,
- Kontrolle und Lagerung von Roh- und Zusatzstoffen, Halbfabrikaten und Fertigerzeugnissen,
- Einkauf, Preisvergleich und sachgemäße Lagerung unserer Materialien,
- Kreation eigener Rezepturen für neue Produkte, besonders für Vollkornprodukte,
- Reparatur von Maschinen.

Herr Klein verfügt über umfassende und vielseitige Fachkenntnisse, auch in Nebenbereichen. Alle Aufgaben führte er selbstständig, planvoll und sorgfältig aus. Auch in Situationen mit extrem hohem Arbeitsanfall erwies er sich als äußerst belastbar und agierte stets ruhig, überlegt und zielorientiert.

Mit unermüdlichen Einsatz und Innovationsgeist gab er erfolgreich kontinuierlich Impulse zur Optimierung der Arbeitsabläufe. Herr Klein überzeugte in seinen Tätigkeiten in qualitativer und quantitativer Hinsicht. Besonders hervorzuheben sind seine rasche Auffassungsgabe und seine präzise Urteilsfähigkeit, zudem hat er sich kontinuierlich in Abendkursen weitergebildet, um seine Kenntnisse auf dem neusten Stand zu halten.

Unsere Auszubildenden unterwies er jederzeit ausgesprochen erfolgreich. Während seiner Unternehmenszugehörigkeit schlossen die Auszubildenden ihre Lehre innerhalb des Notenspektrums von sehr gut bis gut ab.

Seine Erfolge erzielte Herr Klein auch durch die Sicherstellung einer konstruktiven Teamarbeit. Er motivierte seine Mitarbeiter, die Auszubildenden und drei Gesellen, zu sehr guten Leistungen, wobei er selbst als Vorbild agierte. Bei Bedarf schulte er seine Mitarbeiter, damit sie ihre Aufgaben angemessen erfüllen konnten.

Herr Klein hat die ihm übertragenen Aufgaben immer zu unserer vollsten Zufriedenheit erfüllt.

Durch seine sehr gute fachliche Leistung und seine untadelige Persönlichkeit erwarb er sich die Anerkennung seiner Vorgesetzten, Kollegen und Mitarbeiter. Aufgrund seiner umgänglichen und hilfsbereiten Art war er auch bei unseren Kunden sehr geschätzt und anerkannt. Sein Verhalten war stets vorbildlich.

Das Arbeitsverhältnis mit Herrn Klein endet mit dem heutigen Tag betriebsbedingt. Wir bedauern diese Entwicklung sehr, weil wir mit ihm einen ausgezeichneten Mitarbeiter verlieren. Wir bedanken uns bei ihm für seinen unermüdlichen Einsatz. Für seine private und berufliche Zukunft wünschen wir ihm weiterhin alles Gute und viel Erfolg.

Karlsruhe, 31.07.2016   Peter Platz

                                         Betriebsleiter

! **Gutachten**

Einleitung: Der einleitende Absatz ist in Ordnung.
Tätigkeitsbeschreibung: Herrn Kleins Tätigkeiten werden im Zeugnis sehr detailliert beschrieben, so dass sich jeder mögliche Arbeitgeber ein Bild von seinen Kompetenzen und Fähigkeiten machen kann.
Fachwissen: Es wird mit sehr gut bewertet.
Leistungsbeurteilung: Die Leistung wird mit sehr gut bewertet.
Verhaltensbeurteilung: Herrn Kleins Verhalten wird laut Kernsatz (»Sein Verhalten war stets vorbildlich.«) und den beiden Sätzen zuvor mit sehr gut bewertet. Herr Kleins Führungsbeurteilung liegt ebenfalls bei sehr gut.
Schlussformel: Die Schlussformel ist in Ordnung, in dieser Form steht sie unter sehr guten Zeugnissen.
Fazit: Herr Klein wird mit sehr gut bewertet.

6.2 Bauvertriebsleiter

ZEUGNIS

Herr Dieter Decker, geboren am 22.11.1980 in Zinhain, war vom 15.08.2012 bis zum 31.12.2016 für unser Unternehmen als Bauvertriebsleiter tätig.

Herr Decker erfüllte und verantwortete die folgenden Aufgaben:

- Akquise und Beratungen,
- Übernahme der halben Umsatzverantwortung (9 Mio. Euro Gesamtumsatz) in einem Team von vier Mitarbeitern,
- Auswahl der Grundstücke in Zusammenarbeit mit der Geschäftsführung,
- Erledigung aller grundbuchrechtlichen Aufgaben in Eigenleistung oder in Zusammenarbeit mit unseren Notaren,
- Vertragsverhandlung, Verkauf und Koordination der Sonderwünsche,
- Werberahmen- sowie Maßnahmenplanung und Durchführung inklusive Budgetierung, Planung, Konzeption, Erarbeitung und Kontrolle unseres Werbebudgets und Budgetverantwortung über 500.000 Euro,
- Durchführung und Kontrolle der Werbemaßnahmen, Messeprojekte und PR-Veranstaltungen,
- Direktmarketing aufgrund selbst gewonnener und zugekaufter Kunden-daten, Werbebriefgestaltung und Gestaltung von Plakaten, Anzeigen-schaltung in Printmedien, Werbemittelbeschaffung, Aufbau und Kontrolle unserer Internet-Homepage.

Herr Decker verfügt über vielseitige und umfassende Fachkenntnisse, auch in Randbereichen. Er war jederzeit hochmotiviert und identifizierte sich voll mit seinen Aufgaben und dem Unternehmen. Durch seine schnelle Auffassungs-gabe beherrschte er nach selbstständiger und kurzer Einarbeitungszeit seine Arbeitsgebiete umfassend. Er fand dabei jederzeit sehr gute Lösungen.

Im direkten Umgang mit den Kunden war Herr Decker aufgeschlossen und in Bezug auf Vertragsverhandlungen zielorientiert und abschlusssicher. Auch schwierige Kunden wurden von ihm zu unserer Zufriedenheit betreut. Her-vorzuheben ist auch sein Teamgeist in Zusammenarbeit mit der Geschäftsfüh-rung und unseren Mitarbeitern.

Seine vier Mitarbeiter führte er durch Vorbildfunktion und mit Übersicht zu sehr guten Ergebnissen. Er delegierte Aufgaben effektiv und entwickelte sein Team kontinuierlich hin zu einer schlagkräftigen Vertriebseinheit.

Wir waren mit Herrn Deckers Leistungen jederzeit außerordentlich zufrieden.

Sein Verhalten gegenüber Vorgesetzten, Mitarbeitern und Kunden war stets vorbildlich. Herr Decker förderte aktiv die Zusammenarbeit, übte und akzeptierte sachliche Kritik, war stets hilfsbereit und stellte, falls erforderlich, persönliche Interessen auch zurück.

Herr Decker scheidet mit dem heutigen Tag auf eigenen Wunsch aus unserem Unternehmen aus. Wir bedanken uns für die geleistete sehr gute Arbeit, bedauern sein Ausscheiden und wünschen ihm für seine persönliche wie private Zukunft alles Gute und weiterhin viel Erfolg.

Bonn, 31.12.2016   Erhard Friedrich

                                        Geschäftsführer

! **Gutachten**

Einleitung: Sie ist in Ordnung.
Tätigkeitsbeschreibung: Herrn Deckers Tätigkeiten werden im Zeugnis angemessen detailliert beschrieben.
Fachwissen: Es wird mit sehr gut bewertet.
Leistungsbeurteilung: Sie liegt laut Kernsatz (»Wir waren mit Herrn Deckers Leistungen jederzeit außerordentlich zufrieden.«) und dem Kontext bei sehr gut.
Verhaltensbeurteilung: Sie liegt laut Kernsatz (»Sein Verhalten gegenüber ... war stets vorbildlich.«) und dem Kontext bei sehr gut.
Schlussformel: Sie enthält alle wichtigen Elemente und bewertet Herrn Decker mit sehr gut.
Fazit: Herr Decker wird mit sehr gut bewertet.

6.3   Betriebsleiter Vertrieb

ZEUGNIS
Herr John Becker, geboren am 17.11.1967 in Hachenburg, war vom 01.07.2010 bis zum 31.07.2017 in unserem Unternehmen als Betriebsleiter Vertrieb tätig.

Die Firma PATLI GmbH entwickelt und vertreibt mechanische Produkte für die Netz- und Datentechnik und allgemeine Elektrotechnik. Darüber hinaus realisiert sie kundenspezifische Aufträge im Bereich der allgemeinen Mechanik.

Im Rahmen seines verantwortungsvollen und vielseitigen Tätigkeitsgebietes führte er eigenverantwortlich folgende Aufgaben durch:
- Leitung des Vertriebsbereiches,
- Einführung des Warenwirtschaftssystems Apertum,

- Durchführung von Änderungen in der Vertriebsorganisation,
- Optimierung der Vertriebsstruktur.

Herr Becker verfügt über sehr gute Fachkenntnisse, die er erfolgreich während seiner Arbeit anwendete. Durch sein hoch entwickeltes Analysevermögen und seine Zielstrebigkeit gelang es ihm immer auf Probleme sofort und angemessen zu reagieren. Seine durchdachten Lösungen haben sich in der Praxis sehr gut bewährt. Er war ein äußerst leistungsfähiger, sehr belastbarer Mitarbeiter, der die hohen Anforderungen seiner wichtigen Position auch unter schwierigen Umständen und hohem Termindruck sehr gut meisterte.

Wir haben Herrn Becker als einen sehr zielorientierten, verantwortungsbewussten und dynamischen Mitarbeiter kennengelernt. Neuen Ideen gegenüber war er stets aufgeschlossen und handelte, wo immer erforderlich, sehr innovationsorientiert.

Herr Becker motivierte seine zwölf Mitarbeiter zu sehr guten Leistungen, wobei er selbst als Vorbild agierte. Um seine versierte Organisations- und Planungskompetenz konzentriert einzusetzen, delegierte er Routineaufgaben jederzeit effektiv.

Während seiner gesamten Beschäftigungszeit in unserem Unternehmen erledigte Herr Becker seine Aufgaben mit beispielhaftem Engagement und sehr großem persönlichen Einsatz stets zu unserer vollsten Zufriedenheit.

Herr Becker pflegte eine Atmosphäre der Teamorientierung, Kooperation und Offenheit. Er war bei seinen Mitarbeitern ein gern und häufig frequentierter Ansprechpartner. Seine Vorgesetzten schätzen Herrn Beckers Führungsqualitäten ebenso wie seine fachliche Qualifikation. Herrn Beckers Verhalten zu Vorgesetzten, Mitarbeitern und Kunden war stets vorbildlich.

Herr Becker scheidet auf eigenen Wunsch aus unserem Unternehmen aus. Wir danken ihm für die hervorragende Zusammenarbeit mit unserem Unternehmen, bedauern sein Ausscheiden sehr und wünschen ihm auf seinem weiterem Berufs- und Lebensweg alles Gute und weiterhin viel Erfolg.

Berlin, 31.07.2017

Frank Schmidt

Leiter Personalabteilung

> **!** **Gutachten**
>
> **Einleitung:** Sie ist in Ordnung.
> **Tätigkeitsbeschreibung:** In Anbetracht der Tatsache, dass Herr Becker sieben Jahre im Unternehmen gearbeitet hat, ist die Auflistung der Tätigkeiten zu knapp. Deshalb könnten ihm Karrierenachteile entstehen.
> **Fachwissen:** Es wird mit sehr gut beurteilt.
> **Leistungsbeurteilung:** Sie liegt laut Kernsatz (»… stets zu unserer vollsten Zufriedenheit.«) und dem Kontext bei sehr gut.
> **Verhaltensbeurteilung:** Sie liegt laut Kernsatz (»… Verhalten zu Vorgesetzten … war stets vorbildlich.«) und dem Kontext bei sehr gut.
> **Schlussformel:** Sie ist in Ordnung.
> **Fazit:** Herr Becker wird mit sehr gut minus bewertet. Es bekommt keine glatte 1, weil die Tätigkeitsbeschreibung zu knapp ist.

6.4 Business Development Manager

ZEUGNIS

Herr Dirk Lauffen, geboren am 10.01.1973 in Bonn, war vom 15.03.2010 bis zum 30.06.2017 in unserem Unternehmen als Business Development Manager tätig.

Im Einzelnen gliederten sich Herrn Lauffens Tätigkeiten wie folgt:
- Entwicklung und Umsetzung neuer Geschäftsideen in Zusammenarbeit mit seinen vier Mitarbeitern,
- Vertrieb unserer diversen ASP-Softwarelösungen und Dienstleistungen im Bereich Customer Relationship Management in Deutschland,
- Betreuung von bestehenden Kunden im Rahmen des Account Managements sowie Gewinnung von Neukunden im Rahmen des New Business Developments,
- Verhandeln von Werk-, Dienstleistungs- und Wartungsverträgen,
- Einarbeitung und Betreuung neuer Mitarbeiter.

Herr Lauffen führte seinen Bereich alleinverantwortlich und erzielte beachtliche Erfolge. So konnte er zwei renommierte Neukunden für unser Geschäft gewinnen, die unseren Umsatz verdoppelten. Die bis heute erzielten Erlöse liegen jeweils im hohen einstelligen Euro-Millionenbereich. Darüber hinaus führte Herr Lauffen ein Kundeninformationssystem in allen unseren europäischen Niederlassungen ein, was zu einer erheblichen Effektivitätssteigerung unserer Prozesse führte.

Mit fundierten Fachkenntnissen und seinem großen Verkaufstalent trieb Herr Lauffen unser Geschäft voran. Er überzeugte durch seine strukturierte Arbeitsweise, die er mit seiner langjährigen Vertriebserfahrung für unser Unternehmen stets gewinnbringend einsetzte. Herr Lauffen ist sehr belastbar, behält auch in sehr schwierigen Situationen die Übersicht sowie einen kühlen Kopf und setzte sich auch über die Bürozeit hinaus für unser Unternehmen ein.

Durch sein ausgeprägtes Analysevermögen, seine sehr guten Marktkenntnisse und seine Fähigkeit zum logischen Denken erkannte Herr Lauffen Veränderungen der Marktgegebenheiten frühzeitig und ergriff stets die richtigen Maßnahmen. Unternehmerisches Handeln, Zielstrebigkeit und Kreativität kennzeichneten seinen Arbeitsstil.

Herr Lauffen motivierte sein sechsköpfiges Team durch seinen straffen Führungsstil zu anhaltend guten Ergebnissen, wobei er als Vorgesetzter jederzeit respektiert wurde.

Er führte alle Aufgaben stets zügig und präzise zu unserer vollen Zufriedenheit aus.

Herr Lauffen ist ein kommunikationsstarker, teamorientierter und kooperationsfähiger Mitarbeiter, der über makellose Umgangsformen verfügt. Sein Verhalten gegenüber Vorgesetzten, Mitarbeitern und Kunden war stets einwandfrei.

Herr Lauffen verlässt unser Unternehmen auf eigenen Wunsch. Wir bedauern dies, weil wir mit ihm einen erfolgreichen Mitarbeiter verlieren. Wir bedanken uns bei ihm für seine Dienste, auch für die intensive Einarbeitung seines Nachfolgers, und wünschen ihm für seine berufliche wie private Zukunft alles Gute und weiterhin viel Erfolg.

Gelsenkirchen, 30.06.2017

Heiko Bornemann

Geschäftsführer

Gutachten

Einleitung: Sie ist in Ordnung.
Tätigkeitsbeschreibung: Sie fällt soeben hinreichend detailliert aus.
Fachwissen: Hier wird Herr Lauffen mit gut bewertet.
Leistungsbeurteilung: Die Note liegt bei gut.
Verhaltensbeurteilung: Das Verhalten wird mit gut bewertet.
Schlussformel: Hier sind alle wichtigen Elemente vertreten. Note: gut.
Fazit: Das Zeugnis beurteilt Herrn Lauffen mit der Note gut.

6.5 Chief Technology Officer

ZEUGNIS

Herr Dr. Jochen Grauer, geboren am 30.10.1970 in Bottrop, war vom 01.10.2012 bis zum 30.09.2016 in unserer Gesellschaft als Chief Technology Officer tätig.

Er war verantwortlich für Produktplanung, -design, -definition, -entwicklung und -realisierung. Hierzu gehörten insbesondere auch die Auswahl externer Zulieferer und Entwicklungspartner, die Vertragsverhandlungen und die anschließende Projektbetreuung.

Herr Dr. Grauer erreichte in nur acht Monaten die parallele Entwicklung von vier hochinnovativen Produkten. Dies gelang ihm in einem komplett neuen technologischen Umfeld mit neuen, großenteils unerfahrenen Mitarbeitern und Kollegen, und Zulieferern und Partnern. Die Produktentwicklung für alle vier geplanten Produktlinien lag stets im selbst gesetzten, sehr ehrgeizigen Zeit- und Budgetplan.

Herr Dr. Grauer trug die Personalverantwortung für drei freie und fünf angestellte Mitarbeiter des Produktbereichs. Die von ihm angeworbenen Mitarbeiter erwiesen sich als eine ausgezeichnete Wahl, indem sie sich hervorragend in unsere Geschäftsprozesse einfügten, sich jederzeit eingebunden fühlten und somit dem Unternehmen eng verbunden waren.

Jederzeit überzeugte uns Herr Dr. Grauer durch sein ausgezeichnetes Fachwissen, auch in Nebenbereichen, welches er sicher und gekonnt in der Praxis einsetzte. In Kombination mit seinem guten Projektmanagement und seinem Organisationstalent gelang es ihm, die Produktentwicklung stets im anvisierten Plansoll zu halten.

Mit großer Kreativität, präzisem Analysevermögen und strukturierter Vorgehensweise fand Herr Dr. Grauer sehr gute und praktikable Lösungen, die er erfolgreich in der Praxis einsetzte. Dies beweisen besonders seine zahlreichen Designvorschläge und Patente, die den Wert der Firma maßgeblich steigerten.

Verhandlungen führte er stets mit außerordentlichem Fingerspitzengefühl, rhetorischem Geschick und dem nötigen Durchsetzungsvermögen. Auch unter höchster Belastung behielt Herr Dr. Grauer die Übersicht und agierte zielorientiert, sorgfältig und verantwortungsbewusst zum Wohle des Unternehmens. Neben Selbstständigkeit kennzeichnen Flexibilität und viel Sinn für das Machbare seinen Arbeitsstil.

Herr Dr. Grauer ist ein jederzeit höflicher, kooperativer und teamorientierter Manager, der seine Mitarbeiter durch sein Vorbild an Tatkraft und Dynamik zu sehr guten Leistungen motivierte. Innerhalb wie außerhalb unseres Hauses war Herr Dr. Grauer ein allseits beliebter und häufig frequentierter Ansprechpartner.

Wir waren daher mit seinen Leistungen stets und in jeder Hinsicht außerordentlich zufrieden.

Sein Verhalten gegenüber den Gesellschaftern, den Kollegen in der Geschäftsleitung, seinen Mitarbeitern und jeglichen dritten Personen war immer vorbildlich.

Aufgrund der aktuellen wirtschaftlichen Entwicklung hat die Gesellschafterin beschlossen, die Geschäftstätigkeit einzustellen. Die Gründe für die Einstellung der Geschäftstätigkeit hat Herr Dr. Grauer nicht zu vertreten.

Wir bedauern die jüngste Entwicklung außerordentlich und bedanken uns bei Herrn Dr. Grauer für seine geleisteten wertvollen Dienste. Für seine Zukunft wünschen wir ihm beruflich wie persönlich alles Gute und weiterhin viel Erfolg

Stuttgart, 30.09.2016   Ernst Borrmüller

Vorsitzender des Aufsichtsrates

Gutachten   **!**

Einleitung: Hier werden alle relevanten Daten genannt.
Tätigkeitsbeschreibung: Sie fällt knapp, aber doch hinreichend detailliert aus.
Fachwissen: Es wird mit sehr gut benotet.
Leistungsbeurteilung: Hier wird ein glattes Sehr gut vergeben.
Verhaltensbeurteilung: Auch Herrn Dr. Grauers persönliches Verhalten wird mit sehr gut bewertet.
Schlussformel: Hier wird ausführlich die Situation des Firmenzusammenbruchs geschildert, an dem aber Herr Dr. Grauer keine Schuld trug.
Fazit: Trotz des unrühmlichen Endes der Firma ist das Zeugnis in sich stimmig und dürfte für Herrn Dr. Grauer kein Karrierehindernis darstellen. Note daher: sehr gut.

6.6 Controller

ZWISCHENZEUGNIS

Herr Torben Klinkhammer, geboren am 13.12.1976 in Zinhain, ist seit dem 14.07.2014 in unserem Unternehmen als Controller tätig.

In dieser Position erledigt er die folgenden Aufgaben:

- Management-Reporting an die Muttergesellschaft in den USA vom deutschen Stammwerk in Augsburg sowie von den Tochtergesellschaften im Ausland auf konsolidierter Basis bezüglich Umsätze, Auftragseingänge, Auftragsbestände, Margen, Plan-Ist-Abweichungen,
- Leitet ein Projektteam mit vier Mitarbeitern, um ein neues Controllingsystem einzuführen,
- Mitwirkung bei Durchführung von Monats-, Quartals- und Jahresabschlüssen für Stammwerk und Tochtergesellschaften,
- Mitwirkung an allen sonstigen Controllingprozessen.

Darüber hinaus arbeitet Herr Klinkhammer am Aufbau einer Online-Datenbank für das Management-Reporting auf Lotus-Notes-Basis mit, um Informationen zur Auftrags- und Margensituation online abrufbar zu machen.

Herr Klinkhammer besitzt ein überzeugendes, sehr fundiertes Fachwissen, das er stets sicher in der Praxis einsetzt. Er versteht die betriebswirtschaftlichen Zusammenhänge unseres Unternehmens bis ins Detail, wodurch er seine Position jederzeit vollumfänglich ausfüllt. Im internationalen Umfeld des Konzerns bewegt sich Herr Klinkhammer souverän durch seine hervorragenden Englischkenntnisse, die er in regelmäßigen Inhouse-Trainings noch vertieft, und sein Verständnis für die Denk- und Arbeitsweise anderer Kulturen.

Herr Klinkhammer ist hoch motiviert, leistungsstark und zielorientiert. Durch sein ausgeprägtes analytisches Denkvermögen und seine sehr schnelle Auffassungsgabe findet er effektive Lösungen, die wir gewinnbringend einsetzen. Er arbeitet sehr gewissenhaft und genau, wobei er auch auf wichtige Details achtet.

So beweist Herr Klinkhammer jederzeit äußerste Zuverlässigkeit, Verantwortungsbewusstsein und außerordentliche Qualität in seiner Arbeit. Auch unter stärkster Belastung behält er die Übersicht, agiert ruhig und überlegt. Auch jenseits der geregelten Arbeitszeit setzt er sich erfolgreich zum Wohle des Unternehmens ein.

Er motiviert und überzeugt seine vier Mitarbeiter durch seinen kooperativen Führungsstil. Er ist als Vorgesetzter voll anerkannt, wobei sein Team unsere hohen Erwartungen nicht nur erfüllt, sondern oftmals übertraf.

Wir sind mit Herrn Klinkhammers Leistungen stets in jeder Hinsicht außerordentlich zufrieden.

Wir kennen ihn als kommunikativen und kooperativen Mitarbeiter, der innerhalb wie außerhalb des Stammwerkes ein beliebter und häufig frequentierter Ansprechpartner ist. Er wird wegen seiner Kompetenz, Offenheit und Freundlichkeit über alle Hierarchieebenen hinweg respektiert. Sein Verhalten ist stets vorbildlich.

Dieses Zwischenzeugnis wird auf Herrn Klinkhammers Wunsch ausgestellt. Wir bedanken uns für seine sehr guten Dienste und hoffen auf ein noch lange währendes Arbeitsverhältnis.

Augsburg, 31.07.2017   Peter Braun

                                                      Bereichsleiter Controlling

Gutachten   **!**

Einleitung: Hier sind alle wichtigen Elemente vorhanden.
Tätigkeitsbeschreibung: Sie bleibt im letzten Punkt der Aufzählung etwas vage, ist aber ansonsten hinreichend detailliert.
Fachwissen: Es wird mit sehr gut beurteilt.
Leistungsbeurteilung: Hier wird ein auf das Controlling abgestimmte Kernkompetenzenportfolio mit einem optimalen Kernsatz verbunden – Note: sehr gut.
Verhaltensbeurteilung: Das Verhalten wird mit sehr gut bewertet.
Schlussformel: Hier wird neben dem Dank auch die Hoffnung auf ein weiteres so positives Arbeitsverhältnis ausgedrückt. Note: sehr gut.
Fazit: Das Zeugnis bewertet Herrn Klinkhammer mit sehr gut.

6.7   Controlling Abteilungsleiter

ZEUGNIS

Herr Marcel Dreihaus, geboren am 24.10.1969, war vom 01.12.2010 bis zum 31.05.2017 in unserem Unternehmen tätig, zuletzt als Abteilungsleiter Controlling.

Seine Laufbahn in unserem Unternehmen begann Herr Dreihaus als Assistant Financial Accounting & Reporting Deutschland. In dieser Position erledigte er zahlreiche unterstützende Aufgaben des Controllings und arbeitete direkt dem Leiter Financial Accounting & Reporting Deutschland zu. Aufgrund seiner sehr guten Leistungen wurde er zum 01.10.2012 zum Abteilungsleiter Financial Controlling befördert.

In dieser Position verrichtete und verantwortete er vor allem folgende Tätigkeiten:

- Verantwortung für die komplette Finanzbuchhaltung inklusive der Erstellung der Monats-, Quartals- und Jahresabschlüsse,
- Erstellung von Planungs- und Investitionsrechnungen sowie der laufenden Forecasts,
- Controlling und Erstellung von Ad-hoc-Analysen für die Geschäftsführung,
- Überwachung und Steuerung der Liquidität,
- Schnittstelle zu Banken, Steuerberatern, Wirtschaftsprüfern und Finanzbehörden,
- Kontinuierliche Weiterentwicklung des internen und extern Berichtswesens,
- Überwachung und Weiterentwicklung interner Kontroll-Mechanismen,
- Ansprechpartner in allen Fragen der Rechnungsauslegung,
- Investitionsplanung und -controlling,
- Verantwortung für die Plan-Bilanzen und Gewinn- und Verlustrechnungen im Rahmen des Business-Plans,
- Zusammenarbeit mit Wirtschaftsprüfern und Steuerberatern.

Insbesondere in punkto Mitarbeiterführung und Mitarbeiterentwicklung nahm Herr Dreihaus eine Vorbildfunktion ein. So konnten in seinem Verantwortungsbereich eine signifikante Steigerung der Qualifikation der Mitarbeiter und ein Abbau der Überstunden realisiert werden.

Herr Dreihaus verfügt über hervorragende Fachkenntnisse, die er sicher in der Praxis einsetzte und mit äußerst fundierten Managementfähigkeiten ideal kombiniert. Alle Aufgaben führte er selbstständig, sorgfältig und planvoll durchdacht aus.

Besonders hervorzuheben sind sein analytisches Denkvermögen, seine rasche Auffassungsgabe und seine präzise Urteilsfähigkeit, mit der er auch etablierte Prozesse in Frage stellte und optimierte. Seine fünf Mitarbeiter führte er durch sein Vorbild an Tatkraft und einen kollegialen Führungsstil zu gleichbleibend sehr guten Leistungen.

Auch in Situationen mit extrem hohem Arbeitsanfall erwies sich Herr Dreihaus als sehr belastbar und agierte ruhig, überlegt und zielorientiert. Schwierige

Aufgaben ging er mit Elan an und fand sinnvolle und praktikable Lösungen. Mit unermüdlichem Einsatz, Kreativität und Innovationsgeist gab er erfolgreich Impulse zur wesentlichen Verbesserung unserer Prozesse und Arbeitsabläufe.

Herr Dreihaus hat die ihm übertragenen Aufgaben immer zu unserer vollsten Zufriedenheit erfüllt.

Aufgrund seines freundlichen und ausgeglichenen Wesens war Herr Dreihaus innerhalb unseres gesamten Unternehmens gleichermaßen geschätzt und beliebt. Teamarbeit, Kooperativität und eine offene Arbeitsatmosphäre genossen bei ihm Priorität. Sein Verhalten gegenüber Vorgesetzten, Kollegen und Externen war stets vorbildlich.

Herr Dreihaus verlässt uns mit dem heutigen Tage auf eigenen Wunsch. Wir bedauern dies außerordentlich, weil wir mit ihm eine äußerst wirksame Führungskraft verlieren. Gleichwohl bedanken wir uns für seine sehr guten Dienste und wünschen ihm für seine berufliche wie private Zukunft alles Gute und weiterhin viel Erfolg.

Bad Homburg, 31.05.2017   Adrian Bonsen

                                           Sprecher der Geschäftsführung

---

Gutachten   **!**

Einleitung: Es werden alle wichtigen Daten genannt.

Tätigkeitsbeschreibung: Sie dokumentiert durch die strukturierte Aufzählung klar die Kompetenzen und Aufgaben von Herrn Dreihaus.

Fachwissen: Sein Fachwissen (»hervorragende Fachkenntnisse, die er sicher in der Praxis einsetzte und mit äußerst fundierten Managementfähigkeiten«) wird mit sehr gut bewertet.

Leistungsbeurteilung: Die Leistung wird laut Kernsatz (»... immer zu unserer vollsten Zufriedenheit«) und Kontext mit sehr gut bewertet.

Verhaltensbeurteilung: Auch hier wird Herr Dreihaus mit sehr gut bewertet.

Schlussformel: Alle wichtigen Elemente umfassend, untermauert sie die herausragende Position von Herr Dreihaus.

Fazit: Herr Dreihaus wird in dem Zeugnis rundherum mit sehr gut bewertet.

6.8 Controlling Abteilungsleiterin

ZEUGNIS

Frau Caroline Chalupna, geboren am 14.01.1968 in Wesel, war vom 01.10.2012 bis zum 31.03.2017 in unserem Unternehmen als Abteilungsleiterin Financial Controlling tätig.

In dieser Position verrichtete und verantwortete sie vor allem folgende Tätigkeiten:

Financial Accounting & Reporting:
- Betreuung der Finanzbuchhaltung und Erstellung der Monats- und Jahresabschlüsse für die deutsche GmbH und die Schwestergesellschaften in Österreich und der Schweiz im Rahmen eines Financial Shared Service,
- Betreuung der Anlagenbuchhaltung nach US GAAP sowie nach Handels- und Steuerrecht,

Cost Accounting:
- Ermittlung und Analyse der Herstellungskosten (Cost of Goods Sold) im Rahmen der Monats- und Jahresabschlüsse nach US GAAP,
- Koordination des gesamten Business-Plan-Prozesses,
- Kalkulation der Intercompany-Verrechnungspreise in Zusammenarbeit mit dem European Logistic Center in Zug (Schweiz),
- Bewertung der Vorräte gemäß Handels- und Steuerrecht für die deutsche GmbH.

Sämtliche Aktivitäten und Verantwortungsbereiche erstreckten sich auf die Länder Deutschland, Österreich und Schweiz. Frau Chalupna trug die Personalverantwortung für insgesamt 18 Mitarbeiter.

Sie verfügt über ein hervorragendes Fachwissen, das sie sehr geschickt in der Praxis einsetzte. Mit unermüdlichem Einsatz, Kreativität und Innovationsgeist gab sie erfolgreich kontinuierliche Impulse zur wesentlichen Verbesserung unserer Prozesse und Arbeitsabläufe. Auch in Situationen mit extrem hohem Arbeitsanfall erwies sich Frau Chalupna als sehr belastbar und agierte stets ruhig, überlegt und zielorientiert. Schwierige Aufgaben ging sie mit Elan an und fand sinnvolle und praktikable Lösungen.

Besonders hervorzuheben sind ihr analytisches Denkvermögen, ihre rasche Auffassungsgabe, ihr Organisationstalent und ihr ausgezeichnetes Engagement, mit dem sie auch etablierte Prozesse in Frage stellte und optimierte.

Ihre Mitarbeiter führte sie durch ihr Vorbild an Tatkraft und einen kollegialen Führungsstil zu gleichbleibend sehr guten Leistungen. Dabei zeigte sie neben einem effektiven Motivationsverhalten auch das richtige Maß an Durchsetzungsvermögen. In ihrem Verantwortungsbereich wurde eine signifikante Steigerung der Mitarbeiter-Qualifikation nachgewiesen werden.

Wir waren daher mit Frau Chalupnas Leistungen ohne Vorbehalt stets und in jeder Hinsicht außerordentlich zufrieden.

Aufgrund ihres freundlichen, hilfsbereiten und ausgeglichenen Wesens war Frau Chalupna innerhalb unseres gesamten Unternehmens gleichermaßen geschätzt und beliebt. Ihr Verhalten gegenüber Vorgesetzten, Kollegen und Mitarbeitern war stets vorbildlich.

Aus betriebsbedingten Gründen musste das Arbeitsverhältnis von Frau Chalupna mit dem heutigen Tag beendet werden. Wir bedauern dies außerordentlich, weil wir mit ihr eine ausgezeichnete Führungskraft verlieren. Gleichwohl bedanken wir uns für ihre geleisteten Dienste und wünschen ihr für ihre private wie berufliche Zukunft alles Gute und weiterhin viel Erfolg.

Köln, 31.03.2017   Peter Schmidt

                          Personalleiter

Gutachten

Einleitung: Der einleitende Absatz ist fehlerlos.
Tätigkeitsbeschreibung: Die Auflistung ist in Ordnung.
Fachwissen: Ihr Fachwissen wird mit sehr gut bewertet.
Leistungsbeurteilung: Die Leistung wird mit sehr gut bewertet.
Verhaltensbeurteilung: Sie liegt laut Kernsatz (»Ihr Verhalten gegenüber ... war stets vorbildlich.«) und dem Kontext bei sehr gut.
Schlussformel: Frau Chalupna wurde aus betriebsbedingten Gründen gekündigt. Diese Schlussformel bestätigt die Gesamtbewertung.
Fazit: Frau Chalupna wird mit sehr gut bewertet.

6.9   Director Marketing & Sales

ZEUGNIS
Herr Marius Dorheim, geboren am 17.12.1967 in Telgte, trat am 01.08.2012 in die FindeOnline.de AG als Director Marketing & Sales ein. In dieser Funktion

führte Herr Dorheim ein Sales-Team von 35 Mitarbeitern und erledigte die folgenden Tätigkeiten:

- Zeitungsvertrieb (Betreuung von 75 Verlagspartnern mit mehr als 2.200 Außendienstmitarbeitern): Applikations- und Vertriebsberatung,
- Marketingkommunikation (Budget ca. 25 Mio. Euro p. a.): Wettbewerbspräsentationen, Vertragsverhandlungen und Umsetzung von Maßnahmen mit Agenturen für klassische Werbung und Onlinemarketing,
- Telesales: Telefonverkauf für den Marktplatz Stellenanzeigen,
- Research: Benchmarking, Durchführung von Usability-Tests,
- Customer Care/Servicecenter: Auftragsabwicklung, Inbound, Aufbau der Wissensdatenbank,
- Produktmanagement ASP/XSP: Entwicklung der Fachkonzepte der Applikations- und Service-Dienstleistungen für die kooperierenden Zeitungsverlage.

Herr Dorheim verfügt über ein hervorragendes Fachwissen, das er mit einer tiefgehenden Marktkenntnis und einem sicheren Gespür für entscheidende Maßnahmen einer erfolgreichen Marketing- und Verkaufsstrategie verbindet. Er schaffte es stets, unsere und seine Visionen in konkreten Projekten zu definieren und zielorientiert, konsequent und somit erfolgreich umzusetzen. Bei allen Projekten behielt Herr Dorheim die Kosten sowie die Machbarkeit im Blick, so dass er den vorher abgesteckten finanziellen und auch zeitlichen Rahmen immer einhielt. Ebenso erreichte er alle vorgegebenen Vertriebsziele.

Mit unermüdlicher Energie trieb Herr Dorheim den Aufbau unseres Unternehmens in einem schwierigen und absolut neuen Umfeld voran. Er setzte sich auch jenseits der geregelten Arbeitszeit für uns ein und behielt selbst unter höchster Belastung einen klaren Kopf, um die richtigen Maßnahmen zu ergreifen. Besonders hervorheben möchten wir sein Verhandlungsgeschick auf der Top-Ebene unserer Geschäftspartner. Es gelang Herrn Dorheim immer, komplizierte Sachverhalte einfach darzustellen, Zusammenhänge klar zu erläutern und seine Gesprächspartner von den notwendigen Aktionen zu überzeugen. Präsentationen und Vorträge hielt er mit didaktischem und rhetorischem Geschick.

Seine 35 Mitarbeiter motivierte Herr Dorheim durch sein Vorbild an Tatkraft und einen kooperativen Führungsstil zu sehr guten Leistungen. Dabei zeigte er bei Bedarf auch das richtige Maß an Durchsetzungsvermögen.

Er erfüllte alle Aufgaben stets zu unserer vollsten Zufriedenheit.

Herr Dorheim trat jederzeit hilfsbereit, kooperativ und kommunikativ auf. Seine Vorgesetzten respektierten besonders seine fundierten Managementfähigkeiten. Seine Kollegen und Mitarbeiter schätzten seine offene Art und teamorientierte Arbeitsausrichtung. Innerhalb wie außerhalb des Unternehmens war Herr Dorheim ein beliebter und häufig frequentierter Ansprechpartner. Sein persönliches Verhalten war immer vorbildlich.

Herr Dorheim möchte sich beruflich verändern und verlässt uns zu unserem größten Bedauern mit dem heutigen Tage auf eigenen Wunsch. Wir bedanken uns für seine wertvollen Dienste und wünschen ihm für seine berufliche wie private Zukunft alles Gute und weiterhin viel Erfolg.

München, 30.11.2016 Helmut Grönemann

Vorstand Sales & Marketing

Gutachten !

Einleitung: Sie ist in Ordnung.
Tätigkeitsbeschreibung: Es werden alle Kernaufgaben nebst Zahlenbeispielen genannt.
Fachwissen: Es wird mit sehr gut bewertet.
Leistungsbeurteilung: Hier wird ein sehr umfangreiches Portfolio an Kernkompetenzen mit einem makellosen Kernsatz (»… stets zu unserer vollsten Zufriedenheit«) kombiniert – sehr gut.
Verhaltensbeurteilung: Herrn Dorheims Umgangsformen und Sozialverhalten war makellos – ebenfalls sehr gut.
Schlussformel: Sie bestätigt die Gesamtnote des Zeugnisses.
Fazit: Herr Dorheim erhält ein sehr gutes Zeugnis.

6.10 Director Media

ZEUGNIS

Herr Dipl. Designer Erkan Özdogan, geboren am 04.12.1975 in Köln, war vom 01.08.2011 bis zum 31.10.2016 in unserem Unternehmen als Director Media tätig.

Herr Özdogan trug die Hauptverantwortung für den Bereich Multimedia und Technical Realisation. Dabei übernahm er mit seinem Team von bis zu zehn Mitarbeitern die Planung und Erstellung von Layouts sowie die Erstellung von Corporate Identities. Hierzu arbeitete er u.a. mit Bildbearbeitungsprogrammen wie etwa Photoshop und Freehand, um die Layouts optimal in die Corporate-Konzepte einzupassen. Außerdem optimierte Herr Özdogan den Einsatz von Videoschnitt, Soundbearbeitung, 3D-Animation und -design sowie Animation mit Flash in Zusammenarbeit mit seinem Team.

Herr Özdogan kennt sich in allen relevanten Gebieten des Grafik-Designs und der Multimediaumsetzung hervorragend aus und wendet sein Wissen stets sicher in der Praxis an. Seine Kreativität und sein analytisches Denken sind sehr ausgeprägt, so dass er auch für schwierige Probleme sehr gute Lösungen fand, die bei unseren Klienten auf Begeisterung stießen. Zielsicher, dynamisch und unter Beachtung auch von Details führte Herr Özdogan alle Projekte zu einem erfolgreichen Abschluss.

Mit großem Engagement, Leistungsstärke und hoher Motivation setzte sich Herr Özdogan auch jenseits einer geregelten Arbeitszeit für unser Unternehmen ein. Er war sehr belastbar und führt ergebnisorientierte Maßnahmen entschlossen durch. Sorgfalt, Schnelligkeit und Verantwortungsbewusstsein prägten seinen Arbeitsstil. In der Projektarbeit führte er bis zu zehn Mitarbeiter fachlich, dabei erzielte er mit seinem Team sehr gute Ergebnisse.

Herrn Özdogans Leistungen haben stets und in jeder Hinsicht unsere volle Anerkennung gefunden.

Er verhielt sich jederzeit hilfsbereit, freundlich und offen. Innerhalb wie außerhalb des Unternehmens war er ein häufig frequentierter und sehr geschätzter Ansprechpartner. Er übte und akzeptierte sachliche Kritik und integrierte sich reibungslos in unser Unternehmen. Sein Verhalten gegenüber Vorgesetzten, Mitarbeitern und Kunden war stets vorbildlich.

Herr Özdogan verlässt uns auf eigenen Wunsch, um eine längerfristige Weiterbildungsmaßnahme zu absolvieren. Wir bedauern seine Entscheidung sehr und danken ihm für seine hervorragende Arbeit. Für seine berufliche wie persönliche Zukunft wünschen wir ihm alles Gute und weiterhin viel Erfolg.

Köln, 31.10.2016   Konrad Kosslar

                                    Geschäftsführer

! **Gutachten**

Einleitung: Es werden alle zentralen Daten genannt.
Tätigkeitsbeschreibung: Sie fällt knapp, aber doch hinreichend detailliert aus
Fachwissen: Herrn Özdogans Fachwissen wird mit sehr gut bewertet.
Leistungsbeurteilung: Viele Kernkompetenzen und die volle Anerkennung im Kernsatz ergeben die Note sehr gut

Verhaltensbeurteilung: Auch hier gibt es nichts zu beanstanden – sehr gut

Schlussformel: Sie bewertet ihn mit sehr gut

Fazit: Herr Özdogan erhält die Gesamtnote sehr gut.

6.11 Entwicklungsingenieur Software Bildverarbeitung

ZEUGNIS

Herr Dipl.-Ing. Martin Flender, geboren am 27.11.1972 in Siegen, war vom 01.02.2011 bis zum 31.07.2017 in unserem Unternehmen als Entwicklungsingenieur im Bereich Software Bildverarbeitung tätig.

Wegen seiner komplexen Kenntnisse in angewandter Mathematik und Informatik konnte er von Anbeginn seiner Tätigkeit für diverse Entwicklungsaufgaben eingesetzt werden. Herr Flender war zusammen mit seinen beiden Mitarbeitern, die er fachlich anleitete, vor allem für folgende Aufgaben zuständig:

- Spezialisierung auf konturbasierte Verarbeitung und merkmalsbasierte Filter- und Matching-Verfahren,
- Implementation, Auswahl und Integration von Bildverarbeitungsalgorithmen für den industriellen Einsatz,
- Koordination von externen BV-Entwicklern,
- Evaluierung und Bewertung von BV-Algorithmen.

In Verbindung mit diesen Aufgaben hat er seine guten Fachkenntnisse kontinuierlich erweitert, etwa bei der Softwareentwicklung in C/C++. Sein Fachwissen setzte er immer erfolgreich ein.

Herr Flender zeichnete sich in seiner Arbeit durch sein hohes persönliches Engagement aus, das es ihm ermöglichte, seine angestrebten Ziele jederzeit sicher zu erreichen. Er war Neuem gegenüber immer aufgeschlossen und überzeugte durch innovative Ideen, die er erfolgreich umsetzte. Besonders hervorzuheben sind sein ausgeprägtes analytisches Denkvermögen und sein logisches und folgerichtiges Denken, die er für die von ihm zu lösenden Aufgaben jederzeit so abrief, dass die Ergebnisse immer in unserem Sinne waren.

Seinen Aufgaben zeigte sich Herr Flender auch aufgrund seiner hohen Belastbarkeit immer gewachsen. Dabei kamen ihm ein gutes Qualitätsbewusstsein sowie sein ausgeprägtes Verantwortungsbewusstsein und seine Zuverlässigkeit unterstützend zugute.

Herr Flender wurde von seinen Mitarbeitern und den externen BV-Entwicklern anerkannt und geschätzt, wobei er sie entsprechend ihren Fähigkeiten einsetzte und mit ihnen gute Ergebnisse erzielte.

Die ihm übertragenen Aufgaben erledigte er stets zu unserer vollen Zufriedenheit.

Sein Verhalten gegenüber Vorgesetzten, Kollegen und BV-Entwicklern war immer einwandfrei.

Herr Flender beendet das Arbeitsverhältnis zum 31.07.2017 auf eigenen Wunsch. Wir bedauern dies und danken ihm für seine gute Arbeit. Für seinen weiteren Berufsweg und auch privat wünschen wir ihm weiterhin alles Gute.

Köln, 31.07.2017 Dr. Jürgen Meyer

Geschäftsführer

> **! Gutachten**
>
> **Einleitung:** Der einleitende Satz ist in Ordnung.
> **Tätigkeitsbeschreibung:** Sie fällt knapp, aber doch hinreichend detailliert aus.
> **Fachwissen:** Es wird mit gut bewertet.
> **Leistungsbeurteilung:** Sie liegt laut Kernsatz (»...stets zu unserer vollen Zufriedenheit.«) und dem Kontext bei gut.
> **Verhaltensbeurteilung:** Sie liegt laut Kernsatz (»... war immer einwandfrei.«) bei gut.
> **Schlussformel:** Sie ist vollständig.
> **Fazit:** Herr Flender wird mit gut bewertet.

6.12 Entwicklungsingenieurin Sensorphysik

ZEUGNIS

Frau Diplom-Ingenieur Anja Janz, geboren am 01.11.1959 in Stuttgart, war vom 01.02.2009 bis zum 31.07.2017 in unserem Unternehmen als Entwicklungsingenieur in dem Bereich Forschung und Entwicklung, Abteilung Sensorphysik, tätig.

Die Firma Arpax GmbH in Köln entwickelt, produziert und vertreibt weltweit sensorbasierte Qualitätsleitsysteme sowie Produktionssteuerungssysteme zur Qualitätssicherung der Produktion in der Papier- und Kunststoffindustrie.

Frau Janz war für folgende Aufgaben zuständig:

- Entwicklung und messtechnische Betreuung von Sensoren/Sensorsystemen,
- Entwicklung physikalischer Messmethoden,
- Projektierung und Planung der Entwicklung von Sensoren in Zusammenarbeit mit unseren anderen Entwicklungsabteilungen (Konstruktion, Elektronik, Software),
- Erarbeitung von Messmodellen zur Berechnung von technischen Einheiten aus Rohsignalen,
- Erarbeitung von Kalibrier- und Fertigungsanweisungen,
- Untersuchung und Optimierung von Applikationen mit radiometrischen Sensoren zur Messung des Flächengewichts und des Füllstoffgehaltes von Papier unter Ausnutzung von Ionisationskammern und radioaktiven Isotopen wie Krypton 85, Promethium 147, Eisen 55,
- Untersuchungen zum Einsatz röntgenphysikalischer Messmethoden zur selektiven Bestimmung des Füllstoffgehaltes in Papier unter Verwendung von Transmissions-Röntgenröhren mit Targets aus Kalzium, Titan und Eisen.

Ihre im Laufe dieser Tätigkeiten hervorragend unter Beweis gestellten Fähigkeiten zur Eigeninitiative, Selbstständigkeit und zielorientierten Problemlösung veranlassten uns, Frau Janz im Sommer 2004 mit der Projektleitung für die Entwicklung eines technisch anspruchsvollen multifunktionalen Sensors im Rahmen unseres größten Entwicklungsprojektes für das Qualitätsleitsystems PAS zu beauftragen.

Frau Janz zeigte bei der Aufgabenerledigung stets außergewöhnlichen Einsatz und hervorragende Leistungen in quantitativer wie in qualitativer Hinsicht. Sie bewies in allen ihr übertragenen Aufgaben eine vorbildliche Arbeitshaltung und arbeitete auf Grund ihres sehr guten Fachwissens immer selbstständig und zielstrebig. Die ihr übertragenen Aufgaben führte sie auch durch ihre Kreativität, Flexibilität und Organisationskompetenz rasch zum Erfolg. Frau Janz ist eine unermüdliche und außergewöhnlich belastbare Mitarbeiterin, die allen neuen Vorhaben aufgeschlossen begegnete. Anhaltenden Fleiß verband sie mit unverkennbarer Freude und Leidenschaft an ihrer Tätigkeit. Sie handelte mit großem Weitblick und großer Übersicht stets pflichtbewusst und zuverlässig.

Als Projektleiterin trug sie die Führungsverantwortung für bis zu 13 Mitarbeiter, die sie jederzeit zu hohen Leistungen motivieren konnte.

Wir waren mit den Leistungen von Frau Janz stets außerordentlich zufrieden.

Frau Janz' Verhalten gegenüber Vorgesetzten, Mitarbeitern und Kunden war stets einwandfrei.

Frau Janz scheidet mit dem heutigen Tag auf eigenen Wunsch aus unserem Unternehmen aus. Wir bedauern ihre Entscheidung sehr, da wir mit ihr eine wertvolle Mitarbeiterin verlieren. Wir danken ihr für ihre erfolgreiche Mitwirkung in unserem Unternehmen und wünschen ihr weiterhin viel Erfolg und persönlich alles Gute.

Köln, 31.07.2017

Dr. Peter Sonstig

Bereichsleiter Forschung und Entwicklung

! | **Gutachten**

Einleitung: Der einleitende Satz ist in Ordnung.
Tätigkeitsbeschreibung: Sie ist angemessen detailliert, deshalb entstehen ihr keine Karrierenachteile.
Fachwissen: Es wird mit sehr gut bewertet.
Leistungsbeurteilung: Sie liegt laut Kernsatz (»Wir waren mit den Leistungen von Frau Janz stets außerordentlich zufrieden.«) und dem Kontext bei sehr gut.
Verhaltensbeurteilung: Sie liegt laut Kernsatz (»... Verhalten gegenüber ... war stets einwandfrei.«) und dem Kontext bei gut.
Schlussformel: Sie ist in Ordnung, sie bewertet Frau Jan«... mit sehr gut.
Fazit: Frau Janz wird mit sehr gut minus bewertet.

6.13 Fondsmanager

ZEUGNIS

Herr Peter Gernd, geboren am 12.10.1965 in Bonn, trat am 15.08.2010 in unser Unternehmen ein und war bis zum 31.07.2017 als Fondsmanager in diesem tätig.

Zu dem Aufgabengebiet von Herrn Gernd gehörten sämtliche Tätigkeiten, die den Geschäftsbereich Immobilien- und Mobilien-Leasing abdeckten. Die Projekte hatten teilweise ein Volumen von über dreihundert Millionen Euro. Ihm waren zwei Mitarbeiter fachlich unterstellt.

Herr Gernd führte die banküblichen Bonitäts- und Objektbeurteilungen anhand von Beleihungsunterlagen, Kundendaten und Jahresabschlussunterlagen durch. Auf dieser Grundlage erstellte er entscheidungsreife Vorlagen für die Geschäftsführung und Aufsichtsgremien. Neben der Vertragsgestaltung gehörte die Konzeption der notwendigen Objekt-Gesellschaft, die für die einzelnen Finanzierungs-Strukturen regelmäßig zum Einsatz kommen, zum Aufgabengebiet. Während der Vertragsabschlussphase sowie der laufenden Vertragsbetreuung hat Herr Gernd den telefonischen und persönlichen Kontakt mit den Kunden sowie deren Steuerberater, Rechtsberater und Wirtschaftsprüfer gehalten und die erforderlichen Absprachen getroffen.

Nach Vertragsabschluss wurde von Herrn Gernd für die Neu-Engagements die laufende Vertragsbetreuung zusätzlich zu der Betreuung der Bestandsverträge durchgeführt. Dazu zählte die Rechnungsprüfung während der Objekt-Errichtungs-Phase sowie die Prüfung der laufenden Nebenkosten, die Rechnungsfreigabe und Finanzierungsmittel-Disposition. Hierzu gehörte die Entwicklung der notwendigen Finanzierungsstrukturen unter Berücksichtigung der speziellen Anforderungen an die Konzernrechnungslegung einer Großbank. Bei Routineaufgaben hatte Herr Gernd Delegationsbefugnis.

Herr Gernd wurde von seinen beiden Mitarbeitern anerkannt und geschätzt, wobei er sie entsprechend ihren Fähigkeiten einsetzte und mit ihnen gute Ergebnisse erzielte. Er war ein sehr engagierter, stets kompetenter, zuverlässiger und verantwortungsbewusster Mitarbeiter unseres Hauses.

Herr Gernd hat die ihm übertragenen Aufgaben stets zu unserer vollen Zufriedenheit erfüllt.

Sein Verhalten gegenüber Vorgesetzten, Mitarbeitern und Kunden war jederzeit einwandfrei. Aufgrund seines freundlichen Wesens und seiner offenen Art war Herr Gernd ein stets respektierter und beliebter Ansprechpartner für unsere Kunden und Mitarbeiter.

Aus betriebsbedingten Gründen musste das Arbeitsverhältnis von Herrn Gernd mit dem heutigen Tag beendet werden. Wir bedauern diese Entwicklung, weil wir mit ihm einen guten Mitarbeiter verlieren. Wir wünschen ihm für die Zukunft beruflich und persönlich weiterhin alles Gute und bedanken uns für die jederzeit gute Mitarbeit.

Düsseldorf, 31.07.2017   Jürgen Peters

                              Geschäftsführer

Gutachten   !

Einleitung: Sie ist perfekt.
Tätigkeitsbeschreibung: Herrn Gernds Tätigkeiten werden im Zeugnis angemessen detailliert beschrieben.
Fachwissen: Es wird mit gut bewertet.

Leistungsbeurteilung: Sie liegt laut Kernsatz (»... stets zu unserer vollen Zufriedenheit erfüllt.«) und dem Kontext bei gut.
Verhaltensbeurteilung: Sie liegt laut Kernsatz (»Sein Verhalten gegenüber ... war jederzeit einwandfrei.«) und dem Kontext bei gut.
Schlussformel: Herr Gernd hat eine Kündigung (betriebsbedingt) erhalten. Die Gesamtbewertung des Zeugnisses wird hier bestätigt.
Fazit: Herr Gernd wird mit gut bewertet.

6.14 Gebietsleiter Außendienst

ZEUGNIS

Herr Jürgen Krähe, geboren am 08.11.1968 in Wesel, war vom 01.05.2012 bis zum 31.07.2017 in unserem Unternehmen als Gebietsleiter im Außendienst tätig.

Die Firma BOVARI GmbH ist weltweit einer der führenden Anbieter im Bereich Gewächshäuser, Gartenhäuser und Metallgerätehäuser.

Im Wesentlichen verrichtete und verantwortete Herr Krähe die folgenden Aufgaben:

- Vertrieb, Verkauf und Betreuung bei Handelsunternehmen der Baumarktbranche sowie im Fachhandel,
- Akquisition von Kunden und deren Betreuung,
- Durchführung von Schulungen der Mitarbeiter bei entsprechenden Handelsunternehmen,
- Anleitung und Ausbildung der ihm unterstellten Mitarbeiter, neun Merchandiser, im Außendienst,
- Erstellen von Standortanalysen bezüglich Wettbewerber.

Herr Krähe verantwortete einen Umsatz von 25 Mio. Euro pro Jahr.

Wir haben Herrn Krähe als engagierten, flexiblen, hoch motivierten und sehr fähigen Mitarbeiter kennengelernt. In seine Aufgabengebiete arbeitete er sich schnell ein und lieferte innerhalb kürzester Zeit sehr gute Ergebnisse. Dabei verband er sein beachtliches Verkaufstalent, das sich besonders im täglichen Umgang mit unseren Kunden zeigte, mit ausgezeichneten Fachkenntnissen. Daher war Herr Krähe bei unseren Kunden ein sehr gern frequentierter Ansprechpartner. Seine Schulungen führte er sowohl mit rhetorischem als auch didaktischem Geschick durch.

Herr Krähe fand für jedes in unternehmensinternen Prozessen notwendigerweise auftretende Problem schnell kreative und praktikable Lösungen, die er erfolgreich in die Praxis umsetzte. Dabei bewies er ein besonderes Gespür für die strategische Umsetzung von Marketingfragen sowie die Optimierung von Verkaufsprozessen.

Seine Mitarbeiter führte und motivierte er zu sehr guten Ergebnissen, wobei er ihnen, wann immer nötig, gern und erfolgreich mit Rat und Tat zur Seite stand.

Wir waren mit seinen Leistungen stets und in jeder Hinsicht außerordentlich zufrieden.

Auch innerhalb unseres Hauses war Herr Krähe ein von allen respektierter und geschätzter Mitarbeiter. Sein Verhalten zu Vorgesetzten, Kollegen und Kunden war immer vorbildlich.

Leider können wir Herrn Krähe in unserem Unternehmen keine weitere Perspektive mehr bieten, weil die Vertriebsstruktur innerhalb unseres Unternehmens geändert wird. Wir bedauern diesen Umstand außerordentlich, können aber verstehen, dass sich Herr Krähe nach neuen Herausforderungen umsehen und unser Unternehmen verlassen möchte. Daher endet sein Arbeitsverhältnis zum 31.07.2017 per Aufhebungsvertrag. Wir danken ihm für seine geleisteten hervorragenden Dienste und wünschen ihm für seine berufliche wie private Zukunft alles Gute und weiterhin viel Erfolg.

Weimar, 31.07.2017   Dr. Jakob Beyer

                                           Geschäftsführer

Gutachten   **!**

Einleitung: Sie ist in Ordnung.
Tätigkeitsbeschreibung: Hier wird kurz, aber dennoch hinreichend detailliert auf den Kompetenz- und Verantwortungsbereich von Herrn Krähe hingewiesen.
Fachwissen: Es wird mit sehr gut bewertet.
Leistungsbeurteilung: Sie liegt laut Kernsatz (»…stets und in jeder Hinsicht außerordentlich zufrieden.«) und dem Kontext bei sehr gut.
Verhaltensbeurteilung: Sie liegt laut Kernsatz (»Sein Verhalten … war immer vorbildlich.«) und dem Kontext bei sehr gut.
Schlussformel: Sie ist in Ordnung, damit wird die Gesamtbewertung des Zeugnisses bestätigt.
Fazit: Herr Krähe wird mit sehr gut bewertet.

6.15 Geschäftsführer Interim

ZEUGNIS

Herr Christoph Weiß, geboren am 23.11.1955 in Karlsbad, war vom 01.01.2013 bis zum 31.03.2017 in unserer Tochtergesellschaft in Indonesien als Interim-Geschäftsführer tätig.

Das 2012 gegründete Werk erwirtschaftete zunächst hohe Verluste, weshalb wir Herrn Weiß als Trouble Shooter engagierten. Er berichtete direkt an den Vorstand der Holding in Deutschland. Unmittelbar nach seinem Antritt begann er mit umfangreichen Restrukturierungsmaßnahmen, durch die er den baldigen Turnaround des Unternehmens erreichte. Er organisierte den Einkauf, die Produktion sowie das Finanz- und Rechnungswesen neu und erzielte so eine erhebliche Verbesserung der Ertragslage.

Die Belegschaft beträgt heute 465 Mitarbeiter, die größtenteils in der Produktion beschäftigt sind. Unter Herrn Weiß' Regie stieg die Produktivität der Mitarbeiter um 27%, die Bruttomarge von 22% auf über 40% und die Overheadkosten konnten deutlich verringert werden, so dass unser Unternehmen heute über eine optimierte Kostenstruktur verfügt.

Herr Weiß überzeugte durch sein sehr gutes Fachwissen, das er sehr gekonnt in der Praxis einsetzte. Durch seine mehrjährige Erfahrung als Interim-Geschäftsführer lieferte er sehr gute Ideen und setzte diese effektiv und zügig um. Dabei griff er sicher auf seine beeindruckende Organisations- und Planungskompetenz, sein präzises Analysevermögen und seine sehr guten Projektmanagementtechniken zurück.

Seine Mitarbeiter führte Herr Weiß durch sein Vorbild an Motivation und Tatkraft sowie einen konsequenten Führungsstil zu sehr guten Ergebnissen. Er war als Führungskraft jederzeit anerkannt und respektiert, wobei er sein Team umfassend informierte. Er drückte sich klar aus und verfügt über sehr solide Präsentationstechniken. Selbstständigkeit, Entscheidungsfreude, Zielorientierung und Verantwortungsbewusstsein prägten seinen Arbeitsstil. Herr Weiß erwarb sich durch sein ergebnisorientiertes Handeln auch den hohen Respekt und die Anerkennung seiner Vorgesetzten.

Im internationalen Umfeld unseres Unternehmens fand er sich sehr gut zurecht, dabei griff er auf seine verhandlungssicheren Englischkenntnisse zurück.

Wir waren mit seinen Leistungen stets und in jeder Hinsicht außerordentlich zufrieden.

Herr Weiß war ein kooperativer, hilfsbereiter und höflicher Manager, der als Führungskraft das nötige Durchsetzungsvermögen zeigte. Er verhielt sich dem Unternehmen und seinen Mitarbeitern gegenüber jederzeit loyal und war innerhalb wie außerhalb unseres Hauses ein allseits beliebter und häufig frequentierter Ansprechpartner. Sein Verhalten gegenüber Vorgesetzten, Mitarbeitern und dritten Personen war immer vorbildlich.

Herr Weiß verlässt uns bereits vorzeitig auf eigenen Wunsch, weil er nach dem Erreichen des sicheren Turnarounds keine Herausforderung mehr in seiner Tätigkeit sieht. Wir bedauern seinen Weggang sehr, bedanken uns jedoch für seine wertvollen Dienste. Für seine berufliche wie private Zukunft wünschen wir ihm alles Gute und weiterhin viel Erfolg.

Fulda, 31.03.2017   Dr. Axel Immermann

                                     Vorstand Vertrieb

Gutachten   !

Einleitung: Es werden alle wichtigen Elemente genannt.

Tätigkeitsbeschreibung: Hier wird kurz, aber dennoch hinreichend detailliert auf den Kompetenz- und Verantwortungsbereich von Herrn Weiß hingewiesen.

Fachwissen: Es wird mit sehr gut benotet.

Leistungsbeurteilung: Hier findet sich ein adäquates Bündel an Kernkompetenzen und ein perfekter Kernsatz zur Leistungsbeurteilung – sehr gut.

Verhaltensbeurteilung: Hier wird Herr Weiß mit sehr gut beurteilt

Schlussformel: Sie dokumentiert ein typisches Verhalten für einen Interim-Manager, der vorzugsweise dann geht, wenn der Turnaround im Unternehmen geschafft ist: Das Zeugnis ist stimmig.

Fazit: Herr Weiß erhält ein sehr gutes Zeugnis.

6.16   Geschäftsführer IT-Bereich

ZEUGNIS

Herr Jürgen Denz, geboren am 27. Januar 1963 in Bonn, war vom 01.02.2010 bis zum 31.07.2017 in unserem Unternehmen als Geschäftsführer im IT-Bereich tätig.

Unser Unternehmen ITT-PAX gliedert sich in die drei Unternehmensbereiche: Internet-Services, E-Business und IT-Training. Am Hauptsitz des Unternehmens in Bochum steht ein Team von 70 festen Mitarbeiterinnen und Mitarbeitern bereit, um Kunden aus den Bereichen zu bedarfsorientierten IT-Lösungen zu verhelfen. Im Wirtschaftsjahr 2016 erzielte die ITT-PAX einen Gesamtumsatz in Höhe von 15 Mio. Euro.

In der Position des Geschäftsführers war Herr Denz für folgende Bereiche zuständig:

- IT-Systeme,
- Internet-Services,
- E-Business/E-Knowledge-Management,
- IT-Training.

Herr Denz trägt die Personalverantwortung für ein Team von zehn Mitarbeitern. Er verfügt über hervorragende IT-Kenntnisse in den Bereichen Betriebssysteme, LAN/WAN, Internet/Intranet, Office-Applikationen und Standardapplikationen.

Es gelang ihm stets, sein sehr gutes Fachwissen effizient in der Praxis einzusetzen. Herr Denz überzeugte uns auch durch seine hervorragende Organisations- und Planungskompetenz, die er souverän in der Praxis umsetzte. So verfügt er über sehr fundierte Projektmanagement-Techniken und über ein sehr gutes PAX- und Moderatoren-Know-how, das er mit effektiven Präsentationstechniken verbindet.

Herr Denz verfügt über sehr gute rhetorische Fähigkeiten, die er stets umsetzt. Er war stets über neueste Entwicklungen in seinem Wissensbereich auf dem Laufenden und informierte seine Mitarbeiter immer umfassend. Sowohl in firmeninternen wie -externen Gesprächen bewies Herr Denz ein bemerkenswertes Verhandlungsgeschick.

Bei seinen strategischen Entscheidungen griff Herr Denz stets sicher auf sein hoch entwickeltes Analysevermögen sowie seine ausgeprägte Fähigkeit zum logischen und vernetzten Denken zurück. Er ist ein ebenso konsequenter wie systematischer Problemlöser, der durch Kreativität und Innovationsorientierung überzeugt. Auch in Stresssituationen oder unter hohem Termindruck behielt er immer die Übersicht und einen kühlen Kopf. Wir haben Herrn Denz als hoch motivierten, mobilen, sehr leistungsstarken und belastbaren Mitarbeiter erlebt, der die Unternehmensziele auch bei Schwierigkeiten und Hindernissen konsequent verfolgte.

Herr Denz motivierte seine Mitarbeiter durch seinen kooperativen Führungsstil zu anhaltend sehr guten Ergebnissen, wobei er als Vorgesetzter jederzeit respektiert wurde.

Wir waren mit seinen Leistungen stets und in jeder Hinsicht außerordentlich zufrieden.

In der innerbetrieblichen Kommunikation pflegte Herr Denz eine Atmosphäre der Integration und Teamorientierung. So konnte er Routineaufgaben delegieren und seine ausgeprägten Managementqualifikationen erfolgreich entfalten. Sowohl innerhalb als auch außerhalb unseres Unternehmens war er ein häufig frequentierter Ansprechpartner und allseits anerkannt und geschätzt. Sein Verhalten zu Vorgesetzten, Mitarbeitern und Kunden war immer einwandfrei.

Herr Denz verlässt uns mit dem heutigen Tag auf eigenen Wunsch. Wir bedauern diese Entscheidung, da wir mit ihm einen wertvollen Mitarbeiter verlieren. Wir danken ihm für seine sehr gute Arbeit und wünschen ihm für seine berufliche wie private Zukunft alles Gute und weiterhin viel Erfolg.

Bochum, 31.07.2017   Heiner Müller

                              Personalchef

Gutachten

Einleitung: Sie ist in Ordnung.

Tätigkeitsbeschreibung: Hier wird kurz, aber dennoch hinreichend detailliert auf den Kompetenz- und Verantwortungsbereich von Herrn Denz hingewiesen.

Fachwissen: Herrn Denz' Fachwissen wird mit sehr gut beurteilt.

Leistungsbeurteilung: Sie liegt laut Kernsatz (»Wir waren mit seinen Leistungen stets und in jeder Hinsicht außerordentlich zufrieden.«) und dem Kontext bei sehr gut.

Verhaltensbeurteilung: Sie liegt laut Kernsatz (»Sein Verhalten ... war immer einwandfrei.«) und dem Kontext bei gut

Schlussformel: Sie bewertet Herrn Denz mit sehr gut: Alle wesentlichen Bestandteile für eine sehr gute Schlussformel werden genannt: Grund des Ausscheidens, Bedauern darüber, Dank für die »sehr gute Arbeit« sowie Zukunftswünsche.

Fazit: Herr Denz wird mit sehr gut minus bewertet.

6.17   Geschäftsführer Produktion

ZEUGNIS

Herr Diplom-Betriebswirt (FH) Bert Maler, geboren am 16.05.1970 in Wiesbaden, war vom 01.05.2010 bis zum 30.09.2017 als Geschäftsführer in unserem Tochterunternehmen in Korea tätig.

Sein Aufgabengebiet umfasste die kaufmännische und organisatorische Leitung unseres Produktionsbetriebes in Korea mit 550 Mitarbeitern. Herr Maler war dem Inhaber direkt unterstellt.

Seine Tätigkeiten und Verantwortungsbereiche umfassten neben der Planerfolgsrechnung, Finanzplanung und monatlichen, vierteljährlichen sowie jährlichen Berichterstattung an die Konzernleitung auch alle Belange der Produktionsplanung und -kontrolle. Darüber hinaus kümmerte sich Herr Maler um alle Belange des Personalwesens und leitete das Marketing und den Verkauf für die Direktkunden in Asien, Amerika und GUS. Außerdem pflegte er alle Kontakte zu Behörden, Banken und Versicherungen.

Herr Maler war ebenfalls zuständig für Marketing und Verkauf an unsere internationalen Großkunden. Durch seine Zielstrebigkeit und sein Verhandlungsgeschick gelang es ihm, den Umsatz in diesem Bereich jährlich mit zweistelligen Zuwachsraten zu steigern. Herr Maler beschränkte sich dabei nicht nur darauf, das Geschäft mit dem bestehenden Kundenstamm zu vergrößern, sondern dank seiner hohen Einsatzbereitschaft schaffte er es auch, wichtige internationale Neukunden für das Unternehmen zu gewinnen.

Im Bereich der Produktion wurden aufgrund von Herrn Malers Einsatzbereitschaft und Motivationsfähigkeit bemerkenswerte Steigerungen des Leistungsgrades realisiert. Dieses positive Ergebnis wurde ergänzt durch eine von Herrn Maler erreichte kontinuierliche Senkung des Überstundenanteils in unserem Unternehmen von 15% auf zuletzt 2%.

Herr Maler verfügt über äußerst fundierte Fachkenntnisse, die er in allen seinen Aufgabenbereichen erfolgreich einsetzte. Er zeigte stets Eigeninitiative und beeindruckte durch seine vorbildliche Arbeitsauffassung. Seine Arbeitsweise war geprägt von großem Pflichtbewusstsein und hoher Zuverlässigkeit, weswegen er bei der Inhaberfamilie, seinen Kollegen, Mitarbeitern und unseren Geschäftspartnern außerordentlich beliebt und geschätzt wurde. Herr Maler bewegt sich sehr sicher auf internationalem Parkett, beherrscht die Landessprache verhandlungssicher und fühlt sich hervorragend in die Denk- und Arbeitsweise anderer Kulturen ein. Dadurch konnte er seine außerordentlichen Managementfähigkeiten global erfolgbringend einsetzen und motivierte seine Mitarbeiter zu sehr guten Ergebnissen.

Wir waren mit Herrn Malers Leistungen stets und in jeder Hinsicht außerordentlich zufrieden.

Sein Verhalten gegenüber Vorgesetzten, Kollegen, Mitarbeitern und Geschäftspartnern war immer vorbildlich.

Herr Maler möchte unser Unternehmen in Korea auf eigenen Wunsch verlassen, um seiner Karriere eine neue Richtung zu geben. Aufgrund der außerordentlichen Leistungen, die Herr Maler für unser Unternehmen erbracht hat, möchten wir ihn auf keinen Fall verlieren und haben ihm deshalb das Angebot gemacht, eine Vertriebsorganisation für unsere Produkte in Südafrika aufzubauen.

Zu unserer großen Zufriedenheit nimmt Herr Maler das ihm unterbreitete Angebot an. Wir bedanken uns bei ihm für seine bisher geleisteten sehr wichtigen Dienste und zweifeln nicht daran, dass er seine neue Aufgabe mit ebensolchem Erfolg bewältigen wird.

Plochingen, 30.09.2017   Erich Menkes

                             Hauptgesellschafter

Gutachten   **!**

Einleitung: Sie enthält alle wichtigen Elemente.
Tätigkeitsbeschreibung: Hier werden Tagesgeschäft und Projekterfolge kombiniert und gut gegliedert dargestellt.
Fachwissen: Herrn Malers Fachkenntnisse liegen auf einem sehr guten Niveau.
Leistungsbeurteilung: Die zu erwartenden Kernkompetenzen werden mit einem makellosen Kernsatz abgerundet und mit sehr gut bewertet.
Verhaltensbeurteilung: Herrn Malers Verhalten wird ebenfalls mit sehr gut bewertet.
Schlussformel: Sie fällt ungewöhnlich aus, da Herr Maler innerhalb des Konzerns in eine andere Tochtergesellschaft wechselt und somit dem Gesamtkonzern trotz der Beendigung des Arbeitsverhältnisses in Korea erhalten bleibt.
Fazit: Herr Maler wird mit sehr gut bewertet und erhält somit ein makelloses Zeugnis.

6.18   Geschäftsführerin Vertrieb

ZEUGNIS

Frau Anke Reinschmidt, geboren am 20.02.1963 in Duisburg, war vom 01.08.2013 bis zum 31.07.2017 in unserem Unternehmen als Geschäftsführerin Vertrieb tätig. Frau Reinschmidt war für folgende Tätigkeiten verantwortlich:

- Umsatzplanung und Kontrolle des Bereichs Vertrieb/Marketing,
- Leitung, Koordination, Motivation und allgemeine Führung der Mitarbeiter,
- Mitarbeiterauswahl, Einstellungsgespräche und Integration neuer Mitarbeiter in das Unternehmen bzw. Vertriebs- und Marketing-Team von zuletzt zwölf Mitarbeitern,
- Erarbeitung von Vertriebsstrategien,
- Bankgespräche in Abstimmung bzw. gemeinsam mit dem zweiten Geschäftsführer,
- Organisation, Durchführung und Moderation von Vertriebsmeetings,
- Überwachung der Fertigstellung von Serversystemen und Anpassungen,
- Vorbereitung von Verträgen,
- Akquise und Verhandlungen mit strategischen Partnern bis hin zum Abschluss von Kooperationsverträgen.

Besonders hervorheben möchten wir Frau Reinschmidts Fähigkeiten und Verdienste im Bereich Multimedia. Hier hat sie durch die Gewinnung erster Kundenprojekte im Bereich Multimedia und Erschließung von neuen Marktsegmenten sehr erfolgreich für unser Unternehmen gearbeitet.

Frau Reinschmidt hat weiterhin den E-Commerce-Bereich unseres Unternehmens erfolgreich aufgebaut. Hierfür erarbeitete sie die Vertriebs- und Marketingstrategien, übernahm die Umsatzplanung und -kontrolle, verantwortete strategische Entscheidungen und Gespräche und repräsentierte das Unternehmen auf Messen und Veranstaltungen.

Frau Reinschmidt verfügt über ein hervorragendes und auch in Nebenbereichen sehr tiefgehendes Fachwissen, besonders in den Bereichen Video on Demand und E-Commerce. Durch ihre hervorragende Auffassungsgabe konnte sie sich sehr schnell in neue Aufgabengebiete und komplexe Programme einarbeiten, was gerade im sich rasant entwickelnden Softwarebereich einen wichtigen Erfolgsfaktor zum Wohle des Unternehmens darstellt.

Auf Messen, Veranstaltungen und sonstigen Präsentationssituationen bewies Frau Reinschmidt eindrucksvoll, dass sie wichtige Präsentationstechniken, besonders im Multimedia-Bereich, sehr sicher beherrscht. Sie hat unser Unternehmen jederzeit überzeugend, rhetorisch versiert und sehr kompetent repräsentiert. Dabei griff sie auch auf ihre verhandlungssicheren Englisch-kenntnisse zurück.

Frau Reinschmidt war eine sehr flexible, kreative, zuverlässige und verantwor-tungsbewusste Mitarbeiterin, die durch ihr hohes Analysevermögen Probleme oft schon vor ihrem potenziellen Auftreten erkannte und entsprechend han-delte. Ihre Mitarbeiter führte sie hoch motiviert und mit dem notwendigen Durchsetzungsvermögen zu sehr guten Leistungen.

Frau Reinschmidt erfüllte alle Aufgaben stets zu unserer vollsten Zufrieden-heit.

Ihr Verhalten gegenüber der Geschäftsführung, den Kollegen sowie den Kun-den war immer vorbildlich.

Wir möchten betonen, dass Frau Reinschmidt an der erfolgreichen Positionie-rung unseres Unternehmens engagiert mitgewirkt hat. Daher bedauern wir ihre Entscheidung, uns zu verlassen, außerordentlich. Wir danken ihr für ihre erfolgreichen Dienste und wünschen ihr für ihre berufliche wie private Zu-kunft alles Gute und weiterhin viel Erfolg.

Paderborn, 31.07.2017   Peter Schäder

                                               Geschäftsführer

---

Gutachten   **!**

Einleitung: Sie ist in Ordnung.
Tätigkeitsbeschreibung: Sie ist angemessen detailliert.
Fachwissen: Es wird mit sehr gut bewertet.
Leistungsbeurteilung: Sie liegt laut Kernsatz (»…stets zu unserer vollsten Zufrie-denheit…«) und dem Kontext bei sehr gut.
Verhaltensbeurteilung: Das Verhalten wird mit sehr gut bewertet.
Schlussformel: Sie ist in Ordnung.
Fazit: Frau Reinschmidt wird mit sehr gut bewertet.

6.19   Geschäftsleiterin Lebensmittelfachhandel

ZEUGNIS

Frau Bettina Schmidt, geboren am 11.11.1958 in Breitscheid, war vom 01.06.2013 bis zum 31.05.2017 in unserem Unternehmen als Geschäftsleiterin tätig.

In dieser Position war sie verantwortlich für die Einzelhandelsvertriebslinie, die Produktionen Frischfleisch und Fleischwaren einschließlich der regionalen Vermarktung. Frau Schmidt verantwortete die Planung und Kontrolle aller wirtschaftlichen Daten der Geschäftsbereiche Einzelhandel mit insgesamt neun Filialen, Großhandel regionaler Abteilungen sowie die Produktionsstätte.

Der besondere Schwerpunkt von Frau Schmidt lag dabei auf den folgenden Tätigkeiten:

- Festlegen der Unternehmensstrategie, hier insbesondere die Vermarktungs- und Produktinnovationen, z.B. Frischesystem und Komplettsystem, sowie SB-Fleisch, frische Fertiggerichte,
- Festlegen der langfristigen, mittelfristigen und kurzfristigen Ziele für alle Unternehmensbereiche,
- Umsetzung der entwickelten Konzepte in das Tagesgeschäft,
- Gesamtverantwortung für den Unternehmensteil Langenfeld innerhalb der Unternehmensgruppe.

Frau Schmidt trug die Führungsverantwortung für 110 Mitarbeiter sowie die Umsatzverantwortung für mehr als 45 Millionen Euro pro Jahr.

Sie verfügt über ein gutes Fachwissen, das sie stets zielgerichtet in die Unternehmensprozesse einfügte. Als Kennerin des Lebensmittelhandels hat sie unsere Marke national aufgebaut und wichtige Märkte erschlossen. Dabei griff sie jederzeit sicher auf ihre guten allgemeinen Managementqualifikationen und ihr untrügliches Gespür für effektive Marketingmaßnahmen zurück. Sie verfügt über eine sehr schnelle Auffassungsgabe, beobachtete das Marktgeschehen kontinuierlich und legte umgehend die richtigen Handlungsstrategien fest.

Mit Kreativität, präzisem Analysevermögen und logischem Denkvermögen fand sie stets innovative Lösungen und neue Ideen, die das Unternehmen entscheidend vorangetrieben haben. Dabei behielt Frau Schmidt stets die Umsetzung in die Praxis im Auge, so dass wir schnellstmöglich von den jeweiligen Maßnahmen profitierten. Verhandlungen führte sie stets mit klarer Struktur erfolgreich zum Wohle des Unternehmens.

Verantwortungsbewusstsein, Belastbarkeit, Selbstständigkeit, Beharrlichkeit kennzeichnen Frau Schmidts Arbeitsstil. Sie ist eine starke Führungspersönlichkeit und führte ihre Mitarbeiter durch ihr Vorbild an Dynamik und Tatkraft jederzeit zu guten Leistungen, wobei sie ihr Team für ihre Konzepte gewinnen konnte. Sie wurde von ihren Mitarbeitern sehr geachtet und als Ansprechpartnerin häufig frequentiert.

Frau Schmidt war eine kontaktstarke und vertriebsorientierte Geschäftsleiterin, die sich erfolgreich für eine ausgeprägte Kundenorientierung und höchste Produktqualität einsetzte.

Sie führte alle Aufgaben stets zügig und effektiv zu unserer vollen Zufriedenheit aus.

Sie trat jederzeit höflich, kooperativ, teamorientiert und verbindlich auf. Auch bei unseren Kunden war sie daher beliebt. Sie informierte Vorgesetzte wie Mitarbeiter umfassend, wobei sie auch sachliche Kritik übte und akzeptierte. Ihr Verhalten gegenüber Vorgesetzten, Mitarbeitern und jeglichen dritten Personen war immer einwandfrei.

Wir bedauern es sehr, dass Frau Schmidt uns mit dem heutigen Tage auf eigenen Wunsch verlässt, gleichwohl bedanken wir uns für ihre wertvollen Dienste und wünschen ihr für ihre berufliche wie private Zukunft alles Gute und weiterhin viel Erfolg.

München, 31.05.2017   Dr. Peter Müller

                                       Geschäftsführer

Gutachten   **!**

Einleitung: Sie ist in Ordnung.
Tätigkeitsbeschreibung: Hier wird kurz, aber dennoch hinreichend detailliert auf den Kompetenz- und Verantwortungsbereich von Frau Schmidt hingewiesen.
Fachwissen: Es wird mit gut bewertet.
Leistungsbeurteilung: Sie liegt laut Kernsatz (» … stets … zu unserer vollen Zufriedenheit …«) und dem Kontext bei gut.
Verhaltensbeurteilung: Das Verhalten wird mit gut bewertet.
Schlussformel: Sie ist in Ordnung.
Fazit: Frau Schmidt wird mit gut bewertet.

6.20 Gesundheitsmanagerin

Zwischenzeugnis

Frau Maria Kundert, geboren am 27.12.1974 in Mayen, ist seit dem 01.10.2013 in unserer Reha-Einrichtung für Herz- und Kreislauferkrankungen als Gesundheitsmanagerin tätig.

Frau Kundert verantwortet schwerpunktmäßig die nachstehend genannten Aufgaben:

- Koordination der Gesundheitsförderung in unserer Einrichtung,
- Analyse der Krankendaten und der relevanten Daten der beteiligten Ärzte,
- Konzeption und Auswertung von Mitarbeiterbefragungen und Stichprobenanalysen,
- Analyse und Bewertung aktueller Reha-Angebote der Konkurrenz,
- Erstellung und Formulierung eines Personalentwicklungskonzeptes und des Weiterbildungsplans,
- Mitwirkung bei der Einstellung neuer Mitarbeiter.

Frau Kundert verfügt über ausgezeichnete Fachkenntnisse, die weit über ihren eigentlichen Bereich hinausgehen. Diese Kenntnisse setzt sie in herausragender Weise in die Praxis um, die jährlichen Zielvereinbarungen übertrifft sie immer.

Dank ihrer sehr guten Auffassungsgabe und ihrer Fähigkeit, analytisches Denken in strukturellen Erfordernissen wirkungsvoll und zielorientiert einzusetzen, ist sie immer in der Lage, für die Problemstellungen in kürzester Zeit effektive und effiziente Lösungen herbeizuführen. Hier unterstützen sie ihre guten Kenntnisse in der Anwendung von Lotus Notes in Verbindung mit den MS Office-Produkten sowie MS Project.

Frau Kundert führt ihre sechs Mitarbeiter nach dem Grundsatz der Führung zur Eigenständigkeit. Sie fördert Eigeninitiative und ist immer sehr gut in der Lage, Aufgaben in Teilbereiche zu zergliedern und die Verantwortlichkeiten zu delegieren. Sie schätzt die Stärken ihrer Mitarbeiter sehr gut ein und erreicht damit immer gute Ergebnisse. Ihre hohe Eigenmotivation wirkt vorbildlich auf ihre Mitarbeiter, so dass die Leistung der einzelnen Mitarbeiter ihrer Abteilung genauso über unseren Erwartungen liegt wie die Arbeit des Gesamtteams.

In ihrer Verhandlungsführung beherrscht sie sicher die Moderationstechniken und ist rhetorisch sehr versiert, ihre Präsentationen gestaltet sie lebhaft und interessant. Die Abläufe ihrer Tätigkeiten sind sehr komplex, hier setzt sie ihr gutes Zeitmanagement ergebnisorientiert und zielführend um.

Wir sind mit den Leistungen von Frau Kundert stets und in der allerbesten Weise zufrieden.

Ihr persönliches Verhalten zum Vorstand, dem sie regelmäßig direkt berichtet, ist jederzeit vorbildlich. Ihre Mitarbeiter schätzen sie als kompetente Ansprechpartnerin.

Dieses Zwischenzeugnis wird auf Wunsch von Frau Kundert erstellt, weil ein Vorstandswechsel ansteht. Wir nutzen die Gelegenheit, ihr an dieser Stelle für ihre wertvolle und geschätzte Mitarbeit zu danken und freuen und auf eine weitere vertrauensvolle und erfolgreiche Zusammenarbeit.

Bad Dürkheim, 31.07.2017   Franz Wilfert

                                   Vorstandsvorsitzender

Gutachten   !

Einleitung: Es werden alle wichtigen Daten genannt.

Tätigkeitsbeschreibung: Frau Kunderts Tätigkeiten werden angemessen detailliert beschrieben.

Fachwissen: Es wird mit sehr gut bewertet.

Leistungsbeurteilung: Sie liegt laut Kernsatz (»Wir sind mit den Leistungen von Frau Kundert stets und in der allerbesten Weise zufrieden.«) und dem dazugehörigen Kontext bei sehr gut.

Verhaltensbeurteilung: Das Verhalten wird mit sehr gut bewertet.

Schlussformel: In dieser Form steht sie unter sehr guten Zwischenzeugnissen.

Fazit: Frau Kundert wird mit sehr gut bewertet.

6.21 Gruppenleiter Wertpapierberatung

ZEUGNIS

Herr Dirk Renke, geboren am 19.10.1970 in Swisstal, trat am 01.09.1989 als Auszubildender in unser Bankhaus ein.

Nach seiner erfolgreich absolvierten Ausbildung begann er bei uns seine Tätigkeit zunächst als Sachbearbeiter im Dokumentengeschäft. In diesem Rahmen betreute er selbstständig einen ihm zugeteilten Stamm von Firmenkunden. Für diesen Kundenstamm erstellte er Import-Akkreditive, prüfte die Dokumente, bearbeitete Inkassi sowie Währungswechseldiskonte und beriet im Rahmen der damit verbundenen Anfragen und Problemstellungen.

Ab Januar 2000 wechselte Herr Renke als Sachbearbeiter in die Scheckgruppe und übernahm die Bearbeitung von Nachforschungen und Reklamationen in Bezug auf Auslandszahlungen und Devisengeschäfte. In dieser Aufgabe war Herr Renke Ansprechpartner von Privat-, Firmenkunden und Banken auf nationaler und internationaler Ebene.

Ab Januar 2004 begann Herr Renke im Rahmen seiner Einarbeitung als Finanzberater an einer unserer Zweigstellen seine Produktkenntnisse im Privatkunden-Geschäft gemäß unserer hausinternen Gepflogenheiten aufzuarbeiten. Im Anschluss daran absolvierte er unsere sechsmonatige Ausbildung im Wertpapiergeschäft. Ab Januar 2005 übernahm Herr Renke die Position des Privatkundenwertpapierberaters zur Betreuung von zwei Geschäftsstellen. Ihm unterstanden in dieser Position fünf Sachbearbeiter.

Herr Renke verfügt über hervorragende Fachkenntnisse, die er eigeninitiativ regelmäßig aktualisierte und erfolgreich in unserer Bank umsetzte. Zudem besuchte er mit großem Erfolg zahlreiche Seminare zu bankbezogenen Themen und Themen des allgemeinen Managements.

Aufgrund seines präzisen Urteilsvermögens kam Herr Renke auch in schwierigen Lagen zu eigenständigen, abgewogenen und stets zutreffenden Urteilen. Als absolut vertrauenswürdiger und hoch motivierter Mitarbeiter war er ein Vorbild für die Kollegen und seine ihm zugeteilten Sachbearbeiter. Er pflegte einen kooperativen Führungsstil und erzielte mit seinem Team hervorragende Ergebnisse. Als Vorgesetzter war er jederzeit anerkannt.

Herr Renke behielt auch unter größter Belastung einen klaren Kopf und handelte überlegt und folgerichtig zum Wohle unseres Hauses. Aufgrund seines sehr guten Verhandlungsgeschicks erzielte er hervorragende Ergebnisse. Er stellte sich auf unterschiedliche Geschäftspartner sehr gut ein und überzeugte durch eine kompetente und zielgerichtete Verhandlungsführung. Herr Renke fand sich auch im internationalen Umfeld unserer Bank sehr gut zurecht. Dabei zeigte er ein hohes Maß an interkultureller Kompetenz und griff sicher auf seine exzellenten Englischkenntnisse zurück.

Er erfüllte die ihm übertragenen Aufgaben immer zu unserer vollsten Zufriedenheit.

Herr Renke fügte sich reibungslos in unsere Teamstrukturen ein, wobei er sich den Respekt und das Ansehen seiner Mitarbeiter und Kollegen erworben hat. Wegen seiner großen Tatkraft und Dynamik war er auch bei der Geschäftsleitung sehr anerkannt. Sein Verhalten gegenüber Vorgesetzten, Mitarbeitern und Kunden war stets vorbildlich.

Herr Renke verlässt uns zum 30.09.2013 auf eigenen Wunsch, um sich neuen Herausforderungen zu widmen. Wir bedauern seinen Entschluss sehr, danken ihm für seine sehr gute Mitarbeit und wünschen ihm auch für die Zukunft alles Gute und weiterhin viel Erfolg.

Frankfurt/Main, 30.09.2013 Ernst Morgenroth

Leiter Personal und Verwaltung

Gutachten !

Einleitung: Alle wichtigen Elemente sind enthalten.
Tätigkeitsbeschreibung: Sie ist angemessen detailliert und vermittelt einen guten Überblick über Herrn Renkes Aufgabenbereich.
Fachwissen: Es wird mit sehr gut benotet.
Leistungsbeurteilung: Sie liegt bei sehr gut.
Verhaltensbeurteilung: Sie liegt bei sehr gut.
Schlussformel: Sie beurteilt Herrn Renke mit sehr gut.
Fazit: Herr Renke wird mit sehr gut bewertet.

6.22 Gruppenleiterin Heilerziehungspfleger

Zeugnis
Frau Ina Roder, geboren am 12.06.1979 in Mühlbach, war vom 15.02.2012 bis zum 31.03.2017 in unserer psychiatrischen Tageseinrichtung als Gruppenleiterin in der Heilerziehungspflege tätig.

Während dieser Zeit war sie für die folgenden Aufgaben verantwortlich:
- Organisation der pflegerischen Maßnahmen inklusive der Medikation in Zusammenarbeit mit den Ärzten und drei Mitarbeitern, die ihr fachlich unterstellt waren,
- Führung der Patientenakten in Bezug auf die pflegerischen Leistungen,
- Erstellung der Dienstpläne des Pflegepersonals,
- Planung der Freizeitaktivitäten der Behinderten,
- Überwachung der Abläufe im Tagesgeschäft.

Ihr hervorragendes Fachwissen setzte Frau Roder in der alltäglichen praktischen Arbeit sorgsam, zielorientiert und für die Patienten im höchsten Maße förderlich um. Dabei nutzte sie alle Möglichkeiten der beruflichen Weiterbildung intensiv und erfolgreich. Sie beherrschte die hausinterne Fallpauscha-lensoftware und setzte auch ihre Kenntnisse in Word und Excel immer ziel-führend und erfolgreich ein.

Sie organisierte ihre Arbeit so, dass sie auch in kritischen Momenten stets das Wesentliche im Auge behielt und die Pannen, die sich zwangsläufig mit dem anvertrauten Klientel einstellen, in beispielhafter Weise meisterte. Frau Roder ist eine sehr engagierte Mitarbeiterin mit einer hohen sozialen Kompetenz, die ihre Arbeit jederzeit mit vollem Einsatz erfolgreich bewältigte. Auch unter stärksten Belastungen behielt sie immer in vorbildlicher Weise den Überblick und bewältigte alle Probleme und Anforderungen hervorragend.

Die Arbeit mit behinderten Menschen verlangt Kontinuität und hohes Ver-antwortungsbewusstsein. Frau Roder erfüllte diese Anforderungen in ausge-zeichneter Weise, sie arbeitete mit großem Pflichtbewusstsein und höchster Zuverlässigkeit.

Sie überzeugte und motivierte ihre Mitarbeiter und förderte die sehr gute Zusammenarbeit. Sie war immer in der Lage, die Arbeit zielsicher zu delegieren und ihre Mitarbeiter so einzusetzen, dass diese zu einer sehr guten Teamleis-tung beitragen konnten.

Alle ihr übertragenen Aufgaben erfüllte Frau Roder jederzeit zur vollsten Zu-friedenheit.

Frau Roder wurde wegen ihres freundlichen Wesens und ihrer kollegialen Hal-tung von Vorgesetzten und Mitarbeitern gleichermaßen geschätzt. Gegenüber den Familien und Angehörigen trat sie stets vorbildlich und hilfsbereit auf.

Frau Roder verlässt unsere Einrichtung mit dem heutigen Tage, weil sie sich beruflich weiterentwickeln möchte. Wir bedauern dies außerordentlich und nehmen die Gelegenheit wahr, ihr für die sehr gute Zusammenarbeit zu danken und für ihre berufliche und private Zukunft weiterhin alles Gute zu wünschen.

Neuburg an der Donau, 31.03.2017   Gerlinde Paulus

                                        Geschäftsführerin

! **Gutachten**

Einleitung: Der einleitende Absatz ist in Ordnung.
Tätigkeitsbeschreibung: Sie ist angemessen detailliert.
Fachwissen: Es wird mit sehr gut bewertet.

Leistungsbeurteilung: Sie liegt bei sehr gut.
Verhaltensbeurteilung: Das Verhalten wird mit sehr gut bewertet.
Schlussformel: Sie ist in Ordnung, sie bestätigt die Gesamtnote des Zeugnisses.
Fazit: Frau Roder wird mit sehr gut bewertet.

6.23 Ingenieur für Biotechnologie

ZEUGNIS

Herr Dipl.-Ing. Stefan Schallenberger, geboren am 29.02.1961 in Wissen, war vom 15.02.2013 bis 31.10.2016 in unserem Institut als Ingenieur für Biotechnologie beschäftigt.

Er war mit der Konstruktion eines Hochspannungssystems zur mikroskopischen Betrachtung der Effekte an pflanzlichen Zellen und Protoplasten betraut. Überdies war er zuständig für die Erfassung von biometrischem Datenmaterial. Bei diesen Aufgaben unterstützten ihn zwei Laboranten, die ihm fachlich unterstellt waren.

Herr Schallenberger verfügt über ein solides Grundwissen in seinem Arbeitsbereich. Er setzte sein Analysevermögen ein und bemühte sich, zielorientiert zu arbeiten.

Er war sehr tüchtig und wusste sich gut zu verkaufen. Herr Schallenberger war in der Lage, seine beiden Mitarbeiter sachgerecht anzuleiten.

Mit seinen Leistungen waren wir zufrieden.

Seine Führung gab uns zu Beanstandungen keinen Anlass.

Herr Schallenberger scheidet mit dem heutigen Tag aus unserem Unternehmen aus. Wir wünschen ihm für die Zukunft alles Gute.

München, 31.10.2016   Prof. Dr. Peter Beyer

                             Institutsleiter

Gutachten   !

Einleitung: Sie ist in Ordnung.
Tätigkeitsbeschreibung: Sie ist unzureichend, weil sie zu kurz ist.
Fachwissen: Sein Fachwissen (»verfügt über ein solides Grundwissen in seinem Arbeitsbereich«) wird mit ausreichend bewertet.

Leistungsbeurteilung: Sie liegt laut Kernsatz (»Mit seinen Leistungen waren wir zufrieden.«) und dem Kontext bei ausreichend. Der Satz »Er war sehr tüchtig...«, könnte bedeuten, dass er ein unangenehmer und rechthaberischer Wichtigtuer war.
Verhaltensbeurteilung: Sie liegt laut Kernsatz (»Seine Führung gab uns zu Beanstandungen keinen Anlass.«) bei ausreichend.
Schlussformel: Sie bewertet ihn mit ausreichend. Ihm wurde gekündigt oder die Kündigung wurde ihm nahegelegt.
Fazit: Herr Schallenberger wird mit ausreichend bewertet.

6.24 Leiter Einkauf

Zeugnis

Herr Dipl. Kfm Matthias Müllerschön, geboren am 01.05.1984, war vom 01.01.2012 bis zum 31.12.2016 in unserem Unternehmen als Supplier Relationship Manager tätig.

Herr Müllerschön berichtete in seiner Position an den Vice President Purchasing und führte elf Mitarbeiter disziplinarisch sowie fachlich. Im Einzelnen übernahm er folgende Aufgaben:

- umsatzverantwortliche und personelle Leitung des Bereichs Supplier Relationship Management von vier unserer insgesamt zehn strategischen Warengruppen,
- Festlegung der Einkaufspreise in direkter Zusammenarbeit mit dem Vice President Purchasing,
- Erstellung und Umsetzung des Budgets,
- Einstellung der Planwerte pro Kategorie,
- Abstimmung des Leistungs- und Produktportfolios,
- Durchführung von Trendanalyse und Neuheitenrecherchen,
- Gestaltung des Sortiments sowie dessen operative Steuerung und Kontrolle im Rahmen der Sortimentspolitik,
- Lieferanten- und Vertragsmanagement,
- Mitgestaltung der Qualitätsstandards und Zusammenarbeit mit dem Bereich Qualitätssicherung,
- Sicherstellung der Disposition, des zentralen Wareneingangs und der optimalen Lagerbestände.

Herr Müllerschön verfügt über ein fundiertes Fachwissen und gute Kenntnisse im Handel. Nach sehr kurzer Einarbeitungszeit setzte er, dank seiner raschen Auffassungsgabe und steilen Lernkurve, die Steuerung und Kontrolle des Category Managements seiner vier Warengruppen eigenständig um. Dabei deckte er das komplette Spektrum von der Marktanalyse über die Sortimentsgestaltung, die Identifizierung weiterer geeigneter Lieferanten, die

Vertragsgestaltung und Verhandlung bis hin zur ständigen Optimierung der Lieferkette ab.

Jederzeit arbeitete Herr Müllerschön zielstrebig, gründlich und zügig. Herr Müllerschön war in der Lage, auch schwierige Situationen sofort treffend zu erfassen und schnell praxisgerechte Lösungen zu finden und konsequent umzusetzen. Durch seine stets hohe Einsatzbereitschaft, gepaart mit seiner guten Kommunikationsfähigkeit und seiner hohen Flexibilität, ermöglichte er auch in Stoßzeiten eine enge Zusammenarbeit zwischen den Abteilungen Produktion, Qualitätssicherung und Logistik. Herr Müllerschön dachte über seinen Bereich hinaus und leistete seinen Kollegen Unterstützung. Auch unter starker Belastung behielt Herr Müllerschön die Übersicht, kam zu klaren, zutreffenden Urteilen und setzte die richtigen Prioritäten.

Herr Müllerschön engagierte sich zudem erfolgreich in der Projektverantwortung. So arbeitete er beispielsweise in einem Projekt zur Zertifizierung von Lieferanten aus unserem neuen Beschaffungsmarkt Vietnam maßgeblich mit.

Im Rahmen seiner Führungsfunktion verstand es Herr Müllerschön, seine Mitarbeiter zu überzeugen, sie zu vollem Einsatz zu motivieren und die Zusammenarbeit vertrauensvoll zu gestalten. Er förderte die Weiterentwicklung seiner Mitarbeiter, delegierte Aufgaben angemessen sowie zielgerichtet und erreichte die vereinbarten Ziele.

Wir waren mit der Leistung von Herrn Müllerschön sehr zufrieden.

Sein Verhalten gegenüber seinen Vorgesetzten, Mitarbeitern, Kollegen und Geschäftspartnern war stets einwandfrei. Er förderte stets den Teamgeist sowie die gute Zusammenarbeit und wurde allseits geschätzt.

Herr Müllerschön verlässt uns mit dem heutigen Tage, um eine neue Herausforderung annehmen zu können. Wir bedauern sein Ausscheiden, danken Herrn Müllerschön für die jederzeit engagierte Zusammenarbeit und wünschen ihm für seine berufliche wie persönliche Zukunft alles Gute und weiterhin viel Erfolg.

München, 31.12.2016   Dr. Peter Beyer

                             Geschäftsführer

> **!** **Gutachten**
>
> **Einleitung:** Es werden alle wichtigen Daten genannt.
> **Tätigkeitsbeschreibung:** Sie fällt relativ kurz, aber doch hinreichend detailliert aus, indem sie die Führungs- und Fachaufgaben klar beschreibt. Insbesondere auf die Führungskomponente wird in einem separaten, einleitenden Satz hingewiesen, dadurch gewinnt diese Verantwortung zusätzlich Gewicht.
> **Fachwissen:** Herrn Scheers Fachwissen wird mit gut bewertet.
> **Leistungsbeurteilung:** In Kombination mit dem passenden Portfolio an Kernkompetenzen wird auch hier im Kernsatz ein gut vergeben. Leicht herausgehoben wird die Projekttätigkeit, die Herrn Müllerschön voraussichtlich von vielen anderen Kandidaten abhebt.
> **Verhaltensbeurteilung:** Sie fällt gut bis sehr gut aus.
> **Schlussformel:** Sie bewertet ihn mit sehr gut, wobei es geschickt offen bleibt, ob Herr Müllerschön gekündigt hat oder gekündigt wurde.
> **Fazit:** Herr Müllerschön erhält ein gutes Zeugnis.

6.25 Investor Relations Manager

ZWISCHENZEUGNIS

Frau Andrea Rotkopf, geboren am 27.10.1968 in Freiburg, ist seit dem 01.10.2012 in unserem Unternehmen tätig, derzeit als Investor Relations Manager.

Ihre Laufbahn in unserem Unternehmen begann Frau Rotkopf als Marketing Manager. In dieser Position war sie verantwortlich für die Planung, Konzeption und Durchführung der gesamten Marketing-Aktivitäten inklusive Messeauftritte, Anzeigenkampagnen, Direct-Mailing-Aktionen, Aufbau und Pflege des Internetauftritts, die Steuerung der Zusammenarbeit mit einer Werbeagentur, Aufbau und Pflege eines PR-Verteilers.

Aufgrund ihrer sehr guten Leistungen, die sie besonders mit einer hohen Zuverlässigkeit und ihrem bemerkenswerten Geschick für Marketing- und PR-Fragen erzielte, übernahm Frau Rotkopf im Oktober 2009 die Aufgabe des Investor Relations Managers. In dieser Funktion war sie maßgeblich am Erfolg des Börsengangs unseres Unternehmens am 12.10.2010 beteiligt. Sie war verantwortlich für Planung und Durchführung der gesamten IPO-Kampagne, die einen sehr hohen Aufmerksamkeitswert erzielte.

Zu ihrem Verantwortungsbereichbereich als Investor Relations Manager gehören:

- Planung, Organisation und Durchführung der Hauptversammlungen, Analystenkonferenzen, Bilanzpressekonferenzen, Roadshows, One-to-One-Investorenmeetings,
- Erstellung und Kontrolle des IR-Budgets,
- Erstellung der Geschäfts- und Quartalsberichte,
- Generierung und Pflege von Investoren- und Analystenkontakten,
- AdHoc-Meldepflicht,
- Aufbau und Pflege des IR-Bereiches im Internet,
- Aufbau und Pflege des Analysten-, Finanzpresse- und Investorenverteilers,
- Steuerung der PR-Agentur.

Frau Rotkopf berichtet direkt an den Vorstand und leitet zwei Mitarbeiter fachlich an.

Ihre Aufgaben erledigt Frau Rotkopf mit einem äußerst fundierten Fachwissen, das sie stets souverän und engagiert in der Praxis einsetzt. Frau Rotkopf ist sehr wendig, argumentiert stets geschickt und reagiert auf neue Gegebenheiten spontan, wobei sie unsere Interessen jederzeit glaubwürdig und strategisch richtig vertritt. Sie verfügt über gute Präsentationstechniken, die sie mit der Fähigkeit zur klaren Strukturierung von Sachverhalten verbindet.

Auf die verschiedensten Gesprächspartner stellt sich Frau Rotkopf sehr gut ein und führt Gespräche verbindlich, zielorientiert und darauf bedacht, echte Win-Win-Situationen zu erzeugen. Hervorheben möchten wir auch ihre ausgeprägte Kundenorientierung und Kommunikationsstärke bezüglich schwierig zu vermittelnder Informationen. Analysten wie Investoren schätzen Frau Rotkopf als kompetente Ansprechpartnerin. Auch innerhalb unseres Hauses ist sie bei Vorgesetzten wie Kollegen sehr geschätzt.

Frau Rotkopf findet mit präzisem Analysevermögen und logischem Denken für alle in Prozessen notwendigerweise auftretenden Probleme jederzeit gute Lösungen, die sie effektiv zu unserem Gewinn umsetzt. Sie ist äußerst belastbar, leistungsstark, flexibel und absolut vertrauenswürdig. Selbstständigkeit, Sorgfalt und Verantwortungsbewusstsein prägen ihren Arbeitsstil gleichermaßen.

Wir sind mit Frau Rotkopfs Leistungen jederzeit sehr zufrieden.

Ihr Verhalten gegenüber Vorgesetzten, Kollegen und jeglichen dritten Personen ist stets einwandfrei.

Dieses Zwischenzeugnis wird auf Wunsch von Frau Rotkopf erstellt. Wir bedanken uns für ihre erfolgreichen Dienste und hoffen auf ein noch lange währendes Arbeitsverhältnis.

Dortmund, 31.07.2017   Dr. Kai Geißler

                                            Vorstand

! **Gutachten**

Einleitung: Hier werden alle wichtigen Informationen geliefert.
Tätigkeitsbeschreibung: Beide Aufgabengebiete werden hinreichend detailliert gewürdigt.
Fachwissen: Hier wird Frau Rotkopf mit sehr gut bewertet.
Leistungsbeurteilung: Zusammen mit dem passenden Portfolio an Kernkompetenzen ergibt sich die Note sehr gut bis sehr gut minus.
Verhaltensbeurteilung: Hier wird Frau Rotkopf die Note gut erteilt.
Schlussformel: Es sind alle wichtigen Elemente für ein komplettes Zwischenzeugnis enthalten.
Fazit: Frau Rotkopf kann sich mit diesem makellosen Zeugnis problemlos bewerben.

6.26 Kaufmännische Leiterin

ZEUGNIS

Frau Dipl. Kffr. Marisa Schiller, geboren am 11.12.1975, war vom 01.06.2009 bis zum 31.12.2016 in unserem Unternehmen in unterschiedlichen Positionen tätig, zuletzt als kaufmännische Leiterin.

Frau Schiller trat zunächst als Referentin im Unternehmenscontrolling in unser Unternehmen ein. Sie verantwortete insbesondere das Unternehmens- und Finanzcontrolling aller Produktbereiche sowie unserer Tochtergesellschaften und die Weiterentwicklung der Kosten- und Ergebnisrechnung. Zu ihren Aufgaben gehörten ferner die systemtechnische Betreuung des Vorratvermögens, die Bewertung der Vorräte nach Niederstwertprinzip und verlustfreie Bewertung sowie die Erstellung der Situationsberichte im Management Reporting.

Zum 01.01.2011 übertrugen wir Frau Schiller die kaufmännische Leitung unseres Unternehmens. Seitdem übernahm sie das folgende Verantwortungsgebiet:

- Rechnungslegung zur steuerlich korrekten Abrechnung des betrieblichen Nebengeschäftes
- Logistikcontrolling des Standortes Berlin mit folgenden Schwerpunkten: kaufmännische Betreuung des Bereiches Logistik in allen Belangen, Budgetierung, Kostenkontrolle mit Plan-Ist-Abweichungsanalyse der Bereichskostenstellen, Rentabilitätsbetrachtungen für geplante Investitionen, Reporting/Managementberichterstattung.

Frau Schiller verfügt über äußerst fundierte Fachkenntnisse, die sie jederzeit sicher und effektiv in der Praxis anwendete. Sie arbeitete sich sehr engagiert und schnell in neue Aufgabengebiete ein und aktualisierte ihr Fachwissen kontinuierlich im Rahmen verschiedener Weiterbildungen im Bereich Controlling. Auch komplexe Zusammenhänge erfasste sie sofort. Frau Schiller erkannte daher stets das Wesentliche und fand dank ihres planvollen Vorgehens selbst für schwierigste Problemstellungen immer effektive Lösungen. Hervorzuheben sind in diesem Zusammenhang Frau Schillers ausgeprägtes Analysevermögen und ihr logisches und folgerichtiges Denken, die sie jederzeit so abrief, dass ihre Arbeitsergebnisse sichere Entscheidungsgrundlage für unternehmensinterne Entscheidungen waren.

Ihren Aufgaben zeigte sich Frau Schiller aufgrund ihrer hohen Belastbarkeit, verbunden mit hoher Eigenmotivation und großer Entscheidungsfreude, immer vollumfänglich gewachsen. Frau Schiller zeichnete sich zudem durch ihr außerordentliches Qualitätsbewusstsein, ihr ausgeprägtes Verantwortungsbewusstsein und ihre hohe Zuverlässigkeit sowie durch ihr eigenverantwortliches selbstständiges Handeln aus.

Frau Schiller identifizierte sich jederzeit mit ihren Aufgaben sowie dem Unternehmen und war auch über die normale Arbeitszeit hinaus sehr leistungsbereit. Die Qualität ihrer Arbeitsergebnisse lag weit über den Anforderungen. Frau Schiller bestätigte das in sie gesetzte Vertrauen jederzeit und erfüllte alle Aufgaben stets zu unserer vollsten Zufriedenheit.

Auch in persönlicher Hinsicht überzeugte Frau Schiller durch ihr zu jeder Zeit offenes und freundliches Auftreten. Frau Schiller wurde aufgrund ihrer Verbindlichkeit sowie ihrer teamorientierten und hilfsbereiten Art von ihren Vorgesetzten und Kollegen sehr geschätzt. Auch bei Geschäftspartnern war Frau Schiller eine sehr anerkannte Ansprechpartnerin. Ihr Verhalten war stets vorbildlich.

Frau Schiller verlässt unser Unternehmen betriebsbedingt zum 31.12.2016. Wir bedauern es sehr, Frau Schiller aufgrund der ungünstigen wirtschaftlichen Entwicklungen und des damit verbundenen Stellenabbaus keine weitere Perspektive in unserem Unternehmen mehr bieten zu können. Wir bedanken uns für ihre sehr guten Leistungen sowie die langjährige loyale Zusammenarbeit und wünschen Frau Schiller für ihre berufliche und private Zukunft alles Gute und weiterhin viel Erfolg.

Dortmund, 31.12.2016   Dr. Kai Geißler

                                        Geschäftsführer

! **Gutachten**

Einleitung: Es werden alle wichtigen Daten genannt.
Tätigkeitsbeschreibung: Sie fällt relativ kurz, aber doch hinreichend detailliert aus, indem sie die Fachaufgaben klar beschreibt. Auffällig ist, dass Frau Schiller trotz der Position als Kaufmännische Leiterin keine Führungsverantwortung trug. Daher gleicht die Tätigkeitsbeschreibung auch eher der einer hochqualifizierten Fachkraft.
Fachwissen: Frau Schillers Fachwissen wird mit sehr gut bewertet.
Leistungsbeurteilung: In Kombination mit dem passenden Portfolio an Kernkompetenzen wird auch hier im Kernsatz ein sehr gut vergeben. Die zuerkannten Kompetenzen erinnern bisweilen an die einer Fachkraft, was aber gut zum Zuschnitt von Frau Schillers Position passt.
Verhaltensbeurteilung: Sie fällt sehr gut aus.
Schlussformel: Frau Schiller wird mit sehr gut bewertet. Die Gründe der Kündigung werden plausibel beschrieben. Hier gibt es keinen Geheimcode zu fürchten, auch wenn man sich als Arbeitnehmer natürlich keine Kündigung wünscht.
Fazit: Frau Schiller erhält ein sehr gutes Zeugnis.

6.27 Leiter der Projektierungs- und Vertriebsabteilung

ZEUGNIS

Herr Jürgen Werfel, geboren am 29.10.1966 in Soest, war vom 01.08.2012 bis zum 31.07.2017 in unserem Unternehmen als Leiter der Projektierungs- und Vertriebsabteilung tätig.

Herr Werfel war für folgende Aufgaben zuständig:

- Projektverantwortung für Planung und Vertrieb von Rohrschlangen, wobei der Wert der einzelnen Projekte zwischen 200.000 und 350.000 Euro lag,
- Verantwortung der Ertragsseite des einzelnen Projekts,
- Sicherstellung der technischen Funktionalität,

- Erfolgreicher Auf- und Ausbau einer konstanten Geschäftsbeziehung zu den Tochterfirmen BELAX und TRINTEX mit einem Jahresumsatz von 8 Mio. Euro,
- Einführung der Sielberger-Biegetechnologie für Kunden in Polen, Italien und Norwegen,
- Ausbau der Marktführerschaft für professionelle Biegeverformungen in der BRD mit einem Jahresumsatz von 15 Mio. Euro.

Weiterhin verantwortete Herr Werfel die Vorbereitung des Budgets für das jeweils folgende Geschäftsjahr und die Vorbereitung für die Festlegung der Umsatzziele für den jeweils aktuellen Monat. Er übernahm die Gestaltung und Angebotslenkung bei großen Rahmenausschreibungen der Tochterfirmen.

Herr Werfel verfügt über umfassende und vielseitige Fachkenntnisse, auch in Randbereichen. Sein Fachwissen setzte er erfolgreich und sehr gekonnt in die Praxis um. Er arbeitete sich sehr schnell in neue Probleme und Aufgabenstellungen ein und erfasste Prozesse und Vorgänge rasch und vollständig. Problemen, die bei Arbeitsprozessen und intensiven Kundenkontakten zwangsläufig auftreten, begegnete er immer mit großer Kreativität und Flexibilität, so dass er stets praktikable und sehr effektive Lösungen umsetzen konnte. Er war äußerst belastbar, stets fleißig und sehr zuverlässig, überdies arbeitete er immer sehr genau, sorgfältig und äußerst zügig.

Er besuchte regelmäßig Weiterbildungsveranstaltungen zur Mitarbeiter- und Unternehmensführung und im IT-Bereich (SAP).

Besonders hervorzuheben ist sein vorbildlicher Umgang mit unseren Kunden. Herr Werfel ist sehr kontaktfreudig, kommunikativ und offen in seinem Auftreten. Dadurch knüpfte er Kundenkontakte bis in höhere Geschäftsebenen hinein und erwarb sich den Respekt und das Vertrauen unserer Kunden. Mit großer Beharrlichkeit und entsprechend erfolgreich brachte er auch Angebote in komplizierten Situationen zu einem für alle Beteiligten vorteilhaften Abschluss. Durch seine geschäftlichen Aufenthalte in Polen, Italien und Norwegen entwickelte er ein Gespür für die interkulturelle Dimension von Geschäften und vertiefte seine hervorragenden Englisch- und Polnischkenntnisse. Er motivierte seine drei Mitarbeiter stets zu sehr hohen Leistungen.

Herrn Werfels Leistungen haben jederzeit und in jeder Hinsicht unsere volle Anerkennung gefunden.

Er fügte sich reibungslos auch in Teamstrukturen ein, wobei er sich den Respekt und das Ansehen seiner Mitarbeiter und Kollegen erworben hat. Wegen seiner großen Tatkraft und Dynamik war er auch bei der Geschäftsleitung sehr anerkannt. Sein Verhalten gegenüber Vorgesetzten, Mitarbeitern und Kunden war stets vorbildlich.

Herr Werfel verlässt uns auf eigenen Wunsch, um sich neuen Herausforderungen im Bereich der Rohrschlangenherstellung zu widmen. Wir bedauern seine Entscheidung außerordentlich, bedanken uns für seine sehr guten Leistungen und wünschen ihm für die Zukunft beruflich wie privat alles Gute und weiterhin viel Erfolg.

Köln, 31.07.2017   Matthias Schade

                                           Personalchef

! Gutachten

Einleitung: Sie ist in Ordnung.
Tätigkeitsbeschreibung: Sie ist angemessen detailliert.
Fachwissen: Es wird mit sehr gut bewertet.
Leistungsbeurteilung: Sie liegt laut Kernsatz (»... jederzeit und in jeder Hinsicht unsere volle Anerkennung ...«) und dem Kontext bei sehr gut.
Verhaltensbeurteilung: Das Verhalten wird mit sehr gut bewertet.
Schlussformel: Sie bestätigt die Gesamtnote.
Fazit: Herr Werfel wird mit sehr gut bewertet.

6.28 Leiter Prototypenbau

ZWISCHENZEUGNIS

Herr Dr. Bernd Best, geboren am 16.08.1967 in München, ist seit dem 01.08.2014 in unserem Unternehmen als Leiter der Prototypengruppe in der Abteilung UMTS-Strategien tätig. Herrn Dr. Bests Aufgabenbereich gliedert sich wie folgt:

- Als Mitglied der Geschäftsleitung ist er in alle Managemententscheidungen einbezogen. In gleicher Funktion begleitet er auch die Gespräche mit möglichen Investoren und die Berichte an die Gesellschafter,
- als Leiter ist er verantwortlich für die prototypische Realisierung mobiler Applikationen, besonders für die UMTS-Anwendungsdemos. Hierzu gehört insbesondere auch die Auswahl externer Zulieferer und Entwicklungspartner, die Vertragsverhandlungen und ihre Betreuung,
- Personalverantwortung für acht Mitarbeiter des Produktbereichs.

Herr Dr. Best ist aufgrund seines soliden Fachwissens in der Lage, die ihm übertragenen Aufgaben zu erledigen. In Kombination mit seinen Projektmanagementtechniken und seiner Organisationsfähigkeit gelingt es ihm in der Regel, die Produktentwicklung im anvisierten Plansoll zu halten. Mit Kreativität und strukturierter Vorgehensweise findet Herr Dr. Best akzeptable Lösungen, die er in der Praxis umsetzt.

Verhandlungen führt er mit Fingerspitzengefühl und rhetorischem Geschick. Er ist starkem Arbeitsanfall gewachsen. Seine folgerichtige Denkweise kennzeichnet seine sichere Urteilsfähigkeit in vertrauten Zusammenhängen. Er ist ein höflicher, kooperativer und teamorientierter Manager, der seine Mitarbeiter zu guten Leistungen motiviert. Routineaufgaben delegiert er und setzt seine Mitarbeiter entsprechend ihren Fähigkeiten und Neigungen ein.

Herr Dr. Best hat die ihm übertragenen Aufgaben zu unserer vollen Zufriedenheit erfüllt.

Sein persönliches Verhalten gegenüber Vorgesetzen, Kollegen und Externen ist einwandfrei.

Auf Veranlassung des direkten Vorgesetzten von Herrn Dr. Best, der zum Monatsende ausscheidet, erstellen wir unaufgefordert dieses Zwischenzeugnis.

Bonn, 15.01.2017   Johannes Müller

Geschäftsführer

Gutachten   **!**

Einleitung: Sie ist in Ordnung.
Tätigkeitsbeschreibung: Sie ist nicht ausreichend detailliert.
Fachwissen: Es (»soliden Fachwissens in der Lage«) wird mit befriedigend bewertet.
Leistungsbeurteilung: Sie liegt laut Kernsatz (»… zu unserer vollen Zufriedenheit erfüllt.«) und dem Kontext bei befriedigend.
Verhaltensbeurteilung: Sie liegt laut Kernsatz (»Sein persönliches Verhalten … ist einwandfrei.«) bei befriedigend.
Schlussformel: Sie bestätigt die Gesamtnote des Zeugnisses.
Fazit: Herr Best wird mit befriedigend bewertet.

6.29 Leiter Supply & Demand Management

ZWISCHENZEUGNIS

Herr Thomas Mann, geboren am 17.12.1960 in Kassel, ist seit dem 01.06.2012 in unserem Unternehmen als Leiter Supply & Demand Management tätig.

Herr Mann ist für die folgenden Aufgaben zuständig:

- Bestandsführung und Disposition von Arzneimitteln,
- Strategischer Einkauf von Produktionsmaterialien, Verbrauchsartikeln und Investitionsgütern,
- Sicherstellung eines vereinbarten Lieferbereitschaftsgrades,
- Führung von 17 Mitarbeitern,

Außerdem arbeitete Herr Mann bei einem internationalen Projekt mit:

- Weiterentwicklung eines neuen Konzepts für ein Tuberkulosemedikament zur Belieferung eines polnischen Großhändlers,
- Einführung des Logistik-Informationssystems von XAS.

Herr Mann verfügt über ein sehr gutes Fachwissen, das er stets absolut sicher und gewinnbringend in der Praxis einsetzt. Dadurch ist Herr Mann in der Lage, stets sorgfältig abgewogene und effektive Entscheidungen zu treffen. Mit Zielorientierung, Übersicht und einer hohen Organisations- und Planungskompetenz führt er Projekte zum sicheren Abschluss. Mit präzisem Analysevermögen, einer sehr schnellen Auffassungsgabe und ausgeprägter Kreativität findet er stets sehr gute Lösungen, die er konsequent und erfolgreich in die Praxis umsetzt. Dabei greift er auch auf seine Fähigkeit zum logischen wie vernetzten Denken sehr sicher zurück.

Verantwortungsbewusstsein, Flexibilität, Vertrauenswürdigkeit und absolute Zuverlässigkeit kennzeichnen seinen Arbeitsstil. Herr Mann überzeugt uns in Verhandlungen wie in Mitarbeitergesprächen durch seine ausgeprägte Kommunikationsfähigkeit. Auch in kritischen Situationen behält er stets die Kontrolle und einen klaren Kopf. Diese außerordentliche Belastbarkeit kombiniert er mit sehr hoher Motivation, Leistungsstärke und Beharrlichkeit.

Wir kennen Herrn Mann als freundlichen, kontaktstarken und teamorientierten Mitarbeiter, der sich auf die verschiedensten Gesprächspartner sehr gut einstellt. Auch in einer multinationalen Umgebung bewegt er sich souverän, wobei er hier jederzeit auf seine sehr guten Englisch- und Französischkenntnisse zurückgreift. Herr Mann motiviert seine Mitarbeiter zu hervorragenden Leistungen, wobei er selbst als Vorbild agiert. Um seine versierte Organisations- und Planungskompetenz konzentriert einzusetzen, delegiert er Routineaufgaben jederzeit effektiv.

Herr Mann erfüllt die ihm übertragenen Aufgaben immer zu unserer vollsten Zufriedenheit.

Auch bei unseren Kunden ist Herr Mann aufgrund seiner Fachkompetenz und Serviceorientierung sehr beliebt. Seine Vorgesetzten schätzen besonders seine fundierten Managementqualifikationen und administrativen Fähigkeiten. Herr Mann ist innerhalb wie außerhalb unseres Unternehmens ein häufig frequentierter Ansprechpartner. Sein Verhalten gegenüber Vorgesetzten, Mitarbeitern und Kunden ist stets vorbildlich.

Dieses Zwischenzeugnis wurde auf Wunsch von Herrn Mann ausgestellt. Verbunden sind damit unser Dank für die bisher für unser Unternehmen erbrachten wertvollen Leistungen und der Wunsch nach einer weiteren vertrauensvollen Mitarbeit.

Stuttgart, 01.06.2017   Dr. Sebastian Münster

                                              Personalchef

Gutachten   !

Einleitung: Sie ist in Ordnung.
Tätigkeitsbeschreibung: In Anbetracht der Tatsache, dass Herr Mann erst ein Jahr im Unternehmen arbeitet, ist die knappe Aufgabenbeschreibung ausreichend.
Fachwissen: Es wird mit sehr gut bewertet.
Leistungsbeurteilung: Sie liegt laut Kernsatz (»Herr Mann erfüllt die ihm übertragenen Aufgaben immer zu unserer vollsten Zufriedenheit.«) und dem Kontext bei sehr gut.
Verhaltensbeurteilung: Sie liegt laut Kernsatz (»Sein Verhalten gegenüber … ist stets vorbildlich.«) und dem Kontext bei sehr gut.
Schlussformel: Sie bestätigt die Endnote.
Fazit: Herr Mann wird mit sehr gut bewertet.

6.30 Leiter Unternehmensorganisation

ZWISCHENZEUGNIS

Herr Peter Wedekind, geboren am 13.03.1956 in Bonn, ist in unserer Firma als Leiter Unternehmensorganisation seit dem 01.10.2013 tätig.

Seine Verantwortung umfasst die gesamte fachliche Leitung und personelle Führung der Abteilung Unternehmensorganisation. Seine Aufgaben umfassen insbesondere:

- Strategische Ausrichtung der Geschäftsprozesse und Abläufe in Zusammenarbeit mit der Geschäftsleitung,
- Konzeption, Realisierung, Fortentwicklung und Betreuung aller Projekte und Maßnahmen zur Optimierung der Geschäftsprozesse, unter Einbeziehung der bestehenden Datenverarbeitung und Organisation,
- Analyse und permanente Überprüfung von Arbeitsabläufen und Verfahren sowie deren optimale Neugestaltung unter Kostenaspekten,
- Erstellen und Umsetzen von DV-Konzepten in Zusammenarbeit mit dem Rechenzentrum,
- Beratung der Fachabteilungen und der Geschäftsleitung in allen Fragen der Informationsverarbeitung,
- Koordination der externen Berater im Bereich der Organisationsberatung.

Der von Herrn Wedekind geleiteten Abteilung Organisation sind die Abteilungen Grunddatenerfassung und Qualitätswesen untergeordnet. Insgesamt führt er zehn Mitarbeiter.

Herr Wedekind verfügt über solide Fachkenntnisse. Die Arbeit von Herrn Wedekind ist von zufriedenstellender Qualität. Er versteht es, seine Mitarbeiter zu motivieren, und er fördert aktiv die Zusammenarbeit. Er informiert die Mitarbeiter umfassend und delegiert Aufgaben und Verantwortung.

Herr Wedekind leitet seinen Verantwortungsbereich zu unserer vollen Zufriedenheit.

Sein persönliches Verhalten gegenüber Vorgesetzten, Kollegen und Kunden ist stets einwandfrei.

Auf Veranlassung des direkten Vorgesetzten von Herrn Wedekind, der zum Monatsende ausscheidet, erstellen wir unaufgefordert dieses Zwischenzeugnis.

Köln, 31.01.2017

Jürgen Bauer

Geschäftsführer

> **Gutachten**   **!**
>
> **Einleitung:** Sie ist in Ordnung.
> **Tätigkeitsbeschreibung:** Sie ist angemessen detailliert.
> **Fachwissen:** Es wird mit befriedigend bewertet.
> **Leistungsbeurteilung:** Sie liegt laut Kernsatz (»… zu unserer vollen Zufriedenheit«)
> und dem Kontext bei befriedigend.
> **Verhaltensbeurteilung:** Sie liegt laut Kernsatz (»Sein persönliches Verhalten … ist
> stets einwandfrei.«) bei gut.
> **Schlussformel:** Für eine bessere Bewertung könnte noch ein Dank für die geleistete
> Arbeit ausgesprochen werden.
> **Fazit:** Er wird mit befriedigend plus bewertet.

6.31   Leiterin Veranstaltungen

Zwischenzeugnis

Frau Sabine Krähe (MA), geboren am 11.11.1959 in Würzburg, trat am 01.08.2012 als Leiterin Veranstaltungen und Stiftungsaktivitäten in unser Unternehmen ein.

In dieser Funktion konzeptioniert, plant und koordiniert sie alle Projekte im Bereich des Veranstaltungsmanagements und die Arbeit der Hoset-Lord-Stiftung. Zum Verantwortungsbereich ihrer Position zählen im Einzelnen insbesondere folgende Aufgaben:

Stiftungs- und Sponsoringaktivitäten:

- Ausarbeitung des Förderkonzeptes für die Stiftung, Entwicklung der Förderziele, Förderschwerpunkte und Auswahlkriterien für Stiftungs- und Sponsoringprojekte (Schwerpunkt Kulturförderung),
- Prüfung und Beurteilung von Förderanträgen (fördernde Stiftungsarbeit),
- Entwicklung von Ideen und Konzepten für eigeninitiierte Förderprojekte (operative Stiftungsarbeit).

Frau Krähe überzeugt bei der Wahrnehmung ihrer facettenreichen Aufgaben jederzeit durch ihre hohe Einsatzbereitschaft und ihre ausgeprägte Verantwortungsbereitschaft. Sie identifiziert sich vorbildlich mit ihren Aufgaben und dem Unternehmen und realisiert ihre Projekte – zusammen mit ihren beiden Mitarbeitern – mit großem Enthusiasmus und überzeugendem persönlichen Engagement.

Die Anforderungen ihrer Position bewältigt Frau Krähe auch unter starkem Termindruck und bei extremen Arbeitsbelastungen in allerbester Weise. Sie besitzt eine schnelle Auffassungsgabe und ein sehr gutes analytisch-konzeptionelles und zugleich pragmatisches Denk- und Urteilsvermögen. Sie ist stets bereit und fähig, neue Vorhaben durch fundierte und innovative Vorschläge entscheidend zu unterstützen und wesentlich voranzubringen.

Das komplexe Instrumentarium des modernen Veranstaltungsmanagements, der PR und der Sponsoringarbeit beherrscht Frau Krähe absolut sicher und virtuos. Sie verfügt über eine sehr vielseitige Berufserfahrung und auch in Randbereichen über besonders umfassendes und profundes Fachwissen, das sie jederzeit sehr erfolgreich und ergebnisorientiert in der Praxis umsetzt. Dabei ist Frau Krähe immer bestrebt, ihr Know-how durch Weiterbildungsmaßnahmen auszubauen und auf dem neusten Wissensstand zu halten.

Ihr Arbeitsstil zeichnet sich durch ein hohes Maß an Selbstständigkeit und Flexibilität, Zuverlässigkeit und Effizienz aus. Frau Krähe setzt sicher und planvoll Prioritäten und ist perfekt organisiert. Sie delegiert Aufgaben an ihre Mitarbeiter systematisch, motiviert in angemessenem Rahmen zu eigenständigem Arbeiten, vereinbart klare Ziele und behält den Arbeitsfortschritt und die Ergebnisse jederzeit aufmerksam im Blick.

Den ihr übertragenen Verantwortungsbereich nimmt Frau Krähe stets zu unserer vollsten Zufriedenheit wahr.

Ihr persönliches Verhalten ist jederzeit vorbildlich. Als fachlich und menschlich überzeugende Persönlichkeit, die in der Zusammenarbeit jederzeit ein großes Maß an Einfühlungsvermögen, Aufgeschlossenheit und Teamgeist zeigt, ist sie bei Vorgesetzten, Mitarbeitern und Externen anerkannt und respektiert. Durch ihr gewandtes und zuvorkommendes Auftreten, ihre Kontaktstärke und ihr diplomatisches Geschick gewinnt sie auch stets die besondere Sympathie und Wertschätzung von Pressevertretern und Förderpartnern.

Dieses Zwischenzeugnis wurde auf Wunsch von Frau Krähe erstellt. Wir danken ihr für ihre bisherigen stets hervorragenden Leistungen und freuen uns auf eine weiterhin fruchtbare und harmonische Zusammenarbeit.

Kiel, 31.07.2017   Dr. Peter Schmuck

                                                       Stiftungsdirektor

! **Gutachten**

Einleitung: Sie ist perfekt.
Tätigkeitsbeschreibung: Frau Krähes Tätigkeiten werden im Zeugnis angemessen detailliert beschrieben.

Fachwissen: Frau Krähes Fachwissen wird mit sehr gut bewertet.

Leistungsbeurteilung: Sie liegt laut Kernsatz (»… stets zu unserer vollsten Zufriedenheit …«) und dem Kontext bei sehr gut.

Verhaltensbeurteilung: Frau Krähes Verhalten wird mit sehr gut bewertet.

Schlussformel: Sie ist in Ordnung, in dieser Form steht sie unter sehr guten Zwischenzeugnissen.

Fazit: Frau Krähe wird mit sehr gut bewertet.

6.32   Manager Corporate Strategy

ZEUGNIS

Herr Peter Becker, geboren am 20.10.1962 in Betzdorf, war vom 01.08.2015 bis zum 31.07.2017 in unserem Unternehmen als Manager Corporate Strategy beschäftigt.

Herr Becker war für folgende Aufgaben verantwortlich:

- Verantwortung für den Geschäftsplanungsprozess:
- In diesem Bereich verantwortete er die Projektleitung für den Planungsprozess und die Entwicklung von entsprechenden Modellen sowie die Sicherstellung der zugrundeliegenden Strategien und Annahmen.
- Verhandlung mit möglichen Joint-Venture-Partnern:
- Hierbei übernahm er die Evaluierung potenzieller Partner, war Teammitglied Marketing bei Vertragsverhandlungen und verantwortete die Projektleistung Geschäftskundenmarkt.
- Erarbeitung von Markt- und Wettbewerbsstrategien:
- In diesem Aufgabenbereich verantwortete er die Strategieformulierung mit der Geschäftsführung, die Projektleitung bei der Definition der Funktionalstrategien und trug die Verantwortung für die Erstellung des Marketingplans von 2016. Er führte die Absatz- und Umsatzplanung sowie die Beauftragung und Projektleistung von externen Consultants durch.

Herr Becker war aufgrund seines soliden Fachwissens in der Lage, die ihm übertragenen Aufgaben zu erledigen. Er arbeitete sich sicher in seinen neuen Aufgabenbereich ein, so dass er Arbeitserfolge vorweisen konnte. Herr Becker zeigte Einsatzbereitschaft und Initiative. Er war starkem Arbeitsanfall gewachsen. Seine folgerichtige Denkweise kennzeichnete seine sichere Urteilsfähigkeit in vertrauten Zusammenhängen, dabei arbeitete er zuverlässig und genau.

Er fand sich in neuen Situationen zurecht und war auch in der Lage, komplizierte Zusammenhänge zu erfassen. Herr Becker war jederzeit in der Lage, seine beiden Mitarbeiter zu motivieren und zu soliden Leistungen zu führen.

Er hat die ihm übertragenen Aufgaben zu unserer vollen Zufriedenheit erfüllt.

Sein Verhalten gegenüber Vorgesetzten, Mitarbeitern und Geschäftspartnern war stets einwandfrei.

Herr Becker verlässt mit dem heutigen Tag auf eigenen Wunsch unser Unternehmen. Wir bedanken uns für die Zusammenarbeit und wünschen ihm persönlich alles Gute und viel Erfolg.

München, 31.07.2017   Dr. Peter Blücher

                              Personalchef

! **Gutachten**

Einleitung: Sie ist in Ordnung.
Tätigkeitsbeschreibung: Sie ist angemessen detailliert.
Fachwissen: Es wird mit befriedigend bewertet.
Leistungsbeurteilung: Sie liegt laut Kernsatz (»… Aufgaben zu unserer vollen Zufriedenheit erfüllt.«) und dem Kontext bei befriedigend.
Verhaltensbeurteilung: Das Verhalten wird mit gut bewertet.
Schlussformel: In ihr fehlt die so genannte Bedauernsformel, damit wird die Gesamtbewertung bestätigt.
Fazit: Herr Becker wird mit befriedigend plus bewertet.

6.33 Manager Purchasing & Logistics

ZWISCHENZEUGNIS

Herr Manfred Sikora, geboren am 24.11.1968 in Meppen, ist seit dem 01.04.2013 in unserem Unternehmen als Manager Purchasing & Logistics tätig.

Herr Sikora führt unseren Unternehmensbereich Purchasing & Logistics eigenverantwortlich durch folgende Tätigkeiten:

- Beschaffungs- und Kapazitätsplanung,
- Lieferantenbewertung und -auswahl,
- Lieferverträge und Lieferantenverhandlung,
- Lieferantenentwicklung und -kontrolle,
- Aufbau unserer Partner- und Lieferantenstruktur mit diversen Zulieferern,

- Enge Kooperation bei der Produktentwicklung mit unserem Engineering und externen Entwicklern,
- Aufbau und Einführung definierter Unternehmensprozesse vom Lieferanten zum Kunden,
- Aufbau und Einführung unseres Warenwirtschaftssystems mit Onlineanbindung von externen Fertigungs- und Logistikdienstleistern,
- Aufbau und Einführung unseres Qualitätssicherungssystems.

Herr Sikora verfügt über ein sehr gutes Fachwissen, auch in Nebenbereichen, das er stets sicher und gekonnt in der Praxis einsetzt. Mit Kreativität, höchstem Engagement und nicht nachlassender Dynamik treibt er den Aufbau unseres noch jungen Unternehmens mit voran. Er verfügt über ausgezeichnete Projektmanagement-Techniken, plant und organisiert Projekte und Prozesse stets vorausschauend sowie umsetzungsorientiert und präsentiert Arbeitsergebnisse stets klar strukturiert mit präziser Rhetorik.

Interne wie externe Gespräche führt Herr Sikora mit dem nötigen Fingerspitzengefühl und mit Verhandlungsgeschick, wobei er stets das Wohl des Unternehmens fokussiert. Er ist äußerst belastbar und behält auch in sehr schwierigen Zeiten stets den Überblick. Zielorientierung, konsequent erfolgsorientierte Entscheidungen und innovative Ansätze prägen seinen Arbeitsstil.

Mit seinem präzisen Analysevermögen, das er mit einer schnellen Auffassungsgabe kombiniert, findet er für alle notwendigerweise auftretenden Probleme richtige und praktikable Lösungen, die jeweils die Effektivität unserer Prozesse deutlich erhöhen. Seine zehn Mitarbeiter motiviert Herr Sikora durch Vorbild und einen kooperativen Führungsstil zu gleichbleibend sehr guten Leistungen.

Er hat die ihm übertragenen Aufgaben stets zu unserer vollsten Zufriedenheit erfüllt.

Sein persönliches Verhalten ist einwandfrei. Er ist innerhalb wie außerhalb unseres Hauses ein gern und häufig frequentierter Ansprechpartner.

Das Zwischenzeugnis wird auf Wunsch von Herrn Sikora wegen eines Vorgesetztenwechsels ausgestellt.

Bonn, 31.08.2012   Ernst Domen

                                     Leiter Personal

> **! Gutachten**
>
> **Einleitung:** Es werden alle wichtigen Daten genannt.
>
> **Tätigkeitsbeschreibung:** Hier werden Herrn Sikoras Kompetenz und Tätigkeit strukturiert und klar dargestellt.
>
> **Fachwissen:** Herrn Sikoras fachliche Kompetenz wird mit sehr gut bewertet.
>
> **Leistungsbeurteilung:** Die Leistung wird laut Kernsatz (»... stets zu unserer vollsten Zufriedenheit ...«) und dem Kontext mit sehr gut bewertet.
>
> **Verhaltensbeurteilung:** Die Verhaltensbeurteilung fällt mit befriedigend zum Rest des Zeugnisses deutlich ab.
>
> **Schlussformel:** Hier fehlen Dank und Hoffen auf eine weiterhin positive Zusammenarbeit – eine klare Abwertung.
>
> **Fazit:** Herr Sikora wird insgesamt mit gut bewertet. Die Verhaltensbeurteilung könnte sich als Karrierestolperstein erweisen.

6.34 Managerin Demand Management

ZWISCHENZEUGNIS

Frau Dr. Gundula Werner, geboren am 14.01.1969 in Braunschweig, ist seit dem 01.06.2013 in unserem Unternehmen als Managerin Demand Management tätig.

In dieser Position ist Frau Dr. Werner verantwortlich für den strategischen Einkauf von Produktionsmaterialien, Investitionsgütern, Dienstleistungen und Verbrauchsartikeln sowie für die Disposition und Bestandsführung von zugekauften Fertigarzneimitteln. Sie führt sieben Mitarbeiter fachlich und disziplinarisch.

Hervorzuheben sind folgende Projekte, bei denen Frau Dr. Werner maßgeblich mitarbeitete:

- Design eines neuen Supply Chain-Konzepts für ein spezielles Dialysepräparat zur Belieferung der weltweiten Filialen und Vertriebspartner,
- Einführung des Logistik-Informationssystems von ORACLE,
- Einführung der CRM-Suite SIEBEL 7.

Frau Dr. Werner überzeugt uns jederzeit durch ihr hervorragendes und sehr fundiertes Fachwissen, das sie absolut sicher und effektiv einsetzt. So ist sie in der Lage, sorgfältig abgewogene und effektive Entscheidungen zu treffen. Aufgrund ihres präzisen Analysevermögens, ihrer sehr schnellen Auffassungsgabe und ausgeprägten Kreativität findet sie sehr gute Lösungen, die sie konsequent und erfolgreich in die Praxis umsetzt. Mit Zielorientierung, Übersicht und einer hohen Organisations- und Planungskompetenz führt sie alle Projekte zum sicheren Abschluss.

Verantwortungsbewusstsein, Flexibilität, Vertrauenswürdigkeit und absolute Zuverlässigkeit prägen Frau Dr. Werners Arbeitsstil. Auch in kritischen Situationen behält sie stets die Kontrolle und einen klaren Kopf. Ihre Mitarbeiter motiviert sie durch ihr Vorbild an Tatkraft, Kompetenz und Qualitätsbewusstsein zu gleichbleibend sehr guten Leistungen. Dabei hält sie die richtige Balance zwischen kollegialem Führungsstil und Durchsetzungsvermögen. So genießt sie den hohen Respekt aller Mitarbeiter.

Wir kennen Frau Dr. Werner als freundliche, kontaktstarke und teamorientierte Mitarbeiterin, die sich auf die verschiedensten Gesprächspartner sehr gut einstellt. Auch in der multinationalen Umgebung unseres Konzerns bewegt sie sich souverän, wobei sie hier jederzeit erfolgreich auf ihre verhandlungssicheren Englischkenntnisse zurückgreifen kann.

Frau Dr. Werner erfüllt die ihr übertragenen Aufgaben immer zu unserer vollsten Zufriedenheit.

Ihre Vorgesetzten schätzen besonders ihre fundierten Managementqualifikationen und administrativen Fähigkeiten. Innerhalb wie außerhalb unseres Unternehmens ist Frau Dr. Werner eine sehr geschätzte und häufig frequentierte Ansprechpartnerin. Ihr Verhalten gegenüber Vorgesetzten, Mitarbeitern und Externen ist stets vorbildlich.

Dieses Zwischenzeugnis wurde auf Wunsch von Frau Dr. Werner ausgestellt, weil sie mit Wirkung ab 01.12.2016 zur Unternehmensbereichsleiterin Supply befördert wird. Wir bedanken uns bei ihr für ihre bisher geleisteten wertvollen Dienste und gehen von einer weiterhin so positiven Zusammenarbeit aus.

Bad Homburg, 30.11.2016   Matthias Jürgs

                                 Leiter Personal

Gutachten   **!**

Einleitung: Sie enthält mit Titel, Name, Geburtsdatum und -ort sowie den Angaben zum Beginn des Beschäftigungsverhältnisses alle wichtigen Angaben.
Tätigkeitsbeschreibung: Hier wird alles ausführlich dargestellt, die Mischung aus Fließtext und Aufzählung sorgt für einen abwechslungsreichen Stil.
Fachwissen: Ihr Fachwissen wird mit sehr gut bewertet.
Leistungsbeurteilung: Die vielen positiven Kernkompetenzen führen in Kombination mit dem Kernsatz zur Note sehr gut.
Verhaltensbeurteilung: Ihr Verhalten wird mit sehr gut bewertet.
Schlussformel: Mit dem Dank und der Aussicht auf die weitere positive Zusammenarbeit ist die Schlussformel perfekt.
Fazit: Frau Dr. Werner erhält die Gesamtnote sehr gut.

6.35   Marketing & Sales Deputy Director

ZEUGNIS

Herr Ronald Gernhardt, geboren am 14.02.1969 in Bonn, war vom 01.01.2013 bis 31.12.2016 bei unserer australischen Tochterfirma als Deputy Director Marketing & Sales in direkter Unterstellung des Managing Directors/Country Managers tätig.

Herr Gernhardt war verantwortlich für

- sämtliche internationalen Projekte der Gesellschaft in Australien,
- die Wholesale-Stufe der CBU-importieren LKW aus Deutschland.

Herr Gernhardt besitzt sehr gute Produktkenntnisse im gesamten Nutzfahrzeugbereich und unterhält heute aufgrund seiner langjährigen Erfahrungen beste Beziehungen und Kontake im südpazifischen Raum. Er führte alle mit seinem Bereich zusammenhängenden planerischen Abläufe im Konzern sowie die Akquisition und Abwicklung der Geschäfte einschließlich der Kundenbetreuung erfolgreich durch und leitete ein Team von drei Verkäufern.

In seinem Aufgabenbereich der Wholesale-Stufe verzeichnete Herr Gernhardt zahlreiche Erfolge:

- Erreichung der Spitzenposition unter den europäischen Wettbewerbern hinsichtlich des Marktanteils (zwischen 15 % und 18 %),
- eine signifikante Erhöhung des Fahrzeugumlaufs, der spätere Gewinne für den Service-Bereich (Ersatzteile) nach sich zog,
- Restrukturierung der Retail-Vertriebsstufe, die zuvor einen für die Gesellschaft effizienten Absatz nicht ermöglichte,
- Durchsetzung der erforderlichen Produkte im Konzern, die letztendlich die starke Position im Markt ermöglichten.

Herr Gernhardt verfügt über sehr fundierte Managementfähigkeiten und ist außerordentlich belastbar. Besonders hervorheben möchten wir seine Problemlösungsfähigkeit, sein professionelles Marketingverständnis und seine versierte Kommunikation mit unseren Kunden. Er stellt sich auch in einem multikulturellen Umfeld hervorragend auf seine Gesprächspartner ein und erzielte so mit seinem Team, das er individuell förderte und anleitete, beträchtliche Verkaufserfolge. Dabei kam ihm auch sein exzellentes Produktwissen zugute. Herrn Gernhardts Arbeitsweise war außerdem geprägt von Verantwortungsbewusstsein, Präzision und absoluter Zielorientierung.

Wir waren mit seinen Leistungen stets und in jeder Hinsicht außerordentlich zufrieden.

Wir haben Herrn Gernhardt als sehr offenen, freundlichen und kooperativen Mitarbeiter erlebt, der zu allen Hierarchieebenen innerhalb und außerhalb des Konzerns gute Kontakte pflegte. Dabei zählen auch die jeweiligen Entscheidungsträger, sowohl in der Konzernzentrale als auch in den weltweiten Niederlassungen, zu seinen persönlichen Ansprechpartnern. Er wurde von seinen Vorgesetzten, Mitarbeitern und Kunden anerkannt und geschätzt. Sein Verhalten gegenüber allen diesen Personen war immer vorbildlich.

Dieses Zeugnis wurde erstellt, weil Herr Gernhardt mit dem heutigen Tag zurück in die deutsche Konzernmutter wechselt. Wir bedanken uns bei Herrn Gernhardt für seine ausgezeichneten Leistungen und freuen uns über seinen Verbleib im Konzern.

Brisbane, 31.12.2016

Dirk Schwacke
Managing Director & Country Manager
XXX of Australia Ltd.

Gutachten !

Einleitung: Hier werden alle wichtigen Punkte erwähnt.

Tätigkeitsbeschreibung: Aus ihr geht der Verantwortungsbereich von Herrn Gernhardt deutlich hervor.

Fachwissen: Herrn Gernhardts Fachwissen wird einschließlich der Produktkenntnisse mit sehr gut benotet.

Leistungsbeurteilung: Hier passt das hervorragende Kernkompetenzenportfolio zum Kernsatz der Leistungsbeurteilung, so dass die Note sehr gut vergeben werden kann.

Verhaltensbeurteilung: Hier ist ein Sehr gut zu verzeichnen.

Schlussformel: Das Bedauern fehlt, was aber angesichts von Herrn Gernhardts Verbleib im Gesamtkonzern durchaus logisch ist.

Fazit: Herr Gernhardt bekommt ein sehr gutes Zeugnis.

6.36 Maschinenbau- & Projektingenieur

ZEUGNIS

Herr Dipl. Ing. Andreas Kessler, geboren am 12.08.1966 in Schonach, war vom 01.09.2013 bis zum 31.08.2017 in unserer Technischen Abteilung als Maschinenbau- und Projektingenieur tätig.

Herr Kessler übernahm die technische Betreuung der von uns betriebenen Drechslereien und die Beratung unserer Maschinen-Handelsabteilung. Im Einzelnen gliederte sich sein Aufgabenbereich wie folgt:

- Erstellung von Angeboten einschließlich Kapazitätsberechnungen und Nettokalkulation,
- Abwicklung von Aufträgen und Projekten,
- Auftragsverhandlungen mit den Kunden und Lieferanten einschließlich Auftragsvergabe,
- Feinlayout der Maschinen und Gebäude als Basis für die Bauplanung sowie technische Detailplanung für eigene und kundenseitige Werkserweiterungen bzw. Neuinvestitionen,
- Koordination der und Zusammenarbeit mit den Kunden, Lieferanten und Architekten, teilweise mit anderen Ingenieurbüros,
- Kostenkontrolle und Projektcontrolling,
- Koordination der Montageabwicklung inklusive der Montageablauf- und Terminplanung, der Koordinierung der Monteurabrufe zwischen Baustelle und Lieferanten sowie der allgemeinen Baustellen- bzw. Projektbetreuung,
- Inbetriebnahme und Übergabe an den Kunden einschließlich der Abwicklung von Garantie- und Schadensfällen.

Herr Kessler verfügt über umfassende und vielseitige Fachkenntnisse, auch in Randbereichen.

Er hat mit seinem äußerst hohen Einsatzwillen einen sehr guten Beitrag zum Erfolg unserer Projekte geleistet. Besonders hervorzuheben ist seine Kreativität beim Lösen komplexer Problemstellungen. So hat er beispielsweise bei unserem Projekt für eine Beta-Drechslerei in Italien durch seine auf der Baustelle entworfenen und am Ort gefertigten Anpassungskonstruktionen teure Nach- bzw. Sonderlieferungen durch die Maschinenhersteller vermeiden können.

Auch Regulierung von verfahrenen Situationen, wie sie im Anlagenbau immer wieder vorkommen, setzten wir Herrn Kessler sehr erfolgreich ein. In Bulgarien übernahm er die Bauleitung eines Projektes, nachdem projektgefährdende Schwierigkeiten, hervorgerufen durch das örtliche Management, entstanden waren. Dank Herrn Kesslers unermüdlichem Arbeitseinsatz und diplomatischer Vorgehensweise gelang es ihm, die Situation zu entschärfen und das Projekt zu einem sehr erfolgreichen Abschluss zu führen.

Herr Kessler stellt sich sehr gut auf interkulturell geprägte Denk- und Arbeitsweisen ein, deshalb ist er international uneingeschränkt einsatzfähig. Er spricht Englisch, Französisch und Spanisch verhandlungssicher. Seine ausgefeilten Projektmanagementtechniken setzte er ebenso wie sein hervorragendes Engagement stets zum Wohle unseres Unternehmens ein. In Teamstrukturen wie allein arbeitete er gleichbleibend sorgfältig, zügig und zielorientiert. Seine ihm fachlich zugeordneten Projektteams leitete er stets souverän und effektiv.

Wir waren mit Herrn Kesslers Leistungen daher stets und in jeder Hinsicht außerordentlich zufrieden.

Sein Verhalten gegenüber Vorgesetzten, Mitarbeitern und Kunden war stets vorbildlich. Er war in unserem Hause und bei unseren Kunden ein gern und häufig frequentierter Ansprechpartner.

Leider verlässt uns Herr Kessler mit dem heutigen Tag, um sich neuen Herausforderungen zu widmen. Wir bedauern seinen Entschluss außerordentlich, bedanken uns bei Herrn Kessler für seine wertvolle Arbeit und wünschen ihm privat wie beruflich alles Gute und weiterhin viel Erfolg.

Würzburg, 31.08.2017   Dr. Kafka

                                 Leiter Personal

Gutachten !

Einleitung: Sie ist in Ordnung.
Tätigkeitsbeschreibung: Herrn Kesslers Tätigkeiten werden im Zeugnis detailliert beschrieben.
Fachwissen: Sein Fachwissen (»verfügt über umfassende und vielseitige Fachkenntnisse, auch in Randbereichen.«) wird mit sehr gut bewertet.
Leistungsbeurteilung: Sie liegt laut Kernsatz (»Wir waren mit Herrn Kesslers Leistungen daher stets und in jeder Hinsicht außerordentlich zufrieden.«) und dem Kontext bei sehr gut.
Verhaltensbeurteilung: Sie liegt laut Kernsatz (»Sein Verhalten ... war stets vorbildlich.«) bei sehr gut.
Schlussformel: Sie ist in Ordnung, in dieser Form steht sie unter sehr guten Zeugnissen.
Fazit: Herr Kessler wird mit sehr gut bewertet.

6.37 Maschinenbautechnikerin und Projektleiterin

ZEUGNIS

Frau Silke Mayer, geboren am 11.11.1978 in Düsseldorf, war vom 01.08.2013 bis zum 31.08.2017 in unserem Unternehmen als Maschinenbautechnikerin und Projektleiterin tätig.

Frau Mayer übernahm in ihrer Funktion folgende Aufgaben:

- Leitung von Maschinenentwicklungsprojekten, von der Auftragsvergabe bis hin zur Abnahme, einschließlich der projektbezogenen Teamkoordination,
- Technische Klärung mit dem Kunden und den einzelnen Konstruktionsabteilungen,
- Kontaktstelle für alle Kundenbelange auch über das jeweilige Projekt hinweg,
- Überwachung zeitkritischer Abläufe,
- Erarbeitung von Zusatzangeboten während der technischen und kaufmännischen Abwicklung,
- Kontrolle und Abstimmung der Rechnungstermine und Zahlungen,
- Abstimmung der Liefertermine und Montagezeiträume,
- Unterstützung der Baustellenleiter während der Installation und Inbetriebnahme,
- Abnahme der Maschine mit dem Kunden,
- Kontrolle von Rechnungen der Subunternehmen für die Montage und Inbetriebnahme,
- Bearbeitung von Reklamationen,
- Unterstützung des Kunden zur Anlagenoptimierung.

Frau Mayer verfügt über ein sehr gutes Fachwissen, das sie stets gekonnt in der Praxis einsetzte. Auch aufgrund ihrer langjährigen Erfahrung in der Konstruktion von Spezialmaschinen brachte sie alle Voraussetzungen mit, ihren anspruchsvollen, mit hoher Eigenverantwortung versehenen Aufgaben gerecht zu werden, was ihr in überzeugender Weise gelang.

Zudem besitzt Frau Mayer sehr gute IT-Anwenderkenntnisse in allen relevanten Systemen (CAD, MS-Produkte Word, Excel, MS-Project sowie SAP R3). Betonen möchten wir ihre hervorragende Organisations- und Planungskompetenz sowie ihre sehr guten Dokumentationen. Alle Arbeitsergebnisse bereitete sie präzise und verständlich auf.

Frau Mayer erledigte ihre Aufgaben stets mit großer Sorgfalt, Übersicht und Kreativität, so dass sich ihre Lösungen für alle im Projekt notwendigerweise auftretenden Probleme bestens bewährten. Durch ihr ausgeprägtes analytisches Denken sowie ihr Vermögen, immer die wesentlichen Zusammenhänge zu erkennen, optimierte Frau Mayer auch die Arbeitsprozesse in ihrem Bereich, wo immer sinnvoll.

Frau Mayer war eine sehr belastbare, hochmotivierte und immer verantwortungsbewusste Projektleiterin. Dabei agierte sie initiativ und selbstständig. Sie informierte ihre Team umfassend, delegierte Projektaufgaben sinnvoll sowie effektiv und motivierte ihre Mitarbeiter zu durchweg hohen Leistungen.

Frau Mayer erledigte alle ihr übertragenen Aufgaben stets gewissenhaft, zügig und zielstrebig zu unserer vollsten Zufriedenheit.

Von ihren Vorgesetzten wurde Frau Mayer wegen ihrer Fachkompetenz, ihres Durchsetzungsvermögens und ihrer offenen Art hoch respektiert, von ihren Kollegen und unseren Kunden wegen ihrer Kontaktfreudigkeit, Verbindlichkeit und Hilfsbereitschaft sehr geschätzt. Ihr persönliches Verhalten war stets vorbildlich.

Frau Mayer verlässt unser Unternehmen mit dem heutigen Tag auf eigenen Wunsch, um sich neuen Herausforderungen zu widmen. Wir bedauern ihren Weggang außerordentlich, danken ihr für die sehr gute Zusammenarbeit und wünschen ihr für ihre berufliche wie private Zukunft alles Gute und weiterhin viel Erfolg.

Berlin, 31.08.2017   Dr. Maximilian Kühn

                                     Geschäftsführer

Gutachten   **!**

Einleitung: Sie ist in Ordnung.
Tätigkeitsbeschreibung: Frau Mayers Tätigkeiten werden im Zeugnis detailliert beschrieben.
Fachwissen: Frau Mayers Fachwissen wird mit sehr gut bewertet.
Leistungsbeurteilung: Sie liegt laut Kernsatz (»...stets ... zu unserer vollsten Zufriedenheit.«) und dem Kontext bei sehr gut.
Verhaltensbeurteilung: Frau Mayers Verhalten wird mit sehr gut bewertet.
Schlussformel: In dieser Form steht sie unter sehr guten Zeugnissen.
Fazit: Frau Mayer wird mit sehr gut bewertet.

6.38 Maschinentechnischer Entwickler & Bereichsleiter

ZEUGNIS

Herr Dipl.-Ing. (FH) Jasper Jakobi, geboren am 14.08.1965 in Frankfurt am Main, war vom 01.02.2013 bis zum 31.07.2017 in unserem Unternehmen als Maschinentechnischer Entwickler und Bereichsleiter tätig.

Die ABEL AG betreibt in Deutschland sieben Werke zur Herstellung von Dämmstoffen und weiteren artverwandten Baustoffen. Mit über 1.000 Mitarbeitern und etwa 300 Millionen Euro Umsatz gehören wir zu den Marktführern in Europa.

Herr Jacobi war leitender Angestellter im Sinne von §5 Abs. 3 BVG, zeichnete mit Handlungsvollmacht nach §54 HGB und war dem Vorstand Produktion direkt unterstellt.

Herr Jakobi verantwortete die folgenden Aufgabenschwerpunkte:
- Leitung eines fünfköpfigen Spezialistenteams,
- Werksunterstützung und Troubleshooting bei technischen Problemen,
- Projektmanagement, Wartung unseres Maschinenparks bzw. unserer Anlagen,
- Neu- und Weiterentwicklung der Anlagen- und Verfahrenstechnik,
- Montage und Inbetriebnahme neuer Anlagen einschließlich Abnahme und Übergabe an die Werksleitung,
- Investitionen, Zukauf von Maschinen,
- Zusammenarbeit mit den technischen Abteilungen Produktion, Einkauf, Bautechnik und Materialtechnik,
- CE-Konformität alter und neuer Anlagen,
- Unterstützung Patente und betriebliches Vorschlagswesen.

Zusätzlich stand für die Forschung und Entwicklung ein Budget von ca. 2 Millionen Euro zur Verfügung, das von Herrn Jakobi mitbeantragt und -verwaltet wurde.

Herr Jakobi arbeitete sich in kürzester Zeit in seine Aufgabenfelder ein und griff dabei auf seine sehr guten technischen und betrieblichen Kenntnisse zurück. Er löste die gestellten Aufgaben immer treffend und pragmatisch, zeigte stets Eigeninitiative und war immer bereit, zusätzliche Belastungen auf sich zu nehmen. Auch in Stresssituationen zeigte er sehr gute Leistungen in qualitativer wie quantitativer Hinsicht und war stärkstem Arbeitsanfall immer gewachsen.

In seiner Führungsrolle verstand er es sehr gut, seine Mitarbeiter zu motivieren, alle Aufgaben delegierte er optimal, dabei gab er klare und eindeutige Anweisungen. Bei seinem kompletten Team war er sehr angesehen.

Herr Jakobi erfüllte die ihm übertragenen Aufgaben stets zu unserer vollsten Zufriedenheit.

Herr Jakobi war sicher und bestimmt in seinem Auftreten, dies kombiniert mit hervorragenden Umgangsformen. Sein Verhalten zu Vorgesetzten und Mitarbeitern war immer vorbildlich.

Herr Jakobi verlässt unser Unternehmen mit dem heutigen Tag auf eigenen Wunsch. Wir bedauern diese Entscheidung sehr, da wir einen wertvollen Mitarbeiter verlieren, zugleich bedanken wir uns für seine sehr gute Arbeit und wünschen ihm persönlich alles Gute und weiterhin viel Erfolg.

Wiesbaden, 31.07.2017   Jürgen Meyer

                                          Personalleiter

Gutachten   **!**

Einleitung: Sie ist in Ordnung.
Tätigkeitsbeschreibung: Herrn Jakobis Tätigkeiten werden im Zeugnis angemessen beschrieben.
Fachwissen: Sein Fachwissen wird mit sehr gut bewertet.
Leistungsbeurteilung: Sie liegt laut Kernsatz (»... stets zu unserer vollsten Zufriedenheit.«) und dem Kontext bei sehr gut.
Verhaltensbeurteilung: Sie liegt bei sehr gut.
Schlussformel: Sie ist in Ordnung, damit wird die Gesamtbewertung des Zeugnisses bestätigt.
Fazit: Herr Jakobi wird mit sehr gut bewertet.

6.39 Multimedia Producer

ZEUGNIS

Herr Justin Becker, geboren am 22.01.1984 in Wesel, war vom 15.02.2014 bis zum 31.07.2017 in unserem Unternehmen als Multimedia Producer tätig.

Das Unternehmen intra-face Inc. ist weltweit führend im Bereich Event-Marketing. Zum Kundenkreis gehören renommierte Großunternehmen wie BASF, GE, Dupont oder Daimler.

Herr Becker war im Bereich Multimedia mit folgenden Aufgaben betraut:

- Planung und Erstellung von Layouts für unterschiedlichste Medien, vornehmlich Print,
- Erstellung von Corporate Identities,
- Videoschnitt,
- Soundbearbeitung,
- Bildbearbeitung mit allen gängigen Bildbearbeitungsprogrammen wie InDesign, Photoshop und Illustrator,
- 3D-Animation und -design,
- Gestaltung von Powerpoint-Präsentationen,
- Animation mit Flash, Director.

Herr Becker verfügt über umfassende Fachkenntnisse, die er immer erfolgreich einsetzte. Aufgrund seiner guten Microsoft- und Apple-Kenntnisse schulte er zusätzlich zu seinen kundenseitigen Aufgaben unsere Mitarbeiter im Umgang mit sämtlichen Office- und Apple-Produkten. Auch in angrenzenden IT-Bereichen verfügt Herr Becker über ein gutes Fachkönnen, so führte er die Administration des gesamten Firmennetzwerkes und unseres Intranets für die Region EMEA durch sowie spezielle technische Aufgaben für die Internetauftritte unserer Kunden und unseren eigenen Webauftritt in Deutschland.

Seine Kreativität und Auffassungsgabe waren bemerkenswert, so dass er auch für schwierige Probleme gute Lösungen fand, die bei unseren Kunden auf eine hohe Akzeptanz stießen. Herr Becker kennt sich in allen relevanten Gebieten des Grafik-Designs gut aus und wendete sein Wissen stets sicher in der Praxis an. Dynamisch und zielsicher führte Herr Becker alle Projekte zu einem erfolgreichen Abschluss.

Herr Becker war belastbar, handelte jederzeit überlegt und führte ergebnisorientierte Maßnahmen entschlossen durch. Schnelligkeit, Sorgfalt und Verantwortungsbewusstsein prägten seinen Arbeitsstil ebenso wie die Fähigkeit, mit Verhandlungsgeschick für das Machbare unsere Kunden kompetent zu beraten. In der Projektarbeit führte er vier Mitarbeiter fachlich, die er effektiv integrierte und koordinierte.

Wir waren während des gesamten Beschäftigungsverhältnisses mit seinen Leistungen voll und ganz zufrieden.

Sein persönliches Verhalten war stets einwandfrei. Bei Vorgesetzten, Mitarbeitern und Kunden war er geschätzt.

Das Arbeitsverhältnis endet betriebsbedingt zum 31.07.2017. Unser Unternehmen wird derzeit umstrukturiert, deshalb muss die Niederlassung in München aufgelöst werden. Wir bedauern diese Entwicklung sehr, danken Herrn Becker für seine jederzeit guten Dienste und wünschen ihm für die private wie berufliche Zukunft alles Gute und weiterhin viel Erfolg.

München, 31.07.2017   Dr. Peter Losch

                                                        Geschäftsführer

---

Gutachten   !

Einleitung: Sie ist in Ordnung.

Tätigkeitsbeschreibung: Sie ist angemessen detailliert.

Fachwissen: Sein Fachwissen (»verfügt über umfassende Fachkenntnisse«) wird mit gut bewertet.

Leistungsbeurteilung: Sie liegt laut Kernsatz (»... mit seinen Leistungen voll und ganz zufrieden«) und dem Kontext bei gut.

Verhaltensbeurteilung: Sie liegt laut Kernsatz (»Sein persönliches Verhalten war stets einwandfrei.«) und dem folgenden Satz bei gut.

Schlussformel: Sie ist in Ordnung. Dort wird auch die Kündigung (»betriebsbedingt«) ausgedrückt.

Fazit: Herr Becker wird mit gut bewertet.

6.40   Personal & Organisation, Leitung

ZEUGNIS

Herr Dipl. Kfm. Gunnar Lindemann, geboren am 22.01.1977 in Schladern/Sieg, war vom 01.04.2010 bis zum 30.10.2016 in unserem Unternehmen als Leiter des Bereichs Personal und Organisation tätig.

Herrn Lindemann unterstanden die Abteilungen Personal- und Sozialwesen, Organisation, IT und allgemeine Verwaltung mit insgesamt ca. 100 Mitarbeitern. In seiner Position berichtete er direkt an die Geschäftsführung.

Im Einzelnen erbrachte Herr Lindemann folgende Leistungen und Erfolge:
- Strategische und operative Leitung des Bereichs,
- Organisatorische Neustrukturierung und Ausrichtung des Unternehmens auf veränderte, liberalisierte Marktbedingungen,
- Als Mitglied des Steering-Committees Einführung SAP R/3 in allen Bereichen des Unternehmens,
- Einsourcing der DV-Verantwortung ins Unternehmen, nachdem zunächst ein externer IT-Dienstleister mit dieser Aufgabe betraut war,

- Umzug der Unternehmensgruppe in ein neues Produktionsgebäude,
- Schaffung eines neuen AT-Vergütungssystems mit Zielvereinbarung und Bonussystem.

Herr Lindemann verfügt über ein sehr gutes Fachwissen, auch in den Details seines umfangreichen Aufgabengebiets. Seine Arbeitsweise war geprägt von hoher Zuverlässigkeit, Flexibilität und Selbstständigkeit. Er war stets hochmotiviert, zielorientiert, sehr belastbar und äußerst verantwortungsbewusst.

Seine fundierten Projektmanagementtechniken kombinierte er mit vorbildlicher Tatkraft und Dynamik, so dass er neue Prozesse sehr schnell implementierte und alle Projekte zu einem erfolgreichen Abschluss führte. Präsentationen und Verhandlungen führte Herr Lindemann stets mit rhetorischem wie analytischem Geschick. Er war ein aktiver, innovativer und kreativer Problemlöser, der jederzeit die Umsetzung aller Maßnahmen vorantrieb und eine hohe Ergebnisorientierung zeigte.

Wir haben Herrn Lindemann als freundlichen und zugänglichen Menschen erlebt, der seine Mitarbeiter zu gleichbleibend hohen Leistungen motivierte. Er pflegte eine Atmosphäre der offenen Kommunikation und war innerhalb wie auch außerhalb des Unternehmens ein allseits beliebter und häufig frequentierter Ansprechpartner. Er wurde von seinen Mitarbeitern und den Projektpartnern gleichermaßen anerkannt.

Wir waren mit Herrn Lindemanns Leistungen stets zufrieden.

Sein Verhalten gegenüber Vorgesetzten, Kollegen und dritten Personen war stets einwandfrei. Seine Zusammenarbeit mit der Geschäftsführung war von gegenseitigem Vertrauen geprägt.

Herr Lindemann verlässt uns auf eigenen Wunsch, um sich neuen Herausforderungen zu stellen. Wir bedauern dies, weil wir mit ihm einen guten Mitarbeiter verlieren, bedanken uns bei ihm für seine Dienste und wünschen ihm für seine Zukunft alles Gute sowie weiterhin viel Erfolg.

Wiesbaden, 30.10.2016   Bernhard Paul

                                         Mitglied der Geschäftsführung

> **Gutachten**
> **Einleitung:** Hier werden alle wichtigen Daten genannt.
> **Tätigkeitsbeschreibung:** Sie ist hinreichend detailliert, indem sie den Verantwortungsbereich und wichtige Kennzahlen dokumentiert, könnte aber das Tagesgeschäft noch etwas genauer definieren.
> **Fachwissen:** Es wird mit sehr gut bewertet.
> **Leistungsbeurteilung:** Das Portfolio an Kernkompetenzen ist zwar auf die Position abgestimmt, der Kernsatz liegt allerdings nur bei befriedigend.
> **Verhaltensbeurteilung:** Herrn Lindemanns Verhalten wird mit gut bewertet.
> **Schlussformel:** Sie enthält alle wichtigen Elemente.
> **Fazit:** Das Zeugnis von Herrn Lindemann weist gewisse Brüche auf. Insgesamt würde es ein erfahrener Zeugnisleser wahrscheinlich nur mit befriedigend plus bewerten.

6.41   Personalleiter Konzern

ZEUGNIS

Herr Dipl-Kfm. Jens Grün, geboren am 15.03.1965 in Hanau, trat am 01.10.2012 in unsere Unternehmensgruppe ein und war seitdem als Personalleiter in direkter Unterstellung des Vorstandes tätig.

Für alle Konzerngesellschaften und an allen Standorten verantwortete und erfüllte Herr Grün alle essenziellen Aufgaben bezüglich Personalbetreuung, -entwicklung und -verwaltung von der Personalrekrutierung bis hin zur Entgeltabrechnung. Er coachte und beriet unsere Führungskräfte und zeichnete für unsere Nachwuchskräfteentwicklung ebenso verantwortlich wie für die Konzeption und Durchführung von Trainings. Außerdem war er der Ansprechpartner des Betriebsrates.

Herr Grün trug zudem umfangreiche Projektverantwortung. Die wichtigsten Projekte, die unter seiner Regie in den o.a. Gesellschaften erfolgreich abgewickelt wurden, waren
- der Aufbau dienstleistungsorientierter Personalarbeit (HR-Business Partner),
- die Entwicklung neuer Arbeitszeitmodelle mit maximal möglichem Flexibilitätsgrad bis hin zur Abschaffung der elektronischen Zeiterfassung,
- die Einführung einer funktionsorientierten Entgelt- und Anreizstruktur,
- der Aufbau eines langfristig angelegten Personal- und Organisationsentwicklungskonzeptes und deren Umsetzung,
- die Erstellung und Umsetzung eines Konzepts zur Einführung von Gruppenarbeit,
- das Erarbeiten und Einführen eines langfristig angelegten Personalentwicklungskonzeptes auf der Basis eines 360°-Feedbacks.

Herr Grün verfügt über ein sehr gutes Fachwissen, das er effektiv und erfolgreich in der Praxis einsetzte. Über alle aktuellen Instrumente und Angebote für die Personalentwicklung hielt er sich auf dem Laufenden und beurteilte ihre Sinnhaftigkeit und unternehmensbezogene Anwendbarkeit zutreffend. Er beherrscht Moderations- und Präsentationstechniken sicher und erreichte alle Meilensteine aufgrund seiner fundierten Projektmanagementtechniken und hoch entwickelten Organisations- und Planungskompetenz stets erfolgreich. Wir kannten Herrn Grün als sehr innovativen, praxisorientierten und effektiven Problemlöser, der stets das Wohl des Unternehmens sicherte.

Herr Grün war sehr belastbar und hoch motiviert. So setzte er sich auch außerhalb der normalen Geschäftszeiten initiativ für unser Unternehmen ein. Seine acht Mitarbeiter führte er durch Vorbildfunktion und mit Übersicht zu sehr guten Ergebnissen. Entscheidungen, die notwendig, jedoch unpopulär waren, fällte er mit dem gebotenen Durchsetzungsvermögen aber auch Fingerspitzengefühl. Er besaß ein außergewöhnliches Verhandlungsgeschick und große Überzeugungskraft, was ihm den ungeteilten Respekt seiner Führungskräfte einbrachte.

Herr Grün hat die ihm übertragenen Aufgaben jederzeit zu unserer vollsten Zufriedenheit erledigt. Wir schätzten Herrn Grün als sehr kooperativen, integrativen und teamfähigen leitenden Mitarbeiter, der auch international im Konzern ein beliebter und gern kontaktierter Ansprechpartner war. Sein Verhalten gegenüber dem Vorstand, Kollegen, Mitarbeitern und Externen war immer vorbildlich.

Herr Grün verlässt unser Unternehmen auf eigenen Wunsch mit dem heutigen Tag, um sich neuen Herausforderungen zu widmen. Dies bedauern wir außerordentlich, da wir mit Herrn Grün einen effektiven und sehr erfahrenen Mitarbeiter verlieren. Wir bedanken uns für seine wertvollen Dienste und wünschen ihm für seine berufliche wie private Zukunft alles Gute und weiterhin viel Erfolg.

Würzburg, 30.09.2016   Werner Wenderoth

Vorstand Personal und Administration

! **Gutachten**

Einleitung: Hier werden alle wichtigen Daten genannt.
Tätigkeitsbeschreibung: Sie fällt gut detailliert und klar strukturiert aus, wobei sogar Projekterfolge erwähnt werden.
Fachwissen: Hier wird Herrn Grün die Note sehr gut zugesprochen.

> **Leistungsbeurteilung:** Zusammen mit den erwähnten Kernkompetenzen wird Herr Grün mit sehr gut benotet.
> **Verhaltensbeurteilung:** Hier ist ein Sehr gut zu verzeichnen.
> **Schlussformel:** Sie enthält alle wichtigen Elemente und rundet das Zeugnis perfekt ab.
> **Fazit:** Herr Grün erhält ein sehr gutes Zeugnis.

6.42   Personalwesen, Bereichsleiter

ZEUGNIS

Herr Jürgen Abel, geboren am 02.11.1969 in München, war vom 01.10.2013 bis zum 31.07.2017 in unserem Unternehmen als Bereichsleiter Personalwesen tätig.

Die Schlüter AG ist einer der Marktführer auf dem Gebiet der Rohrschlangen-herstellung. Das Unternehmen beschäftigt 180 Mitarbeiter.

Herr Abel trug die direkte Personalverantwortung für sieben Mitarbeiter und berichtete direkt an Holdingvorstand.

Er erfüllte im Einzelnen die folgenden Aufgaben:
- Verantwortung der Bereiche Personalrekrutierung, -verwaltung, -entlohnung, -entwicklung,
- Durchführung verschiedener Maßnahmen zur Organisationsentwicklung,
- Durchführung der Betriebsratsarbeit auf Seiten der Geschäftsführung,
- Kontakt zur Wirtschaftsprüfern und Betriebsprüfern.

Wir verdanken ihm die Bildung einer Personalabteilung und die Ausarbeitung sämtlicher Abläufe, die Überarbeitung wichtiger Elemente der Personalarbeit, wie z. B. Anstellungsverträge oder Reisekostenrichtlinie sowie die Erarbeitung eines Organisationshandbuches zur Personalarbeit und Einführung der Maß-nahmen.

Nach einer dreimonatigen Einarbeitungszeit übernahm Herr Abel selbststän-dig seinen Aufgabenbereich. Aufgrund seiner schnellen Auffassungsgabe, die er mit einem ausgezeichneten Fachwissen und hervorragenden Management-qualifikationen verbindet, erzielte Herr Abel sehr gute Erfolge. Er erkannte auch schwierige Zusammenhänge sofort, analysierte Probleme in Prozessen schnell und zuverlässig und fand ebenso kreative wie realistische Lösungen, die er zudem stets effektiv in die Praxis umsetzte. Seine fundierte und sichere Urteilsfähigkeit ermöglichte es ihm, auch in schwierigen Situationen eigen-ständig zu guten Entscheidungen zu gelangen.

Herr Abel war ein sehr engagierter und hoch motivierter Mitarbeiter, der sich auch weit über die geregelte Arbeitszeit hinaus für unser Unternehmen einsetzte. Er arbeitete stets zuverlässig, zielorientiert, zügig und selbstständig. Auf neue Situationen reagierte er flexibel und innovationsorientiert, so dass er wichtige Verbesserungen einführen konnte.

Seine Mitarbeiter motivierte Herr Abel in vorbildlicher Weise und führte sie stets zu hervorragenden Ergebnissen, wobei er Routineaufgaben effektiv delegierte und, wo immer nötig, persönliche Unterstützung leistete. Er war als Führungskraft allseits anerkannt.

Alle Aufgaben erfüllte er stets zu unserer vollsten Zufriedenheit.

Jederzeit agierte er teamorientiert und pflegte eine Atmosphäre der Offenheit, Vertrauensbereitschaft und Kooperativität. Herrn Abels Verhalten gegenüber Vorgesetzten und Mitarbeitern war stets einwandfrei.

Herr Abel scheidet auf eigenen Wunsch aus unserem Unternehmen aus. Wir bedauern diesen Schritt, weil wir mit ihm eine wichtige und loyale Führungskraft verlieren. Wir bedanken uns bei Herrn Abel für die geleisteten Dienste und wünschen ihm für seine berufliche wie private Zukunft alles Gute und weiterhin viel Erfolg.

München, 31.07.2017   Andreas Schulte

Geschäftsführer

! **Gutachten**

Einleitung: Sie ist in Ordnung.
Tätigkeitsbeschreibung: Herrn Abels Tätigkeiten werden im Zeugnis angemessen detailliert beschrieben, nach unserem Ermessen dürften ihm aus der Tätigkeitsbeschreibung heraus keine Karrierenachteile entstehen.
Fachwissen: Herrn Abels Fachwissen wird mit sehr gut bewertet.
Leistungsbeurteilung: Sie liegt laut Kernsatz (»Alle Aufgaben erfüllte er stets zu unserer vollsten Zufriedenheit.«) und dem Kontext bei sehr gut.
Verhaltensbeurteilung: Sie liegt laut Kernsatz (»Herrn Abels Verhalten ... war stets einwandfrei.«) und dem Kontext bei gut.
Schlussformel: Sie ist in Ordnung.
Fazit: Herr Abel wird mit sehr gut minus bewertet.

6.43   Principal E-Business Consulting

ZEUGNIS

Herr Matthias Scheer, geboren am 09.02.1973 in Erlangen, war vom 01.05.2012 bis zum 31.10.2016 in unserem Unternehmen als Principal E-Business Consulting tätig.

Herr Scheer war verantwortlich für die Einführung von Webcontent-Management-Lösungen auf Basis der BlueCampari-Technologie bei internationalen Großkunden. Mithilfe der implementierten Lösung werden die weltweiten Internet- und Extranet-Sites der Konzerne redaktionell gepflegt. In diesem Rahmen leitete Herr Scheer projektbezogen ein Team von 15 Consultants.

Zu Herrn Scheers Aufgaben gehörten die Steuerung der kompletten Konzeption, Architektur und Implementierung der Anwendung sowie die Unterstützung bei der Angebotserstellung. Darüber hinaus übernahm er das technische Consulting beim Kunden sowie die technische Projektleitung inklusive Planung, Kalkulation und Aufwandsschätzung. Zusätzlich koordinierte Herr Scheer die Zusammenarbeit mit der jeweils für das Webdesign verantwortlichen Agentur.

Wir lernten Herrn Scheer als außerordentlich zuverlässigen und selbstständigen Mitarbeiter kennen, dessen Arbeitsweise immer höchsten Ansprüchen genügte. Seine ausgezeichneten Fachkenntnisse setzte er nicht nur sehr gekonnt und effektiv in der Praxis ein, sondern er war auch stets bereit, diese eigeninitiativ weiterzuentwickeln. Er verfügte über ein außergewöhnlich hohes Maß an Leistungsbereitschaft und Eigeninitiative.

Herr Scheer war sehr belastbar, arbeitete auch unter extremem Termindruck mit nicht nachlassendem Eifer sowie Qualitätsbewusstsein und verfolgte ausdauernd den Projektplan bis zum Abschluss. Basierend auf Kreativität, geschärftem Analysevermögen und sehr schneller Auffassungsgabe entwickelte er sehr gute Lösungen, die er effektiv umsetzte. Herr Scheer überzeugte aufgrund seiner Kompetenz, Kundenorientierung und außerordentlichen Einsatzbereitschaft als jederzeit anerkannter Ansprechpartner, der sich weit über die geregelte Arbeitszeit hinaus erfolgreich für unser Unternehmen einsetzte.

Besonders betonen möchten wir, dass die von Herrn Scheer erbrachte Projektleistung immer erstklassig war. Unsere Kunden waren mit seinen Lösungen stets außerordentlich zufrieden.

Kooperativität, Kollegialität und Teamorientierung prägten Herrn Scheers Verhalten. Er agierte in allen Situationen kommunikativ, verantwortungsbewusst und konnte sich gegen Widerstände zum Wohle des Projekts durchsetzen. Seine Mitarbeiter, die ihn stets anerkannten, führte er straff zu sehr guten Leistungen.

Alle ihm übertragenen Aufgaben erfüllte er in jeder Hinsicht stets zu unserer vollsten Zufriedenheit.

Sein persönliches Verhalten gegenüber Vorgesetzten, Kollegen und jeglichen dritten Personen war immer vorbildlich.

Herr Scheer verlässt uns mit dem heutigen Tag auf eigenen Wunsch, weil er neue Herausforderungen annehmen möchte. Diese Entscheidung bedauern wir außerordentlich. Wir danken ihm für seinen wertvollen Beitrag und wünschen ihm persönlich alles Gute sowie weiterhin viel Erfolg.

Darmstadt, 31.10.2016   Dr. Knut Schreier

Head of Practice Group E-Business Consulting

! Gutachten

Einleitung: Es werden alle wichtigen Daten genannt.
Tätigkeitsbeschreibung: Sie fällt relativ kurz, aber doch hinreichend detailliert aus, indem sie die Projekttätigkeit klar beschreibt.
Fachwissen: Herrn Scheers Fachwissen wird mit sehr gut bewertet.
Leistungsbeurteilung: In Kombination mit dem passenden Portfolio an Kernkompetenzen wird auch hier im Kernsatz ein sehr gut vergeben.
Verhaltensbeurteilung: Sie fällt ebenfalls sehr gut aus.
Schlussformel: Sie bewertet ihn mit sehr gut.
Fazit: Herr Scheer erhält ein sehr gutes Zeugnis.

6.44 Projektingenieurin Bauwesen

ZEUGNIS

Frau Dipl.-Ing. Nancy Hönsch, geboren am 17.06.1977 in Magdeburg, war vom 01.03.2014 bis zum 31.08.2016 als Projektingenieur im Ingenieurbüro BZR Partner im Bauwesen GmbH tätig. Ihr waren insgesamt zwei Mitarbeiter unterstellt.

Sie war für folgende Aufgaben verantwortlich:

- Erarbeitung von Konzepten zur Erlangung von allgemeinen bauaufsichtlichen Zulassungen,
- Planung und Durchführung unterschiedlicher Bauteilversuche, speziell im Bereich des konstruktiven Glasbaus,
- Entwicklung und Programmierung von Finiten-Element Netzen mit FORTRAN und deren Anwendung durch das Finite-Elemente-Programm ABAQUS für statische Nachweise von Glasbauteilen,
- statische Berechnungen von Glasbauteilen mit dem Finite-Elemente-Programm MEPLA,
- Auswertung und Interpretation sowohl von Versuchsergebnissen als auch von Finiten-Element-Berechnungen.

Durch ihre Arbeit konnte Frau Hönsch einen sehr guten Einblick sowohl in kundenorientierte als auch in forschungs- und entwicklungsbezogene Tätigkeiten unseres Ingenieurbüros gewinnen, daher war sie in der Lage, ausgesprochen erfolgreich zu arbeiten. Sie überzeugte uns zudem durch ihre auch in Nebenbereichen ausgezeichnetes Fachwissen, das sie immer sicher und gekonnt, auch in übergreifenden Bereichen, in der Praxis einsetzte. Sie erweiterte erfolgreich ihre Kenntnisse durch regelmäßige Weiterbildungsseminare.

Die Planung und Steuerung ihrer Projekte erfüllte sie zielsicher, nicht zuletzt wegen ihrer sehr guten analytischen Fähigkeiten, die es ihr erlaubten, komplexe Aufgaben sehr effizient und selbstständig zu erfüllen. In ihrer Arbeit zeichnete sich Frau Hönsch auch dadurch aus, dass sie durch ihr hohes persönliches Engagement die angestrebten Projektziele mittels ihrer sehr gut ausgeprägten Organisationskompetenz sicher erreichen konnte.

Ihre Erfolge erzielte Frau Hönsch auch durch ihre Innovationsbereitschaft, etwa bei Bauteilversuchen und bei der Entwicklung und Programmierung von Finiten-Element Netzen. Auf neue Situationen reagierte sie souverän und behielt auch unter extremer Belastung immer einen kühlen Kopf. Frau Hönsch war jederzeit bereit, auch bei schwierigen Fragen Verantwortung zu übernehmen, die wir ihr auch gerne übertrugen.

Ihre zwei Mitarbeiter führte sie besonders durch ihr Vorbild an Überzeugungskraft, sie führte sie zu sehr guten Leistungen, um ihre vielseitigen Kompetenzen konzentriert einzusetzen, delegierte sie Routineaufgaben effektiv.

Frau Hönsch hat die ihr übertragenen Aufgaben stets zu unserer vollsten Zufriedenheit erfüllt.

Sie überzeugte durch ihr kooperatives, sicheres und zuvorkommendes Auftreten. Als allseits geschätzte Ansprechpartnerin war ihr persönliches Verhalten gegenüber Vorgesetzten, Kollegen, Mitarbeitern und Kunden immer vorbildlich.

Das Arbeitsverhältnis von Frau Hönsch endet auf eigenen Wunsch. Wir bedauern ihre Entscheidung, weil wir mit ihr eine ausgezeichnete Mitarbeiterin verlieren. Wir danken ihr für ihre wertvolle Mitarbeit und wünschen ihr für die Zukunft weiterhin viel Erfolg und persönlich alles Gute.

Bonn, 31.08.2016   Gretchen Duisdorf

                                                Geschäftsführerin

! **Gutachten**

Einleitung: Sie ist in Ordnung.
Tätigkeitsbeschreibung: Sie ist angemessen detailliert.
Fachwissen: Es wird mit sehr gut bewertet.
Leistungsbeurteilung: Sie liegt laut Kernsatz (»...stets zu unserer vollsten Zufriedenheit...«) und dem Kontext bei sehr gut.
Verhaltensbeurteilung: Das Verhalten wird mit sehr gut bewertet.
Schlussformel: Auch der letzte Absatz bewertet Frau Hönsch mit sehr gut.
Fazit: Frau Hönsch wird mit sehr gut bewertet.

6.45 Projektleiter E-Business

ZEUGNIS

Herr Sven Fischer, geboren am 20.01.1975 in Bad Marienberg, war vom 1.08.2012 bis zum 31.12.2016 in unserem Unternehmen als Projektleiter E-Business tätig.

Herr Fischer vertrat unsere Firma gegenüber externen Beratern im E-Business-Umfeld bis hin zur konkreten Diskussion von Lösungsansätzen und Angebotspräsentationen. In die anschließende Umsetzung im Rahmen unseres internationalen IT-Projektmanagements war er leitend eingebunden, u.a. in direkter Zusammenarbeit mit dem Leiter IT. Dabei führte Herr Fischer erfolgreich Teams von bis zu fünf Mitarbeitern.

Er war außerdem Mitglied des Delta Teams E-Business, das eine Marketingstrategie zu besserer Bedienung unserer Hauptkunden entwickelte. Zudem übernahm er regelmäßig die Auswertung aktueller Trends im und bezüglich der Einsatzmöglichkeiten von E-Business.

Maßgeblich war Herr Fischer an der Planung von multimedialen Messeauftritten unseres Unternehmens beteiligt. Seine Ideen zeigten neue Wege und erweiterten unser vorhandenes Lösungsspektrum um E-Business-Anwendungen. Aus den vielen positiven Rückmeldungen haben wir zum Teil neue Kundenkontakte schaffen können.

Herrn Fischer zeigte ein stets effektives betriebswirtschaftliches Vorgehen, das er mit seinen sehr fundierten Managementqualifikationen und seinem ausgezeichneten Fachwissen kombinierte. Mit sehr großer Kreativität, präzisem Analysevermögen und Umsetzungsorientierung fand Herr Fischer stets sehr gute Lösungen, die wir erfolgreich in unsere Prozesse einfließen ließen. Hohe Motivation, Belastbarkeit, dazu Verantwortungsbewusstsein und Eigenständigkeit waren für Herrn Fischer selbstverständlich. Er setzte sich stets für die Interessen unseres Unternehmens ein, war absolut vertrauenswürdig und führte auch schwierige Projekte mit Ausdauer und Zielorientierung zu einem erfolgreichen Abschluss. Seine Rolle als Führungskraft erfüllte er sehr gut, indem er seine Teams zu gleichbleibend sehr guten Leistungen motivierte.

Im internationalen und multikulturellen Umfeld agierte und kommunizierte er jederzeit sicher. Dabei griff er auf seine verhandlungssicheren Englischkenntnisse und umfangreichen Auslandserfahrungen zurück.

Wir waren mit seinen Leistungen stets und in jeder Hinsicht außerordentlich zufrieden.

Neben seinen fachlichen und persönlichen Fähigkeiten wurde Herr Fischer wegen seiner aktiven, kooperativen und hilfsbereiten Art von Vorgesetzten, Mitarbeitern, Teamkollegen und Kunden sehr geschätzt. Sein Verhalten war sehr gut.

Herr Fischer scheidet auf eigenen Wunsch aus unserem Unternehmen aus. Wir bedauern seine Entscheidung sehr, da wir einen wertvollen Mitarbeiter verlieren. Wir danken ihm für seine sehr gute Arbeit und wünschen ihm persönlich alles Gute sowie weiterhin viel Erfolg.

Freiburg, 31.12.2016   Dr. Alexander Tier

                                         Personalchef

> **! Gutachten**
>
> **Einleitung:** Der einleitende Satz ist in Ordnung.
> **Tätigkeitsbeschreibung:** Herrn Fischers Tätigkeiten werden im Zeugnis angemessen detailliert beschrieben.
> **Fachwissen:** Er wird mit sehr gut bewertet.
> **Leistungsbeurteilung:** Sie liegt laut Kernsatz (»Wir waren mit seinen Leistungen stets und in jeder Hinsicht außerordentlich zufrieden.«) und dem Kontext bei sehr gut.
> **Verhaltensbeurteilung:** Sie liegt bei sehr gut.
> **Schlussformel:** Sie ist in Ordnung, in dieser Form steht sie unter sehr guten Zeugnissen.
> **Fazit:** Herr Fischer wird mit sehr gut bewertet.

6.46 Projektleiter Gesundheitswesen

Zeugnis

Herr Dr. Michael Barthe, geboren am 02.03.1976 in Hannover, war vom 01.04.2012 bis zum 31.03.2017 als Projektleiter Gesundheitswesen in unserem Klinikum tätig.

Er erarbeitete in seiner Funktion im Bereich Health Care selbstständig Lösungen im klinischen, administrativen wie auch im strategisch-konzeptionellen Bereich. Dabei entwickelte und begleitete alle Projektphasen, von der Konzeption zur Entwicklung der Lösungen und, so erforderlich, der Erstellung eines Prototyps bis zum Einsatz vor Ort; dies stets unter besonderer Berücksichtigung des Qualitätsmanagements im Gesundheitswesen.

Sein sehr gutes Fachwissen setzte Herr Dr. Barthe in den Bereichen Prävention, Rehabilitation und Medizincontrolling sicher und zielgerichtet ein. Hierbei unterstützten ihn seine hervorragenden praktischen IT-Kenntnisse, insbesondere in der Implementierung von SAP R/3 IS-H*Med.

Herr Dr. Barthe setzte seine ausgeprägten konzeptionellen Fähigkeiten und sein hohes analytisches Denkvermögen, verbunden mit seiner schnellen Auffassungsgabe, sicher und ergebnisorientiert in den einzelnen Projektphasen ein. Dabei bewies er eine hohe Einsatzbereitschaft und Motivation.

Bei in diesen Projekten notwendig auftretenden Problemen reagierte Herr Dr. Barthe flexibel und lösungsorientiert. Die von ihm geleiteten Projekte plante er genau, er setzte die richtigen Meilensteine und optimierte die Geschäftsprozesse dergestalt, dass sein Zielerreichungsgrad weit über unseren Erwartungen lag.

Die Arbeitsweise von Herrn Dr. Barthe war immer geprägt von großer Teamorientierung. Seine Mitarbeiter hielt er auf dem aktuellen Stand, so war ein reibungsloser Ablauf in den von ihm geleiteten Projektphasen jederzeit gewährleistet.

Herr Dr. Barthe erfüllte die ihm übertragenen Aufgaben stets zu unserer vollsten Zufriedenheit.

Das persönliche Verhalten von Herrn Dr. Barthe war immer vorbildlich. Bei Vorgesetzten, Mitarbeitern und Geschäftspartnern war er wegen seiner hohen Kompetenz und seines überzeugenden kommunikativen Verhaltens ein geschätzter Gesprächspartner.

Herr Dr. Barthe verlässt unser Unternehmen mit dem heutigen Tage auf eigenen Wunsch, weil er sich beruflich neuen Herausforderungen stellen will. Wir bedauern seine Entscheidung sehr, weil wir in ihm einen wertvollen Mitarbeiter verlieren, der sich stets für die Belange des Klinikums eingesetzt hat. Wir wünschen ihm für seine berufliche wie private Zukunft alles Gute und weiterhin viel Erfolg.

Berlin, 31.03.2017   Dr. Thomas Winter

                                      Leiter Human Resources

Gutachten   !

Einleitung: Der einleitende Absatz ist in Ordnung.
Tätigkeitsbeschreibung: Die Tätigkeiten werden im Zeugnis angemessen detailliert beschrieben.
Fachwissen: Sein Fachwissen wird mit sehr gut bewertet.
Leistungsbeurteilung: Sie liegt laut Kernsatz (»Herr Dr. Barthe erfüllte die ihm übertragenen Aufgaben stets zu unserer vollsten Zufriedenheit.«) und dem Kontext bei sehr gut.
Verhaltensbeurteilung: Sie liegt laut Kernsatz (»Das persönliche Verhalten von Herrn Dr. Barthe war immer vorbildlich.«) und dem folgenden Satz bei sehr gut.
Schlussformel: Sie ist in Ordnung, damit wird die Endnote des Zeugnisses bestätigt.
Fazit: Herr Dr. Barthe wird mit sehr gut bewertet.

6.47 Projektleiter international

ZEUGNIS

Herr Dr.-Ing. Markus Weinzierl, geboren am 15.06.1964 in Dingolfing, war vom 01.07.2012 bis zum 30.08.2016 in unserer Ingenieurgesellschaft als Projektleiter tätig.

Herr Dr. Weinzierl leitete das Projekt Eurospace5 und führte in diesem Rahmen ein internationales Team, das neben internen Mitarbeitern zahlreiche externe Experten aus den USA und Russland einschloss. Ziel des Projekts war die Entwicklung einer Laboreinheit als Bauteil einer Raumstation, die spezielle naturwissenschaftliche Versuche in der Schwerelosigkeit ermöglicht.

Parallel wirkte Herr Dr. Weinzierl an drei großen Angeboten mit, die wir auch dank seiner präzisen Aufwandsabschätzung und der daraus resultierenden vorzüglichen Kalkulation alle gewonnen haben.

Herr Dr. Weinzierl verfügt über ein hervorragendes Fachwissen, das er stets aktualisierte und eigeninitiativ erweiterte. Er absolvierte mehrere Seminare über effektives Projektmanagement erfolgreich und nahm regelmäßig an einem unternehmensinternen Arbeitskreis zum selben Thema Teil.

Das Projekt und die integrierten Teilprojekte wickelte Herr Dr. Weinzierl stets mit fundierter Planung, Übersicht und ausgeprägter Zielorientierung ab. Dabei führte er seine bis zu elf Mitarbeiter durch sein Vorbild an Motivation und Kollegialität zu stets sehr guten Leistungen. Bei Präsentationen überzeugte er durch eine klare Strukturierung, ausgefeilte Rhetorik und übersichtliche Illustrationen. Er verstand es in bester Weise, komplizierte Zusammenhänge verständlich darzustellen. Besonders betonen möchten wir Herrn Dr. Weinzierls Fähigkeit, mit Kreativität, präzisem Analysevermögen und ganzheitlichem Denken sehr gute Lösungen zu entwickeln und effektiv in die Praxis umzusetzen.

Selbstständigkeit, Zuverlässigkeit und Verantwortungsbewusstsein prägten seinen Arbeitsstil ebenso. Herr Dr. Weinzierl war stets an Innovationen interessiert und agierte sehr leistungsmotiviert und flexibel.

Er erledigte alle Aufgaben stets zu unserer vollsten Zufriedenheit.

Herr Dr. Weinzierl war jederzeit kooperativ und sehr teamfähig. In Gesprächen mit unseren Kunden überzeugte er durch fachliche Kompetenz und Kundenorientierung. Er war innerhalb wie außerhalb unseres Unternehmens ein allseits beliebter und geschätzter Ansprechpartner. Sein Verhalten gegenüber Vorgesetzten, Mitarbeitern und jeglichen dritten Personen war immer vorbildlich.

Herr Dr. Weinzierl verlässt uns mit dem heutigen Tag auf eigenen Wunsch, um sich neuen Herausforderungen zu widmen. Seinen Austritt bedauern wir sehr. Wir bedanken uns für seine wertvollen Dienste und wünschen ihm für seine berufliche wie private Zukunft alles Gute und weiterhin viel Erfolg.

München, 30.08.2016   Dr. Hartmut Wislhuber

                                        Bereichsleiter R&D Space Division

---

Gutachten   **!**

Einleitung: Es werden alle wichtigen Daten einschließlich des Titels genannt.
Tätigkeitsbeschreibung: Sie fällt exorbitant kurz aus, was in diesem Zusammenhang auf eine mögliche Geheimhaltungspflicht schließen lässt.
Fachwissen: Es wird mit sehr gut bewertet.
Leistungsbeurteilung: Hier ist ein vorzügliches Portfolio an Kernkompetenzen und ein makelloser Kernsatz zu verzeichnen – sehr gut.
Verhaltensbeurteilung: Herrn Dr. Weinzierls Verhalten wird mit sehr gut bewertet.
Schlussformel: Hier sind alle wichtigen Elemente enthalten, so dass das Zeugnis perfekt abgerundet wird.
Fazit: Herr Dr. Weinzierl kann die kurze Tätigkeitsbeschreibung aufgrund des sehr guten Rests bestens verkraften – das Zeugnis bewertet ihn mit sehr gut.

6.48 Projektleiter IT

ZEUGNIS

Herr Diplom Kaufmann Christoph Clussmann, geboren am 11.10.1972 in Kaufbeuren, war vom 01.07.2013 bis zum 31.07.2016 in unserem Unternehmen als Projektleiter IT tätig.

Die Schwerpunkte von Herrn Clussmanns Tätigkeiten gestalten sich wie folgt:

- Koordination der Mitarbeiter für die Implementierung und Betreuung der spezifischen IT-Lösungen,
- Design, Implementierung, Inbetriebnahme und Betreuung von Hochverfügbarkeits- und Disaster-Recovery-Lösungen in Verbindung mit Storagesystemen im High-End-Umfeld,
- Preis- und Dienstleistungsgestaltung für die IT-Prozesse sowie Implementierung und Betreuung von IBM eServer p5,
- Evaluierung der Kundenanforderungen und Entwicklung von IT-Strategien im Hinblick auf Geschäftsprozesse,

- Konzipieren von Storage-Lösungen für den Einsatz moderner Storage-Area-Network-Komponenten auf Basis von IBM-Produkten in den Bereichen Hochverfügbarkeit, Cluster und ausfallsichere Speicherkonfigurationen in nationalen und internationalen Projekten,
- konzeptionelle und technische IT-Beratung mit dem Schwerpunkt UNIX,
- Analyse bestehender heterogener Kundensystemumgebungen und Erstellen von IT-Gesamtkonzeptionen,
- Fehleranalyse, Fehlerdiagnose und Fehlerbehebung vor Ort.

Herr Clussmann überzeugte uns durch seine sehr guten Fachkenntnisse und seine hervorragenden Managementqualifikationen. Die Planung, Steuerung und das Management seiner Projekte vollzog er jederzeit sehr erfolgreich – nicht zuletzt wegen seiner sehr guten analytischen Fähigkeiten, die es ihm erlaubten, auch komplexe Projekte innerhalb des Budgets und Zeitplans durchzusetzen. Seine Erfolge erzielte Herr Clussmann auch durch die Sicherstellung einer immer konstruktiven Teamarbeit, gepaart mit einer zielorientierten Vorgehensweise.

Herr Clussmann war ein sehr engagierter, hoch motivierter und sehr belastbarer Mitarbeiter. In diesem Zusammenhang möchten wir besonders hervorheben, dass er immer wieder bereit war, Sonderaufgaben zu übernehmen. In Verhandlungen bewies er stets ein sehr gutes rhetorisches Geschick und behielt auch unter extremer Belastung einen kühlen Kopf.

Herr Clussmann motivierte seine Mitarbeiter zu hervorragenden Leistungen und außerordentlicher Effektivität, wobei er selbst als Vorbild agierte. Um seine versierte Organisations- und Planungskompetenz konzentriert einzusetzen, delegierte er Routineaufgaben jederzeit effektiv.

Alle Aufgabenbereiche erfüllte Herr Clussmann stets zu unserer vollsten Zufriedenheit.

Bei seinen Vorgesetzten war er wegen seiner Fachkompetenz, Vertrauenswürdigkeit und Führungsfähigkeit, bei seinen Kollegen und unseren Kunden wegen seiner Vielseitigkeit und Aufgeschlossenheit sehr geschätzt. Sein Verhalten zu Vorgesetzten, Mitarbeitern und Kunden war immer vorbildlich.

Aus betriebsbedingten Gründen endete das Arbeitsverhältnis am 31.07.2016. Wir bedauern diese Entwicklung sehr, da wir mit Herrn Clussmann einen sehr guten Mitarbeiter verlieren. Wir danken ihm für seine stets hervorragende Arbeit und wünschen ihm persönlich alles Gute und weiterhin Erfolg.

Bonn, 31.07.2016   Dr. Lothar Sauer

Geschäftsführer

Gutachten   **!**

Einleitung: Sie ist in Ordnung.

Tätigkeitsbeschreibung: Sie ist angemessen detailliert.

Fachwissen: Sein Fachwissen wird mit sehr gut bewertet.

Leistungsbeurteilung: Sie liegt laut Kernsatz (»… stets zu unserer vollsten Zufriedenheit«) und dem Kontext bei sehr gut.

Verhaltensbeurteilung: Sie liegt laut Kernsatz (»Sein Verhalten zu Vorgesetzten … war immer vorbildlich«) und dem Satz davor bei sehr gut.

Schlussformel: Sie besagt, dass Herr Clussmann eine Kündigung erhalten hat. Die Formel bewertet ihn mit sehr gut.

Fazit: Er wird mit sehr gut bewertet.

6.49   Qualitätsauditor

ZWISCHENZEUGNIS

Herr Jonas Bach, geboren am 10.09.1981 in Heidelberg, ist seit dem 01.08.1999 in unserem Unternehmen tätig, derzeit als Qualitätsauditor.

Zunächst absolvierte Herr Bach vom 01.08.1999 bis zum 31.07.2002 erfolgreich eine Ausbildung zum Kfz-Schlosser. Über diesen Zeitraum wurde ein Ausbildungszeugnis erstellt.

Zum 01.08.2002 wechselte Herr Bach in die Qualitätssicherung unserer Fahrzeugfertigung, wo er zunächst als Kfz-Schlosser und später als technischer Kontrolleur eingesetzt wurde. Aufgrund seiner erweiterten Kenntnisse wird er seit 2009 mit folgenden zusätzlichen Aufgaben betraut:

- Untersuchung von kritischen Federungssystemen am Fahrzeug unter Anwendung statistischer Auswertungsverfahren und Problemlösungstechniken,
- Qualitätsdatenauswertung und -darstellung,
- Pflege eines Prüfmittelüberwachungssystems,
- Planung, Durchführung von Maßnahmen zur Prozesslenkung,

- Beurteilung der Prozessfähigkeit von Federsystemen in der Fahrzeugmontage inklusive Aufbau und Pflege eines Stichprobensystems,
- Abwicklung von Beanstandungen, Problemlösungen, Bauteiländerungen, Einbauversuchen, Versuchserprobungen, Erstmusterabnahmen, Qualitätsgesprächen, Projekten zur Qualitätsverbesserung, Lieferantenauswahl,
- Durchführung interner und externer Qualitätsaudits samt Vor- und Nachbereitung sowie Störungsabhilfebesuche,
- Abschluss von ppm-Vereinbarungen, technische und organisatorische Absprachen mit Fachbereichen und Lieferanten,
- Einleitung und Verfolgung von Maßnahmen zur Qualitätssicherung und -verbesserung.

Herr Bach verfügt über umfassendes und vielseitiges Fachwissen, auch in Randbereichen. Diese Kenntnisse setzt er immer erfolgreich während seiner Arbeit ein. Seine kontinuierliche inner- und außerbetriebliche Weiterbildung untermauert seine hohe Lernbereitschaft, unlängst hat Herr Bach die Prüfung zum Six Sigma Black Belt bestanden.

Die Interessen des Unternehmens haben für Herrn Bach jederzeit höchste Priorität und er identifiziert sich stets in vorbildlicher Weise mit der übernommenen Verantwortung. Auch bei notwendigerweise auftretenden Problemen in Prozessabläufen realisiert er energisch die vereinbarten Ziele.

Herr Bach ist ein ausdauernder und sehr belastbarer Mitarbeiter, der auch unter schwierigen Arbeitsbedingungen alle Aufgaben sehr gut bewältigt. Dabei geht er an alle Aufgaben stets selbstständig, systematisch und zielgerichtet heran. Seine Arbeitsweise ist zudem geprägt durch Sorgfalt, Zuverlässigkeit und Termingenauigkeit. Herr Bach arbeitet immer konzentriert, gewissenhaft und eigenverantwortlich.

Wir sind mit seinen Leistungen jederzeit außerordentlich zufrieden.

Herr Bach verhält sich stets kooperativ, aufgeschlossen und höflich. Aufgrund seiner ausgeprägten Team- und Überzeugungsfähigkeit wird er von Vorgesetzten, Kollegen und Geschäftspartnern sehr geschätzt. Er wirkt in Konfliktsituationen, wie sie bei umfassenden Qualitätsinitiativen auftreten, immer ausgleichend. Sein Verhalten gegenüber Vorgesetzten, Kollegen, Geschäftspartnern sowie Kunden ist stets vorbildlich.

Dieses Zwischenzeugnis wurde auf Wunsch von Herrn Bach ausgestellt. Wir möchten diese Gelegenheit nutzen, um ihm an dieser Stelle für die bisher geleistete Arbeit zu danken. Auch wünschen wir ihm weiterhin viel Erfolg in unserem Unternehmen.

Koblenz, 01.05.20013 Petra Kiesing

Geschäftsführerin

Gutachten !

Einleitung: Der einleitende Satz ist in Ordnung.
Tätigkeitsbeschreibung: Herrn Bachs Tätigkeiten werden im Zeugnis angemessen detailliert beschrieben.
Fachwissen: Sein »umfassendes und vielseitiges Fachwissen, auch in Randbereichen« wird mit sehr gut bewertet.
Leistungsbeurteilung: Sie liegt laut Kernsatz (»Wir sind mit seinen Leistungen jederzeit außerordentlich zufrieden.«) und dem Kontext bei sehr gut.
Verhaltensbeurteilung: Sie liegt laut Kernsatz (»Sein Verhalten gegenüber … ist stets vorbildlich.«) und dem Kontext bei sehr gut.
Schlussformel: Sie ist in Ordnung, damit wird die Gesamtbewertung des Zeugnisses bestätigt.
Fazit: Herr Bach wird mit sehr gut bewertet.

6.50 Sales Manager

ZEUGNIS

Herr Dipl. Kfm. Jürgen Peters, geboren am 14.09.1978 in Neuwied, war vom 01.01.2009 bis zum 31.10.2016 bei uns als Sales Manager Pneumatics tätig.

Die BÜRDAL Gruppe ist ein Mischkonzern mit Schwerpunkt Investitionsgüterherstellung und -handel und erzielt mit mehr als 8.000 Mitarbeitern einen Umsatz von 2,2 Mrd. Euro.

Herr Peters übernahm den Vertrieb von pneumatischen Anlagen und Komponenten in der Region Deutschland-Österreich-Schweiz. Er verantwortete die umfassende Betreuung der Kunden auf allen relevanten Entscheidungsebenen bis zur obersten Geschäftsleitungsebene.

So besitzt Herr Peters neben einem sehr guten technischen Wissen auf fast allen Gebieten der Pneumatik auch fundierte Branchenkenntnisse über Strategien, Prozesse und Lösungen in den jeweiligen Kundenbranchen.

Herr Peters überzeugte uns und unsere Kunden stets durch seine sehr guten Managementqualifikationen. So übernahm er die Planung, Steuerung, Lenkung und das Management von größeren Projekten, die Projektkalkulation und das Controlling im Rahmen des Projekts. Ebenso garantierte er eine optimal priorisierte Ermittlung der Entscheidungskriterien unserer Kunden bei konkreten Projekten bzw. deren Umsetzung in technisch wie kaufmännisch innovativen konzeptionellen Lösungsvorschlägen.

Neben der fachlichen Führung von fest zugeordneten Technikern und Key Account-Beratern betreute Herr Peters Schlüsselkunden persönlich. Besonders hervorheben möchten wir, dass Herr Peters die vorgegebenen Ziele und Teilziele in allen Geschäftsjahren übertroffen hat. Neben dem erfolgreichen Ausbau des Projektgeschäfts mit Bestandskunden gelang es ihm, kontinuierlich strategisch wichtige neue Großkunden zu gewinnen. Außerdem wurden regelmäßig sehr hohe Margen erzielt, da Herr Peters stets über Sales-Strategien, wie etwa ausgefeilte Kundenmehrwertkonzepte, und nicht über den Preis verkauft hat. Er war ein entscheidungsfreudiger, konsequenter und kreativer Problemlöser, dessen Konzepte und Vorschläge unsere Kunden mit großem Mehrwert umgesetzt haben.

Seine Erfolge erzielte Herr Peters auch durch die Sicherstellung einer konstruktiven Teamarbeit gepaart mit einer zielorientierten und strategischen Vorgehensweise. Herr Peters motivierte seine Mitarbeiter in exzellenter Weise, wobei er selbst als Vorbild agierte. Er delegierte Aufgaben effektiv und entwickelte seine Teams kontinuierlich hin zu einer schlagkräftigen Vertriebseinheit.

Wir möchten betonen, dass Herr Peters stets die höchstmögliche Kundenzufriedenheit erlangte und gleichzeitig die bestmögliche Qualität unserer Lösungen sicherstellte.

Herr Peters hat alle die ihm übertragenen Aufgaben immer zu unserer vollsten Zufriedenheit erledigt.

Sein Verhalten zu Vorgesetzten, Mitarbeitern und Kunden war stets vorbildlich. Er wurde allseits sehr geschätzt.

Herr Peters verlässt unser Unternehmen mit dem heutigen Tag, um sich neuen Herausforderungen zu widmen. Wir bedauern diese Entscheidung außerordentlich und bedanken uns bei ihm für seine sehr guten Dienste. Für seine berufliche wie private Zukunft wünschen wir ihm alles Gute und weiterhin viel Erfolg.

Leipzig, 31.10.2016   Dr. Dieter Fuchs

                            Personalchef

Gutachten	!

Einleitung: Sie ist in Ordnung.

Tätigkeitsbeschreibung: Sie ist angemessen detailliert.

Fachwissen: Es wird mit sehr gut bewertet.

Leistungsbeurteilung: Sie liegt laut Kernsatz (»...immer zu unser vollsten Zufriedenheit...«) und dem Kontext bei sehr gut.

Verhaltensbeurteilung: Sie liegt laut Kernsatz (»Sein Verhalten ... war stets vorbildlich.«) und dem Satz danach bei sehr gut.

Schlussformel: Sie ist in Ordnung.

Fazit: Herr Peters wird mit sehr gut bewertet.

6.51   Service-Ingenieur

ZEUGNIS

Herr Dipl. Ing. Johannes Zander, geboren am 14.05.1974 in Vissel, war vom 01.10.2011 bis zum 30.09.2016 in unserem Unternehmen als Service-Ingenieur beschäftigt.

In seiner Funktion war er für folgende Aufgaben zuständig:

- Unterstützung des operativen Servicegeschäfts für Gesamtanlagen (Inbetriebnahme inklusive Schutz- und Leittechnikgeschäft im Teilbereich DES/Z),
- Mitwirkung an der wirtschaftlichen, funktionalen und kundenorientierten Abwicklung in den Geschäftsgebieten Montage und Inbetriebnahme von Gesamtanlagen inklusive Schutz- und Leittechnikanlagen und PLD,
- Unterstützung des operativen Geschäfts der obigen Geschäftsgebiete im Rahmen der innerbetrieblich festgelegten Geschäftsstrategien.

Herr Zander verfügt über ein solides Fachwissen, das er angemessen einsetzte. Durch sein Analysevermögen und Informationsmanagement gelang es ihm, sämtliche Prozesse in seinem Team zu steuern. Seine vier Mitarbeiter motivierte und führte er zu guten Leistungen.

Herr Zander hat die ihm übertragenen Aufgaben zu unserer vollen Zufriedenheit erfüllt.

Wir kennen Herrn Zander als höflichen und immer aufgeschlossenen Mitarbeiter. Für unsere Kunden war er wegen seiner ausgeprägten Kundenorientierung ein beliebter und häufig frequentierter Ansprechpartner.

Herrn Zanders Verhalten zu Vorgesetzten, Mitarbeitern und Kunden war stets einwandfrei.

Herr Zander scheidet mit dem heutigen Tag aus unserem Unternehmen aus. Wir danken ihm für seine Arbeit und wünschen ihm für die Zukunft alles Gute.

Stuttgart, 30.09.2016   Klaus Chabowski

                              Personalreferent

! **Gutachten**

Einleitung: Hier steht »beschäftigt«, dies klingt zu passiv.
Tätigkeitsbeschreibung: Sie ist zu kurz.
Fachwissen: Sein FW (»verfügt über ein solides Fachwissen«) wird mit befriedigend bewertet.
Leistungsbeurteilung: Sie liegt laut Kernsatz (»… unserer vollen Zufriedenheit …«) und dem Kontext bei befriedigend.
Verhaltensbeurteilung: Das Verhalten wird laut Kernsatz (»… war stets einwandfrei.«) mit gut bewertet.
Schlussformel: Die so genannte Bedauernsformel fehlt, damit wird die Gesamtnote bestätigt.
Fazit: Herr Zander wird mit befriedigend plus bewertet.

6.52 Softwareingenieur

ZEUGNIS

Herr Dipl. Inf. Hans-Peter Rabe, geboren am 11.09.1976 in Zinhain, war vom 31.07.2012 bis zum 30.09.2016 in unserem Unternehmen als Softwareingenieur tätig.

Herr Rabe übernahm folgende Aufgaben:
- Software-Entwicklung für Steuerungen von Sondermaschinen und Anlagen der Markiertechnik,
- Projektabwicklung inkl. Inbetriebnahme der Anlagen im Betrieb und direkt beim Kunden,
- Durchführung eines anspruchsvollen Großprojektes in der Automobilindustrie mit zweijähriger Dauer: Hier fungierte Herr Rabe als Projektleiter Steuerungstechnik und erledigte die folgenden Aufgaben:
- Erarbeitung der Spezifikation der Steuerung mit Kunden,
- fast ausschließlich selbstständige Neuprogrammierung und Test der Software der Maschine,

- Leitung und Durchführung der Inbetriebnahme vor Ort,
- Erstellung der Dokumentation für die Software.

Herr Rabe koordinierte fünf Mitarbeiter projektbezogen.

Er verfügt über umfassende Fachkenntnisse in den relevanten Programmiersprachen C++, Assembler und VB, in der Netzwerk-Administration und in diverse Office- bzw. SAP-Applikationen. Zudem ist er mit den gängigen Projektmanagementtechniken und TQM-Richtlinien voll vertraut. Seine Fachkenntnisse wendete Herr Rabe stets erfolgreich in der Praxis an.

Er besitzt zudem eine gute Organisations- und Planungskompetenz, wusste den Informationsfluss in seiner Projektgruppe gut zu managen und meisterte auch Präsentationssituationen, etwa bei Ergebnisdokumentationen, mit fundierten rhetorischen Fähigkeiten. Er beherrscht zudem Englisch verhandlungssicher in Wort und Schrift.

Herr Rabe überzeugte durch sein gutes Analysevermögen und gute Problemfindungsfähigkeiten. Basierend auf seinem konzeptionellen, kreativen und logischen Denken fand er für alle auftretenden Probleme stets gute Lösungen.

Herr Rabe arbeitete sehr zielorientiert, zügig, sorgfältig und dabei absolut selbstständig und zuverlässig. Er war flexibel, sehr belastbar, behielt auch in Stresssituationen stets die Übersicht und war immer offen für Neuerungen und Innovationen. Seine Projektteams koordinierte Herr Rabe mit Übersicht und solider Menschenkenntnis.

Er hat die ihm übertragenen Aufgaben stets zu unserer vollen Zufriedenheit erfüllt.

In Teamstrukturen innerhalb und außerhalb des Unternehmens integrierte sich Herr Rabe problemlos. Er war kooperativ, kommunikativ und sehr kundenorientiert. Sein Verhalten gegenüber Vorgesetzten, Kollegen, Mitarbeitern und Kunden war immer einwandfrei, er wurde allseits geschätzt.

Herr Rabe verlässt unser Unternehmen mit dem heutigen Tag auf eigenen Wunsch. Wir bedauern diese Entscheidung sehr, danken ihm für seine erfolgreiche Arbeit und wünschen ihm für seine Zukunft beruflich wie persönlich alles Gute und weiterhin viel Erfolg.

Bonn, 30.09.2016   Karl-Heinz Herbert

                                    Abteilungsleiter Elektrokonstruktion

> **! Gutachten**
>
> **Einleitung:** Sie ist in Ordnung.
>
> **Tätigkeitsbeschreibung:** Herrn Rabes Tätigkeiten werden angemessen detailliert beschrieben.
>
> **Fachwissen:** Sein FW (»umfassende Fachkenntnisse«) wird mit gut bewertet.
>
> **Leistungsbeurteilung:** Sie liegt laut Kernsatz (»... stets zu unserer vollen Zufriedenheit ...«) und dem Kontext bei gut.
>
> **Verhaltensbeurteilung:** Sie liegt laut Kernsatz (»Sein Verhalten gegenüber ... war immer einwandfrei ...«) und dem Kontext bei gut.
>
> **Schlussformel:** Sie ist in Ordnung.
>
> **Fazit:** Herr Rabe wird mit gut bewertet.

6.53 Verkaufsleiter Export

ZWISCHENZEUGNIS

Herr Dipl. Kfm. Jose Beltran, geboren am 06.07.1978 in Lünen, ist seit dem 01.09.2012 in unserem Hause als Verkaufsleiter Export tätig.

In dieser Position übernimmt Herr Beltran

- die Führung eines Teams von 15 Verkäufern in Deutschland und Europa,
- die Akquisition von neuen Franchisepartnern für unsere Sportartikel-Tochtergesellschaft in ganz Europa,
- die Akquisition von neuen Händlern,
- die Betreuung unserer Generalimporteure und Händler in Europa, USA und Australien,
- die Planung und Umsetzung von Jahresbudgets,
- den Aufbau eines eigenen Vertriebsnetzes für Italien, Frankreich, England und Spanien, woraus wiederum in den nächsten zwei Jahren weitere 10–15 neue Franchise-Partnerverträge gewonnen werden.

Des Weiteren steht Herr Beltran in engem Kontakt mit unseren Produktmanagern, um ihnen mit seiner internationalen Erfahrung bei der Mitgestaltung von Produktneuheiten für den internationalen Markt unterstützend zur Seite zu stehen.

Bis heute verbuchte Herr Beltran zahlreiche Erfolge beim Aufbau unseres Vertriebsnetzes:

- Steigerung der Preorder unserer Kunden um über 55% zum Vorjahr,
- Zusammen mit seinem Team Umsatzsteigerung von 22% in der vergangenen Saison, trotz eines allgemeinen Rückganges in der gesamten Sportartikelbranche in Europa, mit voraussichtlicher weiterer Umsatzsteigerung von 25% in der kommenden Saison,
- Akquisition von 35-40 neuen Franchisepartnern in Schweden, Finnland, Belgien und der Schweiz,
- Aufbau eines Vertriebsnetzes in Portugal, Griechenland und Ungarn mit einem erwarteten Umsatz von jeweils circa 1,5 Mio. Euro im ersten Jahr und der geplanten Gründung von 10-15 neuen Franchisestores in den nächsten zwei Jahren.

Herr Beltran verfügt über ein hervorragendes produkt- und verkaufsbezogenes Fachwissen, das er kontinuierlich noch erweitert und außerdem sehr gekonnt und flexibel in der Praxis einsetzt. Durch seine jahrelangen Erfahrungen in der Logistikbranche kann Herr Beltran die von uns benötigten ausgefeilten Logistikkonzepte nicht nur mitentwickeln, sondern auch sehr erfolgreich umsetzen. Hier arbeitet er eng mit unserem Einkauf und den externen Partnern zusammen. Da in unserem Unternehmen zahlreiche Artikel sowie zwei absolute Topmarken im Sportartikelbereich vertrieben werden, die zum Teil im obersten Preisbereich liegen, verfügt Herr Beltran zusätzlich über die nötige Erfahrung im Vertrieb von erklärungs- und präsentationsbedürftigen Produkten.

Projekte managt Herr Beltran mit fundierter Organisations- und Planungskompetenz sowie handfester Umsetzungsorientierung. Kreativität, hohe Kommunikationsfähigkeit, außerordentliches Verhandlungsgeschick und ein natürliches Verkaufstalent zeichnen Herrn Beltrans aus. Bei seinen Kunden und Franchisepartnern genießt er ein sehr gutes Ansehen.

Sein internationales Team führt er durch sein Vorbild an Tatkraft und einen kooperativen Führungsstil zu stets sehr guten Leistungen. Er wird von seinen Mitarbeitern voll anerkannt.

Herr Beltran hat die selbst und von uns gesteckten hohen Ziele nicht nur erfüllt, sondern sogar übertroffen. Wir sind mit seinen Leistungen stets und in jeder Hinsicht außerordentlich zufrieden.

Wir kennen Herrn Beltran als teamorientierten, und stets hilfsbereiten leitenden Mitarbeiter, der als Führungskraft auch das nötige Durchsetzungsvermögen zeigt. Sein Verhalten gegenüber Vorgesetzten, Kollegen und jeglichen dritten Personen ist immer vorbildlich.

Dieses Zwischenzeugnis wird aufgrund eines Gesellschafterwechsels ausgestellt. Wir bedanken uns bei Herrn Beltran für seine bisherigen wertvollen Dienste und hoffen auf eine noch lange während erfolgreiche Zusammenarbeit.

Hamburg, 01.10.2016　　　　　　　　Albert Meinken

Geschäftsführer Vertrieb

! Gutachten

Einleitung: Hier sind alle wichtigen Daten genannt.
Tätigkeitsbeschreibung: Sie ist sehr ausführlich gehalten und listet sogar einzelne wichtige Erfolge von Herrn Beltran auf.
Fachwissen: Es wird ebenfalls ausführlich gewürdigt und mit sehr gut benotet.
Leistungsbeurteilung: Umfangreiche Kernkompetenzen und ein ausgezeichneter Kernsatz ergeben die Note sehr gut.
Verhaltensbeurteilung: Hier wird die Note Sehr gut vergeben.
Schlussformel: Man dankt Herrn Beltran und hofft auf eine weitere Zusammenarbeit. Auch dies bedeutet die Note sehr gut.
Fazit: Herr Beltran erhält ein sehr gutes Zwischenzeugnis.

6.54 Verlagsobjektleiterin

ZEUGNIS

Frau Marion Kühne, geboren am 29.01.1967 in Bramsche, war vom 01.10.2012 bis zum 30.09.2016 in unserem Unternehmen als Verlagsobjektleiterin Wirtschaftsmagazine tätig.

In dieser Position übernahm sie die folgenden Tätigkeiten und weitreichenden Verantwortlichkeiten:

- Verlagsobjektleitung für das wöchentliche Wirtschaftsmagazin »Superbörse« inklusive Objektergebnis,
- Führung von 14 Mitarbeitern für Anzeigenverkauf, Produktmarketing, Online-Publishing und Verantwortung für die 25 Redakteure bzw. Mitarbeiter umfassende Superbörse-Redaktion,
- sämtliche unternehmerischen Maßnahmen für den Objekterfolg, insbesondere das Produktmarketing,
- Bericht an die Verlagsgeschäftsführung,

- Zusammenarbeit mit und Steuerung der Chefredaktion für Produktkonzeption, Markenführung, Auflagenwachstum,
- Strategische Angebotskonzeption und Preispolitik im Anzeigen- und Lesermarkt,
- Steuerung der Verlagsfachbereiche Vertrieb/Handel, Vertrieb/Abonnement, Werbeabteilung, PR/Kommunikation, Herstellung, Marktforschung und Anzeigenadministration bezüglich der operativen Objektmaßnahmen, dabei Koordination bzw. Führung von weiteren sechs objektzuständigen Mitarbeitern der Fachbereiche.

Unter Frau Kühnes Regie erzielte das Objekt Umsatzerlöse in Höhe von zuletzt 8 Mio. Euro aus Vertriebsumsatz und Anzeigen.

Frau Kühne bewies in ihrer Position ein jederzeit verfügbares, tiefgehendes Fachwissen, das sie gekonnt in der Praxis einsetzte. Mit fundierter Marktkenntnis, ausgezeichneten Managementfähigkeiten und viel Übersicht führte sie das Objekt »Superbörse« schon sechs Monate nach dem Golive zum Erfolg, indem sie die Planzahlen übertraf. Dabei bewies sie eine äußerst schnelle Auffassungsgabe und ein hohes Maß an Flexibilität, um den Unwägbarkeiten einer Produktneueinführung effektiv zu begegnen. Mit großer Ausdauer verfolgte Frau Kühne alle Teilziele und -projekte, war jederzeit über den Status Quo informiert und ergriff umgehend die richtigen Maßnahmen.

Aufgrund ihrer Kompetenz und großen Erfahrung konnte Frau Kühne die verschiedensten, an den Prozessen beteiligten Personen vereinen. Durch geschickte Verhandlungsführung, überzeugendes Auftreten und präzise Darstellung der Vorzüge des Objektes gelang es ihr kontinuierlich, renommierte Anzeigenkunden zu gewinnen und zu halten. Mit sicherem Gespür für die Leserzielgruppe wählte sie die adäquaten Marketingmaßnahmen und wahrte die ständige Arbeit am Produkt inklusive Covergestaltung, Themenmischung und Heftausstattung.

Frau Kühne war Neuem gegenüber stets aufgeschlossen und setzte vielversprechende Ideen, falls nötig auch gegen Widerstände, konsequent zum Wohle des Verlages um. Dabei schloss sie ihre Mitarbeiter in die Entscheidungsvorgänge ein und schaffte es so, eine leistungsfördernde, motivierende Arbeitsatmosphäre zu schaffen. Ihre Mitarbeiter motivierte sie zu gleichbleibend sehr guten Leistungen.

Frau Kühne setzte sich mit Engagement kompromisslos für den Erfolg des Objektes ein und erfüllte alle Aufgaben stets sorgfältig und zugleich zügig zu unserer vollsten Zufriedenheit.

Wir kennen Frau Kühne als kommunikative, kontaktstarke und offene Mitarbeiterin, die jederzeit das volle Vertrauen ihrer Vorgesetzten und Mitarbeiter genoss. Sie war innerhalb wie außerhalb des Unternehmens eine angesehene und sehr geschätzte Ansprechpartnerin. Ihr Verhalten gegenüber Vorgesetzten, Mitarbeitern und Externen war sehr gut.

Die Verlagsleitung hat beschlossen, aufgrund des seit letztem Jahr extrem schwierigen Marktumfeldes mehrere Objekte, darunter die Superbörse einzustellen. Im Zuge dessen endet das Arbeitsverhältnis mit Frau Kühne betriebsbedingt. Wir bedauern ihr Ausscheiden sehr, danken ihr für ihre sehr gute Aufbauarbeit und wünschen ihr für ihre Zukunft beruflich wie privat alles Gute und weiterhin viel Erfolg.

München, 30.09.2016   Xaver Sauerborn

                                       Leiter Personal

!   **Gutachten**

Einleitung: Hier werden alle wichtigen Daten genannt.
Tätigkeitsbeschreibung: Sie fällt sehr detailliert und richtig geordnet aus.
Fachwissen: Es wird mit sehr gut benotet.
Leistungsbeurteilung: Gepaart mit zahlreichen positiven Kernkompetenzen reflektiert der Kernsatz die Note sehr gut.
Verhaltensbeurteilung: Das Verhalten wird ebenfalls mit sehr gut benotet.
Schlussformel: Sie erklärt das Ende von Frau Kühnes Arbeitsverhältnis. So wird ein bitterer Nachgeschmack bzw. der eventuelle Zweifel am Grund der Kündigung minimiert.
Fazit: Frau Kühne erhält ein sehr gutes Zeugnis.

6.55   Vertriebsleiter 1

ZEUGNIS

Herr Oskar Malinowski, geboren am 14.07.1977 in Duisburg, war vom 01.01.2012 bis zum 31.07.2016 in unserem Unternehmen als Vertriebsleiter im stationären und im Online-Verkauf tätig. Ferner oblag ihm die alleinige Verantwortung für den nationalen und internationalen Wareneinkauf.

Herr Malinowski war für folgende Aufgaben verantwortlich:
- permanente Umsatzanalyse und Soll-Ist-Vergleiche,
- Entwicklung neuer Produkt- und Verkaufsstrategien,
- nationale und internationale Markt- und Wettbewerbsbeobachtung,
- Erstellung des monatlichen/jährlichen Forecast,

- Vertragsverhandlungen mit nationalen und internationalen Lieferanten und Herstellern,
- Produktneuentwicklung und Produktinnovationen im Bereich Neoprenanzüge,
- Auswertung der monatlichen BWA,
- Kontrolle der internen Buchhaltung,
- Kommunikation mit dem Steuerberater.

Außerdem übernahm Herr Malinowski die Personalverantwortung für sechs Mitarbeiter und bildete Kaufleute im Einzelhandel aus. Er verfügt über ein sehr fundiertes Fachwissen, das er erfolgreich in der Praxis einsetzte sowie eine hervorragende Marktkenntnis. Sehr großen Wert legte Herr Malinowski auf den Neuaufbau und die Pflege eines Warenwirtschaftssystems, das er selbstständig im Unternehmen installierte.

Er behielt die aktuellen Marktentwicklungen im Auge und zögerte nicht, die Initiative zur Einleitung der notwendigen Veränderungen zu ergreifen. Auf diese Weise stellte er sicher, dass unsere Produktstrategien in den Bereichen Neoprenanzüge, Tauch- und Surfzubehör sowie Wintersportartikel den Gegebenheiten des Marktes optimal angepasst wurden.

In Verbindung mit seiner fundierten Ausbildung und dem berufsbegleitenden BWL-Studium (abends) ermöglichten ihm sein hohes Leistungsvermögen und seine Erfolgsorientierung, sich zügig und flexibel in sein komplexes Aufgabengebiet einzuarbeiten und seine Aufgaben optimal wahrzunehmen. Herr Malinowski war äußerst belastbar und bewahrte auch in schwierigen Situationen jederzeit einen klaren Kopf.

Er überzeugte mich auch durch seine sehr gute Organisations- und Planungskompetenz, die er souverän umsetzte. Bei seinen Entscheidungen griff er sicher auf sein hoch entwickeltes Urteilsvermögen sowie seine ausgeprägte Fähigkeit zum vernetzten Denken zurück. Bei allen Aufgaben behielt er die Kosten und die Machbarkeit zielsicher im Blick, so dass er den abgesteckten finanziellen und zeitlichen Rahmen einhielt.

Herr Malinowski besaß neben seiner natürlichen Autorität die Fähigkeit, seine Mitarbeiter richtig einzuschätzen und durch eine fach- und personenbezogene Führung zu sehr guten Leistungen zu führen und zu motivieren. Das Verhältnis zu seinen Mitarbeitern war durch gegenseitige Wertschätzung und gegenseitiges Vertrauen geprägt.

Herr Malinowski hat die ihm übertragenen Aufgaben jederzeit zu unserer vollsten Zufriedenheit erfüllt.

Sein Verhalten gegenüber Vorgesetzten, Kollegen, Mitarbeitern und Kunden war stets vorbildlich, er war ein allseits beliebter und häufig frequentierter, kompetenter und zuvorkommender Ansprechpartner. Er verstand es, Durchsetzungsvermögen mit dem richtigen Maß an Diplomatie zu verbinden.

Das Arbeitsverhältnis mit Herrn Malinowski endet auf seinen Wunsch. Wir bedauern seine Entscheidung, gleichwohl bedanken wir uns ausdrücklich bei ihm für seine wertvollen Dienste und wünsche ihm beruflich wie privat alles Gute und weiterhin viel Erfolg.

Bonn, 31.07.2016   Peter Krüger

                                                   Inhaber

!

Gutachten

Einleitung: Hier werden alle wichtigen Punkte erwähnt.
Tätigkeitsbeschreibung: Aus ihr geht der Verantwortungsbereich von Herrn Malinowski deutlich hervor.
Fachwissen: Sein Fachwissen wird mit sehr gut benotet.
Leistungsbeurteilung: Sie liegt laut Kernsatz (»Herr Malinowski hat die ihm übertragenen Aufgaben jederzeit zu unserer vollsten Zufriedenheit erfüllt.«) und den fünf Absätzen davor bei sehr gut. Auch seine Führungskompetenz wird in diesem Zusammenhang mit sehr gut bewertet.
Verhaltensbeurteilung: Hier (vorletzter Absatz) ist ein Sehr gut zu verzeichnen.
Schlussformel: Sie (letzter Absatz) bewertet ihn mit sehr gut.
Fazit: Herr Malinowski bekommt ein sehr gutes Zeugnis.

6.56   Vertriebsleiter 2

ZEUGNIS

Herr Murat Celan, geboren am 21.11.1975 in Bad Marienberg, war seit dem 01.8.2012 in unserem Unternehmen als Vertriebsleiter für Rasenmäher und Gartengeräte tätig.

Herr Celan war für folgende Aufgaben verantwortlich:

- Führung des achtköpfigen Außendienstteams,
- Akquisition neuer Kunden,
- Betreuung der Kunden einschließlich der erforderlichen Projekt- und Auftragsabwicklung,

- Erarbeiten technischer Konzepte gemeinsam mit den Kunden (meist Händler/Baumärkte),
- Umsetzen der Konzepte mit allen technischen und kaufmännischen Beschreibungen einschließlich der Preisgestaltung,
- Durchführung von Verkaufstagungen, Präsentationen und Schulungen.

Herr Celan verfügt über ein sehr gutes Fachwissen, das er erfolgreich in der Praxis einsetzte, und eine hervorragende Marktkenntnis. Sehr großen Wert legte Herr Celan auf den Neuaufbau, die Pflege und den Ausbau von Kundenkontakten. Die Betreuung unserer Schlüsselkunden und Großprojekte übernahm er stets persönlich.

Er behielt stets die aktuellen Entwicklungen des Marktes im Auge und zögerte nicht, die Initiative zur Einleitung der notwendigen Veränderungen zu ergreifen. Auf diese Weise stellte er sicher, dass unsere Rasenmäher-Produktstrategie und die Vermarktung der Zusatzgeräte bzw. weiterer Rasenbearbeitungsutensilien den Gegebenheiten des Marktes stets optimal angepasst war. Wichtige Händler betreute er persönlich und war von ihnen als kompetenter Ansprechpartner geschätzt.

In Verbindung mit seiner fundierten Ausbildung ermöglichten ihm sein hohes Leistungsvermögen und seine Erfolgsorientierung, sich zügig und flexibel in sein komplexes Aufgabengebiet einzuarbeiten und seine Aufgaben optimal wahrzunehmen. Herr Celan war äußerst belastbar und bewahrt auch in schwierigen Situationen jederzeit einen klaren Kopf.

Er besitzt neben seiner natürlichen Autorität die Fähigkeit, seine Mitarbeiter richtig einzuschätzen und durch eine fach- und personenbezogene Führung zu sehr guten Leistungen zu führen. Das Verhältnis zu seinen Mitarbeitern war durch gegenseitige Wertschätzung und gegenseitiges Vertrauen geprägt. Herr Celan förderte jederzeit aktiv die Zusammenarbeit.

Wir waren mit seinen Leistungen stets und in jeder Hinsicht außerordentlich zufrieden.

Er verstand es in seinem persönlichen Auftreten, Durchsetzungsvermögen mit dem richtigen Maß an Diplomatie zu verbinden. Dabei erwies er sich stets als loyal gegenüber dem Unternehmen. Gegenüber Vorgesetzten, Mitarbeitern und Kunden verhielt sich Herr Celan stets vorbildlich, er war ein allseits beliebter und häufig frequentierter Ansprechpartner.

Herr Celan verlässt unser Unternehmen am 31.07.2016 auf eigenen Wunsch.

Wir bedauern seine Entscheidung sehr, weil wir mit ihm einen wertvollen Mitarbeiter verlieren. Wir bedanken uns bei Herrn Celan für seine wertvollen Dienste und wünschen ihm beruflich wie privat alles Gute und weiterhin viel Erfolg.

Köln, 31.07.2016   Jürgen Adams

                                    Geschäftsführer

! Gutachten

Einleitung: Der einleitende Satz ist in Ordnung.
Tätigkeitsbeschreibung: Herrn Celans Tätigkeiten werden im Zeugnis angemessen detailliert beschrieben.
Fachwissen: Es wird mit sehr gut bewertet.
Leistungsbeurteilung: Sie liegt laut Kernsatz (»… Leistungen stets und in jeder Hinsicht außerordentlich zufrieden.«) und dem Kontext bei sehr gut.
Verhaltensbeurteilung: Sie liegt laut Kernsatz (»Gegenüber Vorgesetzten … stets vorbildlich …«) und dem Kontext bei sehr gut.
Schlussformel: Sie ist in Ordnung, damit wird die Gesamtbewertung des Zeugnisses bestätigt.
Fazit: Herr Celan wird mit sehr gut bewertet.

6.57 Vorstand Vertrieb/Personal; Gründungsgesellschafter

ZEUGNIS

Herr Frank Kramer, geboren am 30.04.1968 in Berlin, war vom 01.09.2010 bis zum 30.08.2016 als Vorstand für die Ressorts Vertrieb und Personal und einer von zwei Gründungsgesellschaftern der am 01.09.2010 gegründeten maximum-power.de Aktiengesellschaft tätig.

Herr Kramer widmete sich intensiv dem Aufbau einer tragfähigen Vertriebsstruktur für das Unternehmen. Hierzu wählte er vor allem den Weg des Direktvertriebs mit Fokus auf mittelständische Unternehmen. Parallel organisierte er, hauptsächlich über Personalberater, die Suche und Auswahl unseres kompetenten Mitarbeiterteams.

Sowohl bei der Auswahl als auch bei der Führung der Mitarbeiter bewies Herr Kramer eine glückliche Hand, wodurch heute die Arbeitsatmosphäre im Unternehmen gleichermaßen durch Kooperativität, Kreativität und Leistungsstärke geprägt ist.

Besonderen Wert legte Herr Kramer auf die Schulung und Weiterbildung der Vertriebsmitarbeiter, indem er diesen Bereich teilweise persönlich übernahm.

Er ist sehr kompetent, besitzt fundierte Marktkenntnisse und überzeugte uns stets durch seine innovativen Ideen und Strategien.

Hervorzuheben ist, dass das Unternehmen bereits 1,5 Jahre nach seiner Gründung den Breakeven in einem herausfordernden Umfeld erreicht hat. Dies dokumentiert nicht nur Herrn Kramers Gespür für erfolgreiche Geschäftsideen, sondern auch seine Fähigkeit zu einer dynamischen Umsetzung und Aufbauarbeit.

Herr Kramer verfügt über eine äußerst schnelle Auffassungsgabe und fand mit präzisem Analysevermögen sowie unternehmerischem Geschick sehr gute Lösungen, die wir gewinnbringend umsetzten.

Tatkraft und konsequentes Handeln prägten Herrn Kramers Arbeitsstil besonders. Er war als Führungskraft jederzeit anerkannt und respektiert. Bei unseren Kunden war er wegen seiner Fähigkeiten zur klaren Vermittlung unseres Kernproduktes und den damit verbundenen Wettbewerbsvorteilen ein sehr anerkannter Ansprechpartner. Der Aufsichtsrat, mit dem ihm ein Vertrauensverhältnis verband, schätzte besonders seine effektiven Managementfähigkeiten und sein Kostenbewusstsein, wodurch Herr Kramer mit den Ressourcen sehr gut haushaltete.

Er trat jederzeit verbindlich und offen auf, wodurch er unser Unternehmen als Gründer und Vorstand hervorragend repräsentierte. In Präsentationen überzeugte er durch eine klare Strukturierung und versierte Rhetorik Kunden und Investoren nachhaltig.

Wir waren mit Herrn Kramers Leistungen stets sehr zufrieden.

Sein Verhalten gegenüber dem Aufsichtsrat, seinen Vorstandskollegen, Mitarbeitern sowie unseren Kunden war stets vorbildlich.

Herr Kramer verlässt unser Unternehmen auf eigenen Wunsch, um sich einer neuen Aufbauarbeit und der damit verbundenen Herausforderung zu widmen. Parallel dazu verkaufte er seine Aktienanteile komplett. Das Unternehmen befindet sich aktuell in einer sehr guten Marktposition und auf solidem Wachstumskurs, weshalb wir Herrn Kramers Entschluss umso mehr bedauern. Gleichwohl bedanken wir uns bei ihm für seine geleistete hervorragende Aufbauarbeit und wünschen ihm für die Zukunft alles Gute und weiterhin viel Erfolg. Falls erforderlich und möglich, würden wir jederzeit auf ihn als externen Berater zurückgreifen.

Hamburg, 30.08.2016   Graf Hubertus von Lippe

                                 Vorsitzender des Aufsichtsrates

! **Gutachten**

Einleitung: Gleich in der Einleitung wird die hohe Position von Herrn Kramer dokumentiert.
Tätigkeitsbeschreibung: Sie lässt durch ihre Detaillierung keinen Zweifel an Herrn Kramers Kompetenz und Verantwortung.
Fachwissen: Es wird mit gut bewertet.
Leistungsbeurteilung: Die Leistungsbeurteilung liegt bei sehr gut minus.
Verhaltensbeurteilung: Herrn Kramers Verhalten ist über jeden Zweifel erhaben – sehr gut.
Schlussformel: Hier wird noch einmal sehr deutlich die gute Situation des Unternehmens erläutert, so dass der freiwillige Weggang von Herrn Kramer noch einmal untermauert wird.
Fazit: Herr Kramer erhält ein ausgezeichnetes Zeugnis. Die Gründe seines Weggangs scheinen persönlicher Natur zu sein und nicht mit einer eventuell schlechten Situation des Unternehmens zusammenzuhängen.

6.58 Vorstandsvorsitzender Immobilien

ZEUGNIS

Herr Michael Itter, geboren am 12.11.1959 in Würzburg, war vom 01.08.2011 bis zum 30.06.2017 zum Vorstandsvorsitzenden der Bellers Aktiengesellschaft berufen.

Herr Itter verantwortete die folgenden Aufgabengebiete:

Entwicklung der Gesellschaft:
- Vorbereitung von Kapitalerhöhungen,
- Akquisition von neuen Aktionären und zusätzlichem Grundkapital für die Gesellschaft,
- Betreuung von Aktionären,
- Controlling,
- Akquisition von Unternehmensbeteiligungsgesellschaften,
- Vorbereitung und Durchführung von Hauptversammlungen,
- Vorbereitung, Durchführung und Prüfung der Jahresabschlussarbeiten.

Personalwesen:

Herr Itter sorgte für die Suche, Einstellung, Motivation, Einarbeitung, Ausbildung, Schulung und Führung der bis zu 35 Mitarbeiter im Unternehmen.

Objektverkauf/Vertrieb:
- Vertriebsverantwortung für Westgrund und Westprojekt,
- Erarbeitung von Vertriebsstrategien,
- Notarielle Abwicklung von Verkaufsverträgen.

Herr Itter verfügt über ein ausgezeichnetes Fach- und Managementwissen, das er immer erfolgreich in der Praxis umsetzte. Er handelte mit großer Über- bzw. Weitsicht sowie Innovationsorientierung, konnte seine Visionen zum Wohle des Unternehmens in die Tat umsetzen und dabei den Aufsichtsrat überzeugen. Herr Itter war den Mitarbeitern des Unternehmens ein Vorbild an Tatkraft und Dynamik sowie Zielorientierung und Durchsetzungsvermögen. Er agierte jederzeit unternehmerisch, dabei zeigte er neue Wege auf, die wir in der Folge erfolgreich beschritten. Durch Herrn Itters maßgeblichen Einsatz ist unser Portfolio heute zukunftssicher aufgestellt.

In Verhandlungen mit Geschäftspartnern und Banken bewies er ein ebenso beachtliches Fingerspitzengefühl und Geschick wie in der Auswahl der zu akquirierenden Objekte. Er sicherte uns mehrere essenziell wichtige Finanzierungen. Herr Itter beherrschte die entscheidenden Präsentationssituationen sehr gut, indem er sämtliche Daten, Fakten und Zusammenhänge für alle Beteiligten klar, strukturiert und sehr gut visualisiert darlegte. Auch in Konferenzen mit dem Aufsichtsrat bewies er seine Fähigkeit zum sehr raschen logischen und konzeptionellen Denken, dadurch konnte er wichtige Impulse setzen.

Auch in schwierigen Situationen behielt Herr Itter die Übersicht und einen klaren Kopf und konnte auf sein hoch entwickeltes Analysevermögen zurückgreifen. Er agierte sowohl innerhalb des Topmanagementteams als auch selbstständig absolut ergebnisorientiert. Herr Itter ist dem in ihn gesetzten Vertrauen in jeder Situation vollumfänglich gerecht geworden.

Wir waren mit seinen Leistungen stets außerordentlich zufrieden.

Herr Itter ist sehr kontaktstark und offen im Umgang mit Aufsichtsrat, Geschäftspartnern, Mitarbeitern und Kunden. Von seinen Mitarbeitern war Herr Itter vor allem wegen seines kooperativen und dabei stets zielorientieren Führungsstils geschätzt. Für unsere Top-Geschäftspartner und -Kunden war er verlässlicher Ansprechpartner. Herrn Itters Verhalten gegenüber dem Aufsichtsrat, den Mitarbeitern, Geschäftspartnern und Kunden war stets vorbildlich.

Herr Itter bat um die Aufhebung seines Vertrages zum heutigen Tage, weil sich mit Eintritt eines neuen Großaktionärs die Unternehmensausrichtung ändern wird; diesen Weg möchte Herr Itter nicht beschreiten. Wir bedauern seine Entscheidung außerordentlich und betonen das auf persönlicher Ebene bestehende, beste beiderseitige Einvernehmen. Wir danken Herrn Itter für seine sehr erfolgreichen und stets loyalen Dienste und wünschen ihm für seine Zukunft beruflich wie privat alles Gute und weiterhin viel Erfolg.

Berlin, 30.06.2017   Herr Dr. Bäcker

                                                   Aufsichtsrat

! **Gutachten**

Einleitung: Der einleitende Satz ist in Ordnung.
Tätigkeitsbeschreibung: Herrn Itters Tätigkeiten werden im Zeugnis angemessen detailliert beschrieben.
Fachwissen: Sein Fachwissen wird mit sehr gut bewertet.
Leistungsbeurteilung: Sie liegt laut Kernsatz (»...stets außerordentlich zufrieden.«) und dem Kontext bei sehr gut.
Verhaltensbeurteilung: Sie liegt laut Kernsatz (»... Verhalten gegenüber ... war stets vorbildlich.«) und dem Kontext bei sehr gut.
Schlussformel: Sie bewertet Herrn Itter mit sehr gut.
Fazit: Herr Itter wird mit sehr gut bewertet.

Abkürzungsverzeichnis

Abs.	Absatz
AP	Arbeitsrechtliche Praxis, Entscheidungssammlung des Bundesarbeitsgerichts
BAG	Bundesarbeitsgericht
BBiG	Berufsbildungsgesetzt
BGB	Bürgerliches Gesetzbuch
BGH	Bundesgerichtshof
DB	Zeitschrift: Der Betrieb
EzA	Entscheidungssammlung zum Arbeitsrecht
GewO	Gewerbeordnung
HGB	Handelsgesetzbuch
KSchG	Kündigungsschutzgesetz
LAG	Landesgericht
LAGE	Entscheidungssammlung der Landarbeitsgerichte
NZA	Neue Zeitschrift für Arbeitsrec ht
NZA-RR	NZA Rechtsprechungsreport Arbeitsrecht
OLG	Oberlandesgericht
OLGR	Rechtsprechungsreport des Oberlandesgerichts
ZfPR	Zeitschrift für Personalvertretungsrecht
ZPO	Zivilprozessordnung

Die Autoren

Dr. Thorsten Knobbe

studierte Sprachen und Betriebswirtschaftslehre in Deutschland und Groß-britannien. Nach seinem zweiten philologischen Staatsexamen promovierte er an der Universität Siegen in den Kommunikationswissenschaften. Frühe Berufserfahrung sammelte er als Berater bei den PMM (Peat Marwick Mitchell) Management Consultants Düsseldorf, damals der weltweit mit KPMG asso-ziierten Personalberatungsgesellschaft. Zudem gründete er eine der ersten Karrierewebsites in Deutschland. Aus dieser ist die heute führende Karrie-reberatungsgesellschaft Leaderspoint.de hervorgegangen, deren Managing Partner Knobbe ist. In seiner zweiten Hauptaktivität optimiert er als Unter-nehmensberater und -trainer interdisziplinäre Prozesse in Unternehmen wie Führungskultur, Organisationsstruktur, Innovationswesen sowie Produkt- und Projektmanagement. Kontakt: www.leaderspoint.de

Dr. Mario Leis

Seit 2002 ist er Lehrbeauftragter an der Universität Bonn. Auch als Mitautor mehrerer erfolgreicher Arbeitszeugnisfachbücher hat er sich einen Namen ge-macht.

Dr. Karsten Umnuß

ist seit über zwanzig Jahren als Fachanwalt für Arbeitsrecht tätig. Er ist Partner bei Ernst & Young Law GmbH in München und leitet dort den Bereich Arbeits-recht deutschlandweit. Neben der arbeitsrechtlichen Begleitung von Akqui-sitionen und Restrukturierungen berät er u.a. Fach- und Führungskräfte bei der Arbeitsvertragsgestaltung, bei Beteiligungsprogrammen, Wettbewerbs-verboten und der Vertragsbeendigung einschließlich der Zeugnisgestaltung. Er war Lehrbeauftragter an der Universität Augsburg und der Universität der Bundeswehr in München. Als Mitautor mehrerer erfolgreicher Arbeitszeugnis-fachbücher und Herausgeber eines Buches zu Corporate Compliance Check-listen hat er sich einen Namen gemacht.

Stichwortverzeichnis

Exklusiv für Buchkäufer!

Ihre Arbeitshilfen zum Download:

▶ http://mybook.haufe.de/

▶ **Buchcode:** KVG-T55D

HAUFE.

Ihr Feedback ist uns wichtig!
Bitte nehmen Sie sich eine Minute Zeit

www.haufe.de/feedback-buch

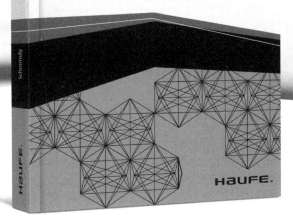